智能决策：方法与技术

孙怡峰　王玉宾　吴　疆　著

科学出版社

北　京

内 容 简 介

智能决策是迈向通用人工智能的必经之路。2016 年，围棋智能体 AlphaGo 战胜韩国棋手李世石，智能决策引起人们的广泛关注；2022 年底，ChatGPT 火爆全球，凸显出大模型的价值。可以预见，神经网络大模型将进一步推动智能决策在自主学习和应用范围上的突破。本书围绕智能决策领域涉及的基本方法与技术展开介绍，主要内容包括：智能决策与智能体的基本概念，智能体所处环境的分类与建模，确定环境下智能体的搜索推理决策方法，不确定环境下决策策略强化学习方法、博弈学习方法、复杂策略的深层神经网络建模与应用，以及网格世界游戏、"雅达利"游戏、围棋对弈、"星际争霸"即时战略对抗游戏、陆战对抗等实例下智能体的决策策略生成技术和部分 Python 代码实现。

本书既适合人工智能、系统仿真、作战实验、元宇宙等相关领域的科技人员阅读，也适合高等院校计算机、自动化等专业的高年级本科生和研究生学习。

图书在版编目(CIP)数据

智能决策：方法与技术 / 孙怡峰，王玉宾，吴疆著. —北京：科学出版社，2024.8

ISBN 978-7-03-077047-9

Ⅰ. ①智… Ⅱ. ①孙… ②王… ③吴… Ⅲ. ①智能决策 Ⅳ. ①C934

中国国家版本馆CIP数据核字(2023)第219614号

责任编辑：张艳芬 李 娜 / 责任校对：崔向琳
责任印制：赵 博 / 封面设计：无极书装

科 学 出 版 社 出版

北京东黄城根北街 16 号
邮政编码：100717
http://www.sciencep.com

中煤（北京）印务有限公司印刷
科学出版社发行 各地新华书店经销

*

2024 年 8 月第 一 版 开本：720×1000 1/16
2025 年 1 月第二次印刷 印张：16 3/4
字数：337 000
定价：**120.00 元**
（如有印装质量问题，我社负责调换）

前　　言

决策是智能的终极体现，智能决策是迈向通用人工智能的必经之路，已经成为研究热点。国内外学者开展了与智能决策相关的前沿研究；2022 年 8 月发布中国人工智能学会组织编写的《人工智能知识点全景图：迈向"智能+"时代蓝皮书》，专门将强化学习和人工智能博弈作为人工智能的重要知识点；浙江大学在 AI+X 微专业的课程体系中加入了智能决策模块；中国科学院自动化研究所于 2021～2023 年举办了"庙算杯"人机对抗系列赛事，为智能决策提供了很好的场景。

智能决策涉及自动规划、强化学习、神经网络与深度学习等基础理论与方法，构建智能体还需要环境状态空间建模、实体动作空间建模，针对协作对抗问题，还需要博弈理论支撑。本书内容源自作者课题组近 5 年针对智能体及其相关方法和技术的研究成果，聚焦于智能体策略，根据依存环境特点，给出确定和不确定类别下适用的推理决策方法、典型场景下的工程编程实例；针对不完全信息、非对称的复杂巨系统，研究智能体的基本架构、基于先验收益的选择策略与机制、博弈学习理论与技术。

本书由孙怡峰策划，具体撰写分工如下：第 1 章由孙怡峰撰写，第 2 章由张玉臣和王玉宾撰写，第 3 章由李炳龙和吴疆撰写，第 4 章由刘小虎和胡浩撰写，第 5 章由王玉宾和吴疆撰写，第 6 章由孙怡峰和李玲选撰写，第 7 章由王玉宾撰写，第 8 章由吴疆撰写，第 9 章由孙怡峰和王玉宾撰写。

在本书撰写过程中得到国内智能决策领域专家学者的支持和帮助，中国科学院自动化研究所研发的"庙算·陆战指挥官"为本书的智能决策研究提供了平台和生态环境，在此表示真挚的谢意。李智、黄维贵、廖树范、成红帅、王中林、孙非凡、李俊林、寿润泽等同学为本书做了很多基础性的绘图和校对工作，在此表示感谢。

限于作者水平，书中难免存在不足之处，恳请读者批评指正，并提出宝贵意见，联系邮箱为 yfsun001@163.com。

孙怡峰

2024 年 1 月

目　　录

第1章　智能决策概述

随着科学技术的发展，人类社会从机械化、信息化向智能化迈进。机器在复杂环境中的自适应决策和可控自主行动能力，对进一步提高人的生活质量、降低恶劣场景工作的危险性等具有重要的现实意义。更进一步，机器若能像人一样进行复杂大型活动的决策与推演，将对个人、企业、社会的发展具有重要的前瞻意义。本书将与上述场景相关的方法和技术称为智能决策的方法与技术。本章首先给出智能决策的基本概念、涉及的关键问题，然后归纳总结智能决策当前的发展现状与主要的技术流派，使读者对智能决策有一个概貌性的理解。

1.1　智能决策的内涵

1.1.1　基本概念

决策是指为了实现一定的目标，决策主体对多个备选方案进行评价，并从中选择一个令决策者满意的方案的过程。决策普遍存在于现实生活中，大到国家经济发展战略的制定，小到企业人员绩效考核评估、合作伙伴选择，乃至个人投资理财、产品品牌的选择，都需要应用到决策。

机器能否像人类一样决策，甚至在某些方面赶超人类，或者能够辅助人类进行决策，一直是人工智能(artificial intelligence, AI)领域关注的问题。在发展层次上，人工智能包括计算智能、感知智能和认知智能三个层次。计算智能是以科学运算、逻辑处理、统计查询等形式化、规则化运算为核心，能存、会算、会查找。感知智能以图像理解、语音识别、机器翻译为典型代表，能听、会说、能看、会认。认知智能以理解、推理、思考和决策等为主要任务，表现是计算机能理解、会思考决策。20世纪50年代，人们开始关注自动定理证明和机器下跳棋等推理决策问题。随着计算能力的提升、海量数据的累积和深度学习算法的不断突破，机器进行更为复杂的决策正逐渐成为现实。

相比认知智能这一术语，智能决策更容易理解，智能决策是整个认知智能的汇总，是认知智能技术的集中体现，是实现通用人工智能的关键。在人工智能领域，也将智能决策称为决策智能，意在突出机器在决策方面的智能水平，决策智能与本书的智能决策属于同一内涵的不同称谓。

究竟什么是智能决策，在当前技术水平下还难以给出一个严格的定义。一般来说，智能决策就是计算机能够感知面临的问题或所处的环境状态，理解备选的方案(不失一般性，后面均将其称为动作)，运用知识搜索能够到达目标状态的动作或动作组合，或者能够推理评估各种动作带来的效用，然后选择动作并实施于环境，不断向期望目标靠近，直至达到目标。更进一步，计算机还应能根据过往动作对环境的改变情况更正之前的知识，或者修正对动作效用的推理评估，也就是能够不断学习，使得对动作的选择更加优良。

上述对智能决策的描述与人类对智能和人工智能的认识是吻合的。美国著名人工智能学者 Russell 指出，智能的答案不在智商测试中，甚至也不在图灵测试中，而是在感知、需求和所做的事情三者之间的关系中。如果一个实体会根据它的感知来做事情，而它所做的事情是为了满足它的需求，那么该实体就是智能的(Russell, 2020)。人工智能是利用数字计算机或数字计算机控制的机器来模拟、延伸和扩展人的智能，感知环境、获取知识并使用知识获取最佳结果的理论、方法、技术和应用系统。其中，"利用数字计算机或数字计算机控制的机器感知环境、使用知识获取最佳结果"对应智能决策中的自动选择功能，而"获取知识"的表述则对应智能决策中的学习功能。也就是说，智能决策必须具备利用知识自动选择动作(推荐动作)，以及通过学习获取(更新)知识两个功能。

1.1.2 两个关键问题

智能决策为了具备上述两个功能，必须解决以下两个关键问题。

1. 知识的形式化表达

无论是人做决策还是计算机通过编程来做决策，都需要知识或信息。以对人生职业选择决策为例，人在做决策时通常要考虑职业是否很有前景，职业是否与自己的爱好一致。实际上，爱好在漫长的人生中是会发生改变的，职业的前景在不同的经济、政治、环境下也会发生改变，人们不可能预知在未来的职业生涯中可能出现的各种问题。因此，人类是在具有一定认知或掌握一定知识的情况下对未来做出选择。掌握知识的情况决定了决策的目标能否用明确的模型进行结构化描述，也决定了能否描述动作对环境状态的改变以及动作对应的效用，因此也就决定了人做决策的难易。在计算机做决策时，更加依赖能够形式化表达的知识。

对于选择到目的地路径的决策问题，将地图等知识通过图结构进行形式化表达，然后以最短时间或最少花费等为目标函数，就可以通过搜索算法得到最优路径(上述过程也称为路径规划)，各类地图软件中的导航功能就是实例。这类决策问题在后面称为确定环境下的推理决策，将在第 3 章进行进一步阐述。还有一些确定环境下的决策问题，虽然决策目标比较明确，所需的知识也能够形式化，但是决策变量取值规模的扩大给计算机实现带来了挑战。例如，货郎担问题，会随着巡游地点的增加，最优巡游路径决策的难度急剧增大。针对这类问题，通常采用仿生物学的演化算法求解近似解。理论上，只要是确定环境下的问题，都可以用计算机来进行方案的自动选择或向人类推荐某种方案。

2. 知识的闭环学习更新

很多问题的决策充满了不确定性，有些问题的解决过程需要分为若干相互联系的阶段，在每个阶段都需要做出决策，从而使整个过程达到最好的结果，这种决策称为多阶段决策；有些决策问题在进行决策后又会产生一些新的情况，需要进行新的决策，接着又有一些新的情况，又需要进行新的决策，这种决策称为序列决策；还有一些决策涉及两方及两方以上，如两方多阶段博弈，往往无法预知每个阶段对方如何进行动作选择。更大的不确定性是不知道很多单步动作的效用（也称为收益、奖励、回报，这些词指代同一意思），这使得选择动作十分困难。对于这类决策，人类往往在实践中通过输赢等终极目标来反复学习，从而逐步获得规律性知识。对计算机而言，以强化学习、博弈学习为代表的智能决策学习算法与此类似，它们通过探索与利用机制获得知识、更新知识。

针对复杂的实际问题，目前智能决策中的学习可能存在收敛速度慢等不足。学习是智能决策走向实用的关键，若将智能决策的学习形成闭环，则与人类在实践中的学习决策一样，可以预见智能决策终将随时间渐进式螺旋上升。曾击败围棋世界冠军的 AlphaGo，一开始能力也没有那么强，随着它后来生成棋谱并做了越来越多的对弈练习，它的能力也越来越强。反观人类社会管理组织的进化速度，往往要以年来计。因此，人工智能一开始可能决策并不好，但因为它是一个闭环，可以自动发生迭代，以天，甚至分钟为单位持续不间断地进化。在使用方式上，人类决策将与计算机智能决策相融合。人擅长感性的、复杂的决策，而机器擅长排程、协调、组织等类型的工作。计算机不知疲倦，并且非常中立，因此将来的决策应当是从以人为中心走向人机智能协同。

1.1.3　虚拟环境

智能决策针对一定的问题感知环境状态并做出选择，并最终作用于环境。环境包括物理环境和虚拟环境。物理环境对应现实的真实物理世界，为了使计算机能够感知当前状态，通常布设各种传感器，并通过效应器使计算机决策结果实施于真实物理世界；虚拟环境为数字化后的物理世界，当前也称为数字世界，通常表现为计算机游戏系统、计算机上运行的仿真软件系统等。虚拟环境具有实验观察方便、成本低、能耗少等突出优点，特别适合智能决策方法的学习、决策效果的评估和验证，是智能决策不断进化的基础。

游戏（特指计算机游戏）系统是最为典型的虚拟环境，具有开放性，便于比较

各类智能决策方法的性能。自 AI 诞生以来，游戏一直为 AI 的研究过程提供助力
(Yannakakis et al., 2020)。图灵早在 20 世纪 50 年代就使用最小最大算法来玩国际
象棋游戏。1952 年，Douglas 在井字棋的数字版本上编写了第一个精通游戏的软
件。当前，计算机游戏空前发展，游戏种类和数量不胜枚举，为 AI 发展提供了很
多有趣且复杂的问题。在诸多游戏中，棋牌类游戏相对简单，一直是智能决策关
注的重点，国际象棋、围棋为完全信息下的博弈决策，中国麻将、德州扑克等为
非完全信息下的博弈决策。体育中的足球游戏，每方都有 11 个球员，一场足球比
赛中进球数少，因而具有智能体多、来自环境的奖励稀疏等特点，智能决策学习
训练难度大；即时战略 (real time strategy, RTS) 游戏如"星际争霸"、多人在线战
术竞技 (multiplayer online battle arena, MOBA) 游戏如"王者荣耀"等能够模拟战
争迷雾，受到了人工智能界的广泛关注。飞行模拟类游戏"王牌空战"系列、"苏
-27"等与真实战机控制有较高的逼真度，其智能决策的研究也有非常高的应用价
值。可以说，不仅是 AI 在游戏中不断发展，游戏也在 AI 研究中得到了发展，很
多游戏越来越逼近现实物理世界。

　　仿真软件为智能决策提供了具有现实应用意义的虚拟环境。仿真是以实验或
训练为目的，将原本真实的或抽象的系统、事务或流程建立一个模型，以表征其
关键特性或者行为、功能，予以系统化与公式化，从而对关键特性等做出模拟。
建模与仿真已经成为研究系统规律、进行管理决策的重要工具。仿真软件是专门
用于模拟真实系统、事务或流程的计算机软件，它与仿真硬件一同构成仿真系统。
仿真软件 20 世纪 50 年代开始出现，它的发展与仿真应用、算法、建模等技术的
发展相辅相成。1984 年，出现了以数据库为核心的仿真软件，紧接着又出现了专
家系统等人工智能技术支撑的仿真软件。至今，仿真软件大多提供了二次开发接
口或参变量，通过编写程序或参数设定能够实现可视化的单元组装模拟、业务流
程模拟，并观察各类决策的效果。与游戏系统相比，仿真软件具有更好的现实意
义，其中的决策问题往往也具有更大的难度，虽然目前大多还不能实现知识的机
器自主学习和进化，但仿真软件构建的虚拟环境空间为智能决策技术的发展奠定
了基础。

　　仿真软件涵盖机械制造、建筑设计、电路制作等工业制造领域，仓储物流、
人类社交、传染病传播等社会领域，以及作战模拟、兵棋推演等军事领域。在工
业制造领域，最为著名的计算机辅助设计软件 AutoCAD 用于仿真设计，美国
ANSYS 公司的计算机辅助工程软件用于求解分析复杂工程和产品的结构力学性
能。工业仿真软件将实体工业中的各个模块转化为数据，能够模拟实现工业作业
中的每一项工作和流程，并与之实现各种交互。工业仿真软件对企业提高开发效
率，加强数据采集、分析、处理能力，减少决策失误，降低企业风险起到了重

要的作用。目前，工业仿真软件仍需要与人类进行大量交互，未来通过二次开发接口和智能决策技术，会有越来越多的专用组件、智能组件使工业制造越来越简单。

在社会领域，通常要将待研究的世界建模为多自主个体(智能体)构成的复杂系统。针对复杂系统，有 Anylogic、Netlogo、FlexSim 等仿真平台软件。例如，通过 Anylogic 能快速构建待研究世界的虚拟环境，可应用于物流、供应链、行人交通和疏散、服务系统、公共政策、疾病控制等方面的决策支持。数字孪生描述了针对企业或组织的虚拟环境高级境界。以人类组织为例，人类的理想目标是，在数字世界中建立起和物理世界中的组织(可以是一个企业、行业，甚至是一个城市)相对应的一组软件模型，给这个模型输入组织的运营数据和组织服务的各类对象数据，就能够实现组织在数字世界中的映射，以及实时更新，应对外界的变化，部署相应的资源，产生预期的价值。反映组织运作的软件模型和数据，就是组织的数字孪生。数字孪生最大的突破在于物理世界中的实体与数字世界中的孪生体相互映射，决策将在数字世界中完成。数字孪生将是智能决策学习进化的基础环境。

在军事领域，仿真系统用于研究作战规律。从 20 世纪 80 年代中后期开始，作战模拟取得了长足进步，产生了包括各种模拟器、集中式模拟系统、分布式交互仿真、实装模拟器构造物仿真以及云仿真等在内的多种作战模拟仿真系统，促进了战争决策研究、作战指挥训练以及武器装备研发等各种战争准备活动的发展(胡晓峰等，2021)。美军的联合战区级仿真(joint theater level simulation, JTLS)系统是以决策推演为核心的作战仿真系统，也就是兵棋系统。作战仿真系统可为以智能决策为代表的 AI 提供良好的虚拟环境，未来战争及其仿真系统也必将在 AI 研究中得到升华。战争正在经历武器平台中心战到网络中心战再到决策中心战的演变过程，作战仿真系统也在经历以对象为中心到以行为为中心再到以智能体为中心的转变，智能化的作战仿真系统将更好地支撑高逼真度的战争实验，为打赢未来战争起到了关键作用。

可以预见，随着网络通信技术、人工智能技术以及区块链技术的发展，虚拟环境将与人的关系越来越紧密。企业的数字化转型正是指实体企业朝着虚实结合、数字孪生的方向发展。未来可能出现与物理世界同时存在的虚拟的平行世界，在军事领域称为平行军事(吴明曦，2020)，在人类生活的领域，也许意味着元宇宙的到来。2021 年称为元宇宙的元年，游戏公司 Roblox 在纽约证券交易所上市，社交网络公司 Facebook 更名为 Meta，使元宇宙的概念不断升温。元宇宙描绘了沉浸式体验下的虚实结合环境、自由的创造模式、去中心化的经济系统和新的文明形态(赵国栋等，2021)，元宇宙也许是智能决策的未来超级虚拟环境。

1.2　当前成果与技术流派

1.2.1　当前成果

1. 棋类游戏

机器与人类进行棋类比拼，也称为计算机博弈/机器博弈，也是智能决策研究成果比较丰富的领域。最早的棋类 AI 当属 IBM 公司 Samuel 开发的西洋跳棋 AI 程序。这种西洋跳棋 AI 程序的核心是用一个多项式进行棋盘局面的评估，多项式的每一项有一个权重参数，这种能调整权重参数的多项式称为自学习评价函数。自学习评价函数利用两个副本进行对弈，学习每个盘面特征的权重。该西洋跳棋 AI 程序在 1962 年击败了美国的西洋跳棋州冠军。

与西洋跳棋相比，国际象棋的状态复杂度（指从初始局面出发，产生的所有合法局面的总和）和博弈树复杂度（指从初始局面开始，其最小搜索树的所有叶节点的总和）大大增加，人工智能研究者研究自动下国际象棋的计算机程序持续了半个世纪。直到 1997 年，国际象棋 AI 程序"深蓝"的升级版"更深的蓝"在第二次人机大战中以 3.5：2.5 的总比分战胜了国际象棋特级棋手卡斯帕罗夫。其成功秘诀之一在于，采用升级后的加速芯片，使其能够从棋局中抽取更多的特征并在有限的时间内计算出当前盘面往后 12 步甚至 20 步的走子方案；成功秘诀之二在于，在软件设计上采用了超大规模知识库结合优化搜索的方法。AI 储存了国际象棋一百多年来 70 万份国际特级大师的棋谱，利用知识库得出更合理的走子方案；成功秘诀之三在于，采用 α - β 剪枝搜索算法和基于规则的方法对棋局进行评价，通过缩小搜索空间的上界和下界来提高搜索效率，同时可根据棋子的重要程度、棋子的位置、棋子对的关系等特征对棋局进行更有效的评价。

对于 19 格×19 格的围棋，其状态复杂度已上升到 10^{172}，博弈树复杂度则达到惊人的 10^{360}，因此其被视为人类在棋类人机对抗中最后的堡垒。破局出现在 2016 年，Google 的 DeepMind 团队开发出 AlphaGo，采用深层神经网络和蒙特卡罗树搜索，以 4：1 战胜了李世石，并在接下来的一系列博弈中势如破竹。AlphaGo Zero 做了更进一步的升级和改进，将策略网络和价值网络整合在一起，使用纯粹的深度强化学习算法进行端到端的自我对抗学习。AlphaGo 和 AlphaGo Zero 的对弈知识是通过深度学习算法自己掌握的，而不像"深蓝"那样编制在程序中，这种深度学习能力使得 AI 决策能不断学习进化，产生很强的适应性。

在 AlphaGo、AlphaGo Zero 等系列出现以后，智能决策在几乎所有完全信息博弈的棋类游戏中处于无敌的状态。对于不完全信息下的博弈，信息是不透明、不对称的，对参与者来说，博弈过程中的状态是无法确定的。在斗地主游戏中，玩家自己手中的牌是明确的，对手拿到了不同的牌则对应不同的博弈状态。完全信息博弈和不完全信息博弈两者的博弈状态具有较大的差别，导致其在博弈过程中的决策方法具有明显差异。完全信息博弈是针对明确的状态向后推演，通过遍历所有可能性，找到对自己最有利的行动；不完全信息博弈则是从一个范围(存在但不确定的多种状态可能性)出发，寻找可获得最大奖励期望值的行动并向后推演。针对不完全信息的棋牌类博弈，研究者也取得了一定的成绩。针对麻将游戏，2019 年 8 月，时任微软全球执行副总裁的沈向阳正式对外宣布了麻将 AI 程序 Suphx，其在天凤平台上和其他玩家对抗了 5000 多场，达到了该房间目前的最高段位 10 段，其安定段位达到了 8.7 段，超过了平台上顶级人类选手的平均水平。2020 年 4 月，微软亚洲研究院在 arXiv 平台上发表了关于麻将 AI 程序 Suphx 的论文，公布了 Suphx 背后包括决策流程、模型架构、训练算法等核心技术细节。针对斗地主游戏，中国快手公司 AI 平台部研制的智能决策 AI 战胜了所有已知的斗地主打牌机器人，并达到了人类玩家水平。

2. 复杂游戏

尽管上述棋类游戏已经给智能决策带来很多挑战，但面对需要长程决策、复杂动作控制与决策的体育类游戏、即时战略游戏，智能决策更加充满挑战，但也在不断取得突破。

QWOP 游戏是一款复杂的体育游戏，如图 1.1 所示。它让玩家用 Q、W、O、P 四个键控制游戏人物的左右大腿和小腿，以最快的速度跑完 100m，QWOP 游戏也因此而得名。其难点在于一旦角色失去平衡就很难再挽回，需要在 100m 的距离内一直保持重心不过于向前后倾斜。当玩家经过苦练使游戏人物跑起来时，往

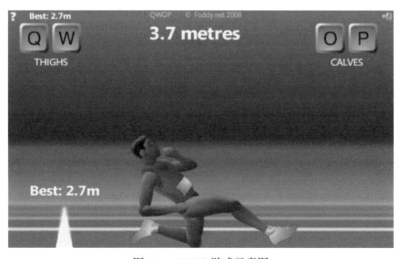

图 1.1　QWOP 游戏示意图

往又会被 50m 处故意设置的栏杆挡住，这对于人类玩家和 AI 玩家都充满了挑战。2021 年，美国波士顿的 Liao 使用强化学习算法开发了智能决策 AI，开始只能以"蹭膝盖"的方式跑过终点，但最终超越了人类玩家。

足球游戏对于智能决策 AI 困难巨大。在 Google Research Football 虚拟足球环境下，一场比赛由 3000 步组成，AI 需要不断决策出移动、传球、射门、盘球、铲球、冲刺等 19 个动作，目标是完成进球；有 10 名球员（不含守门员）可供操作，算法需要在如此巨大的动作空间中搜索出合适的动作组合，一场进球数极少，算法很难频繁获得来自环境的奖励，AI 学习训练难度也就大幅增大。尽管如此，2021 年清华大学团队在谷歌虚拟足球环境下，开发了智能决策 AI 程序 TiKick，它能同时控制 10 名球员，胜率达到了 94.4%。

相较于体育游戏，即时战略游戏同时具备了不完全信息、长程决策、动作极其复杂、高层战略意图十分抽象等一系列难题。由于其与现实环境的逼真度较高，所以受到了研究者的关注。Google 公司的 DeepMind 团队在征服围棋后，迅速将即时战略游戏"星际争霸"作为下一个主攻点。2016 年 11 月，DeepMind 团队和暴雪公司共同推出了"星际争霸"的软件开发包，以供智能决策程序控制。2019 年 1 月，DeepMind 团队研发的 AlphaStar 以 5∶0 战胜了两名职业玩家，虽然这次比赛还无法证明 AlphaStar 已经超越了人类最强选手，但不可否认的是智能决策的技术框架有了突破。

3. 现实领域

上述游戏容易创建虚拟环境，因此也得到了比较充分的研究。在现实应用中，通过仿真软件创建虚拟环境，智能决策也在不断发展中。

导航软件是常见的仿真系统，其中的智能决策已经得到应用，例如，AI 程序可以为用户规划到达目的地的有效路径，并提供各种可行路径的时间估计、费用估计等，此外还能学习用户的习惯，不断进行升级和改进。

在军事领域，智能决策技术能够用于构建复杂作战实体的行为模型，在作战筹划中发挥重要作用。2020 年 8 月，美国国防高级研究计划局的"阿尔法狗斗"（AlphaDogFight）人机对抗实验在线展开，"苍鹭系统"以 5∶0 的成绩大胜人类飞行员团队，又一次引发人类的惊叹。这对推动 AI 取得相关人员的信任具有积极的作用，一旦证实 AI 能够执行空中任务，那么伴随载人战斗机的智能无人"忠诚僚机"也将获得实用。事实上，不只是空中格斗，在其他技术领域也需要各种技术实验来获得整个行业的信任。

在工业和商业领域，智能决策能帮助人们阐明决策背后的假设，将这些假设传达给其他利益相关者。智能决策可以帮助决策者弄清楚什么状态是可能的，或者在什么条件下它们是可能的，这样的解决方案可以通过克服现有弱点来增强团队的整体能力。AI 可支持企业进行三种决策：执行性决策、业务性决策、战略性决策。通过执行性决策，在单点场景进行降本增效；通过业务性决策，进行业务再造和创新；通过战略性决策，进行全面转型重塑，实现经营质变。

1.2.2　三大流派

针对推理决策等问题，目前有符号主义、连接主义和行为主义三大人工智能流派，它们与认知科学中的技能主义、结构主义、行为主义等相互借鉴、相互促进、相互融合。

符号主义认为，人工智能源于数理逻辑，具有代表性的成果为启发式程序逻辑理论家，它证明了 38 条数学定理，表明可以应用计算机研究人的思维形成，模拟人类的智能活动，后来又发展出了启发式算法、专家系统和知识工程理论与技术。该流派的实质是模拟人的大脑抽象逻辑思维，用某种符号来描述人的认知过程，并把这种符号输入能处理符号的计算机中，实现人工智能的推理决策。从符号主义的观点来看，知识是信息的一种形式，是构成智能的基础。知识表示、知识推理、知识运用是人工智能的核心，知识可用符号表示，认知就是符号的处理过程，推理就是采用启发式知识及启发式搜索对问题进行求解的过程。推理过程用某种形式化的语言来描述，有可能建立起基于知识的人类智能和机器智能的统一理论体系。当前，符号主义的典型代表就是知识图谱及其应用体系，但仍然面临很多挑战，如知识的自动获取、多源知识的自动融合、面向知识的表示学习、知识的推理与应用，特别是在"常识"知识以及不确定知识的表示和问题求解上遇到了困难。

连接主义认为，人工智能起源于仿生学，强调模仿大脑皮质神经网络及神经网络间的连接机制及学习机制，开创了用电子装置模仿人脑结构和功能的新途径。早在 1943 年，研究人员就提出了神经元 M-P 模型，1958 年，计算机科学家Rosenblatt（1958）推广了神经元 M-P 模型，提出了感知机概念。1986 年，多层神经网络反向传播（back propagation, BP）的提出，从模型到算法、从理论分析到工程实现，为神经网络计算机走向市场奠定了基础。近年来，深度学习技术飞速发展，加之计算机硬件的发展使连接主义如鱼得水，在图像识别、语音识别、自然语言处理等专项人工智能上突飞猛进。但是，连接主义仍然存在神经网络模型难解释、需要大量数据作为训练基础等不足，特别是当样本分布偏移大、新类别多、目标多样、属性退化严重时，计算收敛性不好。

行为主义认为，人工智能起源于控制论，其核心为控制论和感知-动作型控制系统。控制论把神经系统的工作原理与信息理论、控制理论、逻辑和计算机联系起来。感知-动作型控制系统由 Brooks（1991）在 20 世纪 90 年代提出，主要思想是必须逐步构建智能系统的能力，在每一步中，都应该搭建完全的智能系统，采用真实的感知和真实的动作，智能在与环境的交互作用中表现出来。这样，智能系统的基本功能分解为一些相互独立的、平行的行动发生器，它们通过感知和动作直接与环境进行交互；当智能以一种递增的方式实现时，严格依赖通过感知和动作建立起来的现实世界的接口，这样就消除了智能对知识表示的依赖。上述观点是行为心理学观点在人工智能中的反映，因此称为基于行为的人工智能，简称为行为主义。基于上述思想，Brooks(1991)研制了一种机器爬虫，用一些相对独立的功能单元，分别实现避让、前进、平衡等，组成分层异步式系统，取得了一定程度的成功。当前具有奖惩控制机制的强化学习算法成为行为主义的代表，它通过行为增强或减弱的反馈来实现输出，并强调模仿生物个体、群体的控制行为。其优点是能够根据交互作用中的得失进行学习绩效的累积，与人类真实的学习机制相似，缺点是把人的行为过程看得太过简单，实验中往往只是测量简单的奖惩反馈过程，有些结论不能迁移到现实生活中。还有，行为主义锐意研究可观察的行为，它的主张过于极端，不研究心理的内部结构和过程，否定意识的重要性，进而将意识和行为对立起来，限制了其纵深发展。

综上可知，三大流派各有优缺点，当前已经呈现出三大流派融合发展的趋势。连接流派的神经网络融入知识图谱，发展出图神经网络；同时深层神经网络与强化学习相结合，形成了深度强化学习，使得感知与动作的映射能力、对未来态势的推理和评估能力都得到了大大提高。智能决策必将是从人类决策的基本理论出发，三大流派取长补短，不断完善，不断进步。

1.3　未来应用与发展方向

1.3.1　为复杂体系提供辅助决策

现实中很多针对复杂体系的决策难以事前评估，一旦出现失误，将损失巨大。典型的复杂体系如城市医疗体系、城市基础设施体系、复杂企业体系、复杂产品制造体系、国防军事体系等。在复杂体系场景下，基于虚拟环境与智能决策技术将有望实现多智能体协作、博弈策略的演化和推演，为人类进行决策提供当前技术条件下各种接近最优的备选方案，提升决策质量与效率。例如，针对城市医疗体系中不同层级医疗服务单元的配置问题，智能决策在虚拟环境中能推演得到医疗资源的高效协调、市民诊疗路径的优化方案，最大限度地实现城市医疗体系的高效率协作。再如，针对复杂企业体系，现代企业规模日益庞大，由业务部门、人力部门、财务部门、生产部门等多个部门构成，产品需求分析、设计、制造、生产、测试、销售等全生命周期研发过程需要各个部门的沟通协调。基于数字孪生企业(即虚拟环境)和智能决策技术，将有望在线推演各类体系结构在企业管理和协调方面的效能，从而构建层次清晰、严格规范的企业体系结构，促进多学科、多层次、多视角的数据融合、信息共享，进而高效管理和协调企业运作。

军事是复杂体系的最典型代表，也是智能决策最有希望的应用方向。现代国防军事体系由海、陆、空等多兵种系统，甚至多国部队系统构成，每个系统又由不同的组织架构和武器装备构成。针对这种大规模异构的复杂军事对抗体系，要想形成一体化的作战效能，往往涉及多维度、多层次、多领域的组织和协同，即进行复杂的指挥决策。

指挥决策用于指导军事行动和军事斗争。军事斗争虽然最终表现为战场上双方部队之间的力量对抗和行为对抗，但这种对抗的核心却是双方决策者之间的思维对抗和智力对抗，即指挥决策对抗。指挥决策的强对抗性，决定了其决策制定时的主要逻辑：己方采取什么行动方案比较有利，必须以对手的行动为前提。好的行动方案主要是相对于对手的行动而言的。指挥决策按作用的时空范围分类，有战略决策、战役决策、战术决策。无论作用范围大小，从内容上指挥决策包括了情报决策、作战行动决策、组织决策(杨露菁等，2016)。情报决策是对情报信息的真伪、含义和价值进行分析和判断的过程。情报的真伪、含义和价值有多种判断，存在关于情报分析结论的多种选择。做出情报分析结论的过程就是情报决策的过程。作战行动决策，也称为作战决策或行动决策，是从有效达成一定的作战目的出发，对作战行动进行筹划和优选(包括作战行动方法)的过程。在不同的背景下，作战行动决策包括确定行动目标、确定作战行动样式、确定主要作战(进攻或防御)方向、确定兵力兵器部署、规定部队任务、协同和保障等内容。作战决策通常建立在情报决策之上。组织决策是指为了贯彻作战行动决策，对所属部队进行的力量编组以及对指挥系统的结构设计，具体包括编制体制、人员配备、战斗编成等。组织决策的作用在于使己方的作战系统形成所需要的系统结构和系统功能，以便最有效地遂行作战行动。

综上可知，行动决策是指挥决策的最重要内容。应用智能决策技术，有望在行动决策中得到更为详细的行动序列方案，这些方案更有利于进行可视化分析和评估。传统行动决策经过周密筹划并制订作战方案后，还需要通过兵棋系统进行人工推演评估。基于有程序接口的兵棋系统，也就是战争虚拟环境，智能决策将通过高层动作设计、关键点位经验决策、在线博弈优化，获得特定想定下的行动序列较优策略。在线自博弈本质上是一种自动推演评估，较优策略的关键是在线博弈优化。通过各种细粒度作战方案的自动推演评估，最终将使兵力武器平台部署策略接近混合策略纳什均衡解。依据混合策略概率进行随机选择，可以生成不同的细粒度作战备选行动序列，以供人类评估、修正和调优。因此，智能决策技术将辅助人类显著提升作战行动决策的质量和效率。

1.3.2 为无人系统提升自主能力

传统的自动化是指系统运行不需要或很少需要人工操作，但系统功能仅局限于设定的具体行动。自动化目前已应用于各种系统，包括应用软件来实现遂行的逻辑步骤或操作，例如，应用于飞行器系统的自动化包括飞行控制系统所用的电传操作技术、将多个传感器信息进行整合的数据融合技术、制导与导航自动化技术（飞行管理系统）、地面防撞自动回收技术等。可以说，这些都只是在一种或多种功能上实现不同程度的自动化（从低级到复杂），属于半自主性。

自主是指在更为广泛的条件、环境因素以及更为多样的任务或行动中，使用更多的传感器和更为复杂的软件，提供更高层次的自动化行为。自主性通常体现在系统独立完成任务目标的程度。自主系统要在极其不确定的条件下，能够完全排除外界干扰，即使在没有通信或通信不畅的情况下，仍能确保系统长时间良好运行。自主性可视为自动化的重要延伸，可以在各种未完全预测到的环境下成功执行面向任务的高级指令，是设计良好、具备较高能力的自动化。

定义自主等级、提升自主能力是无人系统遂行复杂任务的关键和核心。美国国防科学委员会发布的《自主性在国防部无人系统中的地位》指出，提高自主能力亟待发展的技术，包括感知、规划、学习、人机交互、自然语言理解和智能体协调 6 项。其中，感知技术包括导航、任务、系统健康与移动操作 4 类，当前主要差距是复杂战场感知与态势理解，包括突发威胁/障碍的实时监测与识别、多传感器集成与融合、有人无人冲突消解、可靠感知、平台健康监控的证据推理能力等；规划技术的难度是在物理计算约束和对现有计划做最小改变的条件下，决定什么时候重规划、什么时候求助于操作员；学习技术的难点是在友、敌智能体并存的非结构化动态环境中的学习；人机交互的难点是自然用户接口，实现可信赖的人-系统协作以及可理解的自主系统行为；自然语言理解的难点是以实际环境直接互动为重点的指令和对话理解；智能体协调重点关注针对特定任务、合适协调方案与系统正确的紧急行为，以及在干扰下任务重分配和鲁棒网络通信问题。

智能决策技术在感知、规划、学习、智能体协调等多个方面都有重要作用。在感知与规划方面，要实现自主性，系统必须有一系列基于智能的能力。应能够对设计中未规划、未预测到的态势做出响应，软件设计不仅要基于逻辑规则，还要采用如模糊逻辑、神经网络、贝叶斯网络等技术，通过智能体的通信和系统来实现目标。智能决策技术，将使用规则知识来设计整体框架，还将利用深度强化学习来构建基于神经网络知识模型的复杂态势响应机制。

在智能体协调方面，智能决策技术更是核心。例如，在陆战对抗中，需要协作多个兵力单元，打击对手的有生力量，合适时机实施夺控并守住夺控成果，是无人装备自主性提高的重要反映。在兵棋等虚拟环境下，智能决策技术有望通过多兵力单元间相互关联的部署策略，较好地实现己方棋子的协调，并在虚拟环境中不断学习，策略不断得到优化。

在自主能力提升各项关键技术中，学习都是重中之重。只有具备不断学习的能力，才能调整知识、适应动作环境。基于数据的学习与基于经验规则的知识不断融合，相互促进，将是自主能力不断提升(即智能水平提升)的法宝。

第2章 基本理论与模型

机器实施的智能决策必然模仿或借鉴人类的决策过程,因此需要回顾人类决策的一般过程,然后在当前技术条件下总结提出适合机器行动决策的一般模型。本章首先介绍人类决策的一般过程,从认知心理学角度给出具体决策实例;然后从理性行动角度给出依据环境状态和任务目标做出动作选择的智能体模型,分析机器当前实施智能决策存在的能力限制,最后根据形式化知识与环境的特点对智能体进行分类,为后续章节的展开打下基础。

2.1 决策的基本理论

2.1.1 人类决策的一般过程

人类将决策总结为一个系统的过程,由科学的决策步骤组成。科学的决策步骤整体称为科学的决策过程。一般来说,一个合理、科学的决策过程必须包括以下五个步骤:发现与分析问题;确定决策目标;拟订各种可行的备选方案;分析、比较各备选方案,从中选出最优方案;决策的执行、反馈与调整等,这五个步骤及相互间的关系如图 2.1 所示。

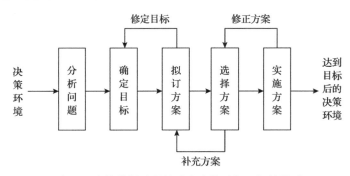

图 2.1 决策分析过程的基本步骤及相互间的关系

1. 分析问题

问题的存在是决策分析的前提,所有的决策分析都是为了解决决策环境(即真实物理世界)中存在的特定问题而进行的。这里所说的问题是决策对象的现实状态与期望状态之间存在的需要缩小或排除的差距。

通常情况下，问题有两种情况：①被动情况下出现的问题，这是一种人们事先没有预料到的，而客观事物本身发展暴露出的迫使人们必须承认的问题。②人们对现实状态主动检查，进而发现的问题，其与期望状态之间存在差距，这是一种主动发现问题的情况，也是通常意义上的发现问题。上级给下级指派的任务，对下级而言就属于被动出现的问题，对上级而言，在很大程度上就属于主动发现的问题。

积极地去发现问题、提出问题，可以使决策者以及决策者所在团队摆脱被动，并不断地开辟新的发展道路或途径。在发现问题后，应准确而具体地界定问题的性质，问题出现的时间、地点以及问题的范围与程度。准确地界定问题是分析问题的有效工具，它可以避免漫无边际地对所有资料或情况进行盲目寻求，而是将与问题有关的重要资料组织起来，显露出问题的线索，并且提供一项对任何可能的原因进行检验的标准。为了从根本上解决问题，还必须根据已经界定的问题，设定问题的可能原因，并根据实际掌握的或进一步收集的事实材料对假设的原因进行验证，以便查明问题的真相，抓住问题的本质，从而解决问题。

2. 确定目标

目标是在一定的环境和条件下，决策系统所希望达到的状态。它是拟订方案、评估方案和选择方案的基准，也是衡量问题是否得到解决的指示器。只有先明确了目标，方案的拟订才有依据。对于方案的评估标准，主要是看其能否达到目标。被选择的方案往往是最大限度地实现目标的方案。

确定目标本身也是一个完整的决策过程。首先，问题原因的发现是确定目标的重要途径。问题是由一定的原因造成的，解决问题就是消除造成问题的原因，因此把造成问题的原因消除后决策系统可能达到的状态作为目标设想。但决策目标的设立并不完全来自问题的发现和分析，如下级单位将上级主管部门指派的任务确定或具体化为自己的目标、决策者不满足于现状而提出的更高目标等。其次，从上级组织的要求、社会的利益、主观条件是否具备、客观条件是否允许等方面对提出的目标进行分析评价，根据评价结果确定具体可达的目标。最后，还可能有主要目标、次要目标等多个目标，以及确定其实现的优先次序。

3. 拟订方案

拟订方案就是寻找解决问题、实现目标的方法和途径，大体分为以下三种。①寻找方案，在该阶段应大胆创新，创造性思考和探索解决问题的各种可能的方法和途径；②设计方案，对寻找的方案进行进一步加工，填充实施细节，以形成具有实际价值的具体方案；③估测方案的结果，即预测各种方案在各种可能状态下所产生的结果。在很多决策问题中，往往需要将很多阶段性的选择作为整体方案的子部分，也就是说方案是由很多动作组合起来的，动作的组合个数，往往对应方案的数量。人在解决问题时往往运用启发性思维进行预判，选择中间阶段中的较优动作，由这些较优动作组合出较少的合理备选方案。

4. 选择方案

选择方案是决策分析过程中最为关键的一个步骤。从狭义上讲，选择方案就是做出决定，即"拍板"；从广义上讲，选择方案还包括对方案进行分析与评价。只有在对各种方案进行科学且严密的分析与评价之后，选择方案才有科学依据，从而避免选择方案的盲目性。

选择评价方案就是根据决策目标和评价标准，对拟订的多个备选方案进行比较、分析和评价，得出备选方案的优劣顺序。这里的评价标准是衡量备选方案是否达到目标的尺度。评价标准有"最优"标准和"满意"标准之分。

选择方案是根据决策准则，在对各个备选方案进行分析评价的基础上，综合考虑各备选方案的利弊、得失，趋利避害，从中选择最优方案或满意方案，或某一方案的修正方案，或综合几个备选方案而得出新的方案。对方案的选择在很大程度上取决于决策者自身的素质，如知识、心理、偏好等。对于同样的决策问题，不同的决策者会因其自身风险偏好的不同而倾向于选择不同的方案。

5. 实施方案

方案被选定后，决策分析过程还未结束。客观事物的发展变化特性及人们对客观事物认识的局限性决定了理论与实践总是存在差距，理论的可行与否最终要经受实践的检验，决策方案也是如此。在实施方案的过程中，最重要的是对方案的实施进行追踪控制，针对方案实施过程中出现的新情况、新问题，以及确定决策目标、拟订决策方案时未曾考虑到的因素，对决策方案进行反馈修正。对方案进行追踪控制并适时修正的目的是使决策过程接近实际，增强决策分析的科学性，提高决策方案的实用价值。最终，方案实施后作用于真实物理世界，得到达到预期目标后的新决策环境。

2.1.2　决策的认知心理学描述

在前面的叙述中，决策分析围绕问题和解决问题进行。认知心理学对决策过程中的人类心理过程进行了详细描述，这对计算机模仿人类、实现智能决策具有指导作用。

首先，认知心理学回答了什么是问题。一个问题通常由几个基本成分组成：初始状态(问题开始时的情况)、目标状态、一组必须遵循的规则(或限制条件)，以及一组必须克服的障碍。下面以大学生期末时面临的情况为例。假设有一位大学生，本学期就要结束了，他必须要完成一篇论文，还要完成课程考试，同时每周还要兼职 10 小时，最后还需要保持绩点 3.0 以上的平均成绩来保住保研资格。在这个问题中，初始状态是该大学生惊慌失措地盯着空白的电脑屏幕，试图开始写一篇论文。目标状态是完成研究论文，几科期末考试成绩优秀，然后将拥有一个愉快的假期。但在此过程中，规则和障碍数不胜数。研究论文的题目很难，他需要的很多资料都不在本学校的图书馆内，只有两周的时间来完成所有的事情，兼职的工作很忙等。

现实世界中面临的问题很多，可以按照"定义明确"到"定义不明"这一连续区间来进行分类。定义明确的问题是清晰和结构化的，其初始状态、目标状态和限制条件都是可以清楚描述的，一旦找到了某个解决方案，就很容易进行评估。定义不明的问题是模糊和抽象的，例如，必须写一篇研究论文就是一个定义不明的问题。该大学生不太明白从哪里开始，需要到达哪里，主题由自己决定，长度也由自己决定，不能 100%确定"教授想要什么"。此外，一旦大学生想出了一个解决方案，也不太能确定它是不是一个好方案，因为即使大学生自己认为这篇论文很好，但他自己不是给该论文评分的人。显然，定义不明的问题更具挑战性。

行为主义者认为，问题解决是一个无须动脑筋的过程，习得的反应会自动发挥作用，也就是触发一系列通过经验建立起来的联系。格式塔心理学家认为，问题解决涉及一个重构的过程，在这个过程中，问题元素突然被重组，并以全新的方式被看待。这种对问题元素进行的突然而成功的重构称为顿悟。在上述大学生期末遇到的问题中，难以想象能够通过行为主义得到解决方案，同样难以想象大学生坐在房间里，突然间顿悟地惊呼：我知道如何写好论文，如何在考试中取得好成绩！事实上，需要既有行为主义，同时具有新颖性和创造性的问题解决理论。

信息加工理论试图将问题分解成一系列子目标，通过算子来减少当前状态与当前子目标状态之间的差异，在宏观层面上减少初始状态和最终目标状态间的差异，从而最小化初始状态和目标状态之间的距离。这种理论也称为通用问题解决程序。通用问题解决程序的另一个重要方面是问题空间的概念。问题空间是指问题求解者对初始状态、最终目标状态、所有可能中间(子目标)状态以及可用于达到子目标和最终目标的算子的心理表征。问题解决的本质是穿越问题空间的过程。首先，外部世界中的信息(如问题信息)转换为内部(心理)表征；然后，以一种顺序的方式将各种心理操作应用此表征，将其转换为越来越接近目标状态的其他表征。上述通用的信息加工框架已经成为现代问题解决研究的模型，问题解决通常被描述为历经一系列阶段的阶梯状进程。

将外部世界的信息转换为某种类型的内部心理表征的过程就是问题表征。问题表征要准确指定问题空间，即正确识别问题的初始状态以及在问题限制条件下可应用的算子。问题表征是成功解决问题的关键组成部分，具有多样性，容易出现刻板，并存在个体差异等特点。

当一个问题成功地从外部世界呈现的信息转换为内部表征时，就进入了问题解决的下一个阶段，包括搜索、测试和评估问题解决方案。在信息加工理论中，问题解决相当于穿越问题空间，有两种通用的方法：算法和启发式。每种方法对如何准确地穿梭于问题空间有不同的含义。算法主要是一组规则，可以系统地应用于解决某些类型的问题，数学公式是算法的一个典型例子。算法是强大的问题解决技巧，如果存在一个算法，并且应用正确，那么总可以得出正确的答案。但很多现实世界中的问题非常复杂且定义不明，往往没有算法。这种情况下，启发式问题解决方法要有效得多。启发式是可以应用于各种问题的一般策略或经验法则，它将问题分解为更小的子目标，子目标完成后，再将解决程序转向最终目标。这种方法也称为手段-目标分析的启发式方法。正如手段-目标分析一词暗示的，求解者系统地尝试设计一些手段来达到每个子目标，通过一系列转换从初始状态转移到目标状态。例如，当要写一篇论文，要准备好几科期末考试时，这个问题不会在一夜之间得到解决。只有将其分解成一系列子目标并系统地完成每一个子目标，该问题才会变得易于掌控。这个过程进展可能比较缓慢，但肯定能达到目标。

上述阶段的实际过程如下：在构建了问题的内部表征后，人类通过注意力机制聚焦于感知中的关键内部信息，依据类别知识和概念知识进行所处状态的识别，然后依据一定的知识进行推理，即在某种算子操作下对从当前状态迁移到下一子目标状态的可能性进行评估，最终基于期望效用理论或前景理论进行决策并行动，不断完成向子目标状态的转换，最终达到问题结束状态。根据认知心理学，可总结为感知表示、即时记忆(含注意力机制)、物体类别与概念识别、知识的长时记忆(含长时记忆编码、记忆重构等)、推理与决策等环节，其中注意力机制、物体类别与概念识别、推理与决策都在人工智能中得到了应用，认知科学对智能决策具有重要的理论指导作用。

2.2　智能体模型理论

2.2.1　智能体的基本概念

执行决策过程的主体或实体可以统称为智能体(agent)。广义地讲，人类也是一种特殊的智能体。图 2.2 给出了智能体与环境的基本交互模型，智能体处于一定的环境中，通过传感器感知环境，依据环境和任务目标做出决策，通过执行器对所处环境产生影响。智能体往往有一个问题求解器，给它输入感知序列，它会输出当前动作或从当前动作开始为达到目标的动作序列，而执行器仅仅是实施当前动作。问题求解器的作用类似于大脑的思考推理，智能体在任何给定时刻的行动选择依赖到那个时刻为止该智能体的整个感知序列，而不是那些它感知不到的东西，但智能体可以根据感知序列推理将来的情况，从而比较不同行动序列下与最终目标的接近程度。

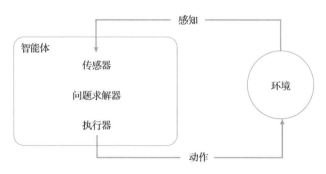

图 2.2　智能体与环境的基本交互模型

人类作为智能体，传感器是眼睛、耳朵和其他器官等，手、腿、声道等作为执行器。环境的状态由眼睛看到的图像、耳朵听到的声音、鼻子闻到的气味等数据构成。当机器智能体面向现实世界时，往往需要将摄像头等作为传感器，以屏幕显示、写文件和发放网络数据包为执行器作用于环境。机器传感器采集到的数据可以直接构成一个个环境状态，但往往状态空间很大，因此数据需要进一步加工、筛选，将所关注问题的有效表征作为状态。即使有了环境状态，除特别简单的任务外，初始时人类智能体往往也无法得到好的决策（即好的问题求解器）。

在这种情况下，往往需要构建虚拟环境来训练人类智能体或机器智能体，得到好的问题求解器。这需要构建虚拟环境的要素：有效的状态表示，明确的智能体行动类型或动作空间定义，行动带来的状态变化，明确的智能体任务目标。计算机游戏就是一种典型的虚拟环境。在这种虚拟环境中，游戏状态就是一帧一帧的画面，行动就是游戏可接收的键盘或鼠标操作，这些操作会导致游戏画面的改变（如产生获得奖励等情节），任务目标就是达到过关状态。无论是人类智能体还是机器智能体，都需要从游戏开始状态开始，不断学习能达到过关状态的行动规则。

人类智能体在玩计算机游戏时，初始阶段往往是依靠自己的直觉知识实施键盘或鼠标操作，进行游戏状态的转换。这种操作对游戏而言仍具有一定的盲目性，初始时大概率是无法转换过关状态的。随着游戏次数的增多，人类逐渐总结出特定游戏的规律知识，从而得到了较好的智能体问题求解器。

机器智能体也应类似，初始时依赖基本的状态表征和产生式规则知识实施行动，对简单的任务，通过搜索算法（见第 3 章）就可以到达过关状态，对于复杂的游戏任务，则必须依赖一定的学习算法，经过不断的学习才能获得好的问题求解器，也就是实现智能决策。

2.2.2　与一般决策的不同

后面不加以声明，书中的智能体均指代机器智能体。在以计算机游戏为代表的虚拟环境中，智能体进行决策与 2.1.1 节所述决策过程有相同点，但也有三个重要的不同点。

首先，2.1 节的决策过程描述了人可以发现问题、确定问题要达到的目标，智能体在虚拟环境中决策，问题及其目标(在计算机游戏中过关)往往已经确定。目前，智能体还不能真正像人一样具有发现新问题、解决新问题的能力，而只能在固有的问题及预设目标下，通过决策来试图达到目标。智能体能够选择的方案(行动动作)也已经由虚拟环境完全确定，也就是说本书研究的智能决策主要集中于固定虚拟环境下自动生成最优或较优方案(动作序列)场景。

其次，可以想象到的是智能体在决策过程中不能预知单个(原子)动作和动作序列组合而成的备选方案的优劣。在简单情况下，虚拟环境提供了一些形式化、可计算的状态知识/奖励知识，智能体能够据此通过搜索算法推理特定动作实施后到达的环境状态或者获得的奖励，判断是否能到达目标状态，从而做出决策。在很多情况下，虚拟环境中的状态知识/奖励知识非常有限，例如，在迷宫游戏中只在关键位置/关键状态才能知道此处能进入下一个阶段，也就是说在特定状态下才能获得奖励(通过关口)，后面也称为奖励稀疏、奖励延迟问题。智能体往往只能探索环境，也就是不断实施动作，观察到达的状态和获得的奖励，这种情况其实与人类面临的四处碰壁、无所适从非常相似。因此，智能体的学习功能非常重要，学习功能在后面体现为探索和利用两个方面。人类具有很强的学习能力，可以将过往的探索经历记忆在大脑中，通过启发式进行提取使用。智能体学习面临如何把经历的知识存储起来、在需要的场合快速检索并有效利用等难题，此外智能体还存在灾难性遗忘、探索时状态动作空间过大等一系列亟待解决的问题。毋庸置疑，一旦有了合理的状态表征、有效的探索、利用方法，机器的学习迭代速度将远远高于人类，智能决策一定有其用武之地。

最后，实际问题往往是长程决策，动作序列的组合数目往往是天文级的。在目前的算力下，智能体没有办法穷举并评估其所有备选方案(动作序列组合)。现实中，人类的方法是根据自己的经验将动作层次化，只关注高层次的宏观动作(简称为高层动作)，忽略相对无关紧要的(原子)动作细节。智能体也可以将长程动作序列分段，每段组成宏观动作。但是在构建宏观动作时，人类总是存在个体固有的思维定式，智能体容易机械地进行长程动作的分割。无论是人类智能体还是机器智能体，都会存在高层次动作组合容易漏掉潜在优秀备选方案的问题，在求解博弈均衡解时都是被限定在一个不完全的备选方案集中。机器智能体实施的智能决策若想超越人类，需要在学习迭代和高层动作发现上同时发力，其中有效高层动作发现是核心，它为学习迭代指明了方向，在此基础上才能发挥计算机快速学习迭代的优势。

2.3　知识与环境描述

2.3.1　知识表示

人类是智能的，因为其能够依据所处的环境和大脑中记忆的知识，选择能达到目标或者子目标的行动，并且在实践过程中不断学习新知识、修正旧知识，并将其记忆起来以备后用。人类如何在大脑中形成知识，如何在机器中表征知识，是认知科学的关键。机器智能体进行决策依赖环境，环境的描述或表征同样依赖设计人员对问题的知识以及这种知识的计算机表示方法。有了恰当的知识表示，就可以描述环境状态及环境状态间的转换规则，甚至进行是否达到目标的测试。这样，智能体才能感知环境，进行从初始状态向目标状态或目标/子目标的行动推理，做出理性的决策，得到好的智能体问题求解器。

在传统研究中，人工智能主要以一阶逻辑、图结构等来描述类别或概念等知识，由于使用符号来代表对象、类别、概念，所以这类知识统称为符号知识。通过知识可以对现实中的实体对象进行类别判定、概念判定、关联推理，从而减小搜索推理的范围，形成启发式搜索。

在符号知识的具体表示上，逻辑学领域产生了命题逻辑、谓词逻辑以及产生式规则法，而语义网络、知识图谱、资源描述框架、实体关系图等是基于图结构的知识表示。现实世界的语义关联以及推理过程往往存在不确定性，将概率论引入基于图论和逻辑学的知识表示，发展出概率图模型(贝叶斯网络)及其概率软逻辑等知识表示方式，在图论、概率论与逻辑学的交叉领域，进一步发展出马尔可夫逻辑网等。这些知识表示方式比较容易表达对象与类别、对象与概念间的关系，以及类别的层次关系、对象间的网状关系(图结构)，但一般需要人类事先的编码，灵活性稍差，更新较难。

随着深度学习的发展，深层神经网络越来越多地应用于认知智能所涉知识的各个环节。例如，注意力模型建模了注意力机制为代表的即时记忆环节，长短时记忆网络(long short-term memory network, LSTM)模仿了人类的长时记忆编码，而基于生成对抗网络(generative adversarial network, GAN)的样本生成则是记忆重构机制的应用。神经网络不仅能抽象得到一般类别知识和概念知识(如应用于分类问题的神经网络输出代表了抽象类别)，甚至能代表状态与动作间的复杂关系知识等，这些知识往往是难以直接进行描述的。神经网络表示知识体现在输入神经元与中间神经元的连接结构，以及连接权重参数两个方面。输入神经元往往是数值型的，如向量、矩阵以及张量，与符号知识对比，这种知识也称为数值型知识或神经知识。此外，连接权值参数使得这种知识通过学习才能得到，可以不断迭代更新，具有自适应和进化的特点。但是，目前神经网络表达的知识主要通过经验(样本)数据由机器学习算法得到，存在样本需求量大、模型可解释性差、难以应对开放性挑战、模型不健壮等学习困难问题。

数值型知识与传统符号知识相结合，充分发挥二者的优势是当前技术发展的方向。在图结构的节点和边中可引入更多的属性描述，使图结构知识更为丰富和细致，并可以使用图神经网络来进一步处理，提取抽象语义。此外，使神经网络模型的机器学习过程有效利用大量积累的图结构知识，有望缩减环境的状态空间，以及在神经网络结构构建中融入符号知识(Cui et al., 2022)，有望降低对大量人工数据的依赖，解决机器学习算力要求高、学习高级策略难的问题。

2.3.2　环境描述方法

知识有确定和不确定之分。确定性的知识，如从 A 城市沿着 C 道路出发一定会到达 B 城市，这条知识可以用两个符号节点(分别代表城市名 A 和 B)和连接两节点的边(道路名 C)来表示，所有城市及其连接道路的知识将构成一幅图。图结构就可以作为问题的状态空间，图中每个节点对应一个状态，节点间的边代表了智能体动作会导致的状态转移关系。在这种知识下，某个时刻智能体所处的状态是确定的，并且除了智能体自己选择动作、实施动作外，智能体所处的状态转移不存在变化，例如，某点到某点的通达状态不会变化，不会突然出现障碍点等，这些都反映了智能体所处的环境是确定性的。要让智能体考虑如何从初始状态选择行动能够到达目标状态的决策问题，并且以花费最少为性能度量，完成从初始状态到结束状态的系列行动，可以通过特定的搜索方法完成。

一些环境状态的转换是不确定的或者说是有一定概率的，因此需要在图结构中引入概率，概率知识(不确定知识)表示法——贝叶斯网络可以用来描述待解决问题的环境，对应的推理方法也变为概率推理。例如，当前环境状态某时刻智能体处于 A 城市，在选择乘出租车行动动作后，状态的转换存在不确定性，有 70% 的概率到达 B 城市赶上飞机，但也可能因为发生抛锚、道路拥堵等有 30% 的概率到达 B 城市，却没有赶上飞机，也就是某种动作后有两种可能的状态，在图结构上引入上述条件概率，就是贝叶斯网络。从例子可见，此时环境的状态描述更为细节，在图节点上，除了所处位置信息，还包括时间点等附加信息；在描述目标时，也更为复杂，除了传统的结束节点(结束状态)外，还要描述平均花费最少、平均所用时间最少等其他因素。

　　上述两种情况的知识往往是人类已经掌握的，并能通过语义网络、贝叶斯网络等图结构方式明确地、形式化地表示出来。在现实中，还有很多知识是人类难以言表的，例如，针对识别图像中是猫还是狗这一问题，人类很难表述自己是如何完成这一目标的。经过深度学习后的神经网络可以识别猫和狗，神经网络起到了知识表达与推理的作用。在这种情况下，环境状态可以直接由各个环境实体的属性向量、矩阵、张量表示。单个或多个片段的状态数据以一定的方式输入神经网络，神经网络就可推理出采取各种动作的概率，这种网络称为策略网络，网络连接及权重参数蕴含了复杂的行动策略知识；神经网络也可推理出某状态下的价值，反映对目标的接近程度(称为价值网络)，还可推理出选择各种动作能达到的累积期望价值(称为状态动作价值网络)。最终智能体依靠策略网络、价值网络进行决策。还需要特别指出的是，状态数据空间的规模以及行动空间的规模，会对上述神经网络权重参数的学习产生较大影响。一般而言，对于小规模的问题，小计算量就可以完成权重参数的学习；对于大规模的问题，有效、能接受计算量的权重参数学习仍是一个挑战。对于神经网络，第 5 章将进行详细讲述。

　　综上可见，对于不同问题，可以基于不同知识表示法来表示其环境状态和目标。对于有前后关联关系的问题，往往依靠人类手工就可以构建出语义网络表示或贝叶斯网络表示，机器掌握后就可以替代人类，解放人的双手。随着技术推进，语义网络知识的构建也在慢慢向机器自动学习迈进，例如，自动抽取实体节点及实体间的关系，贝叶斯网络中的概率模型参数也可以由机器自动统计学习，从这方面来讲，无论哪种情况的智能决策，都将逼近人类智能的认知模型，都会有越来越多的机器感知、学习和推理过程。

　　对于比较复杂的问题，人类往往也很难穷举所有的关联关系，单纯依靠机器也难以直接从经验数据中学到能够表征所有情况知识的神经网络。另外，有关问题目标的表征是一个比较复杂的问题。在这种情况下，往往需要结合环境中的信息是否可以完全获得对问题进行细化，加上深层神经网络的强化学习、博弈学习等机制，才能得到复杂问题决策的智能方法，这正是本书所要探讨的。

2.3.3　环境与智能体分类

　　智能体选择行动应当是理性的，即应当是正确做事的智能体。对于每一个可能的感知序列，根据已知感知序列提供的信息和智能体具有的先验知识，应该选择使其性能度量最大化的行动。理性不等于完美，理性是使期望的性能最大化，而完美是使实际的性能最大化。要构建理性智能体，首先是基于任务考虑智能体所处的环境。

1. 环境的分类

在解决问题时，总是将环境表现为一个个状态。根据状态中的数据是否可以全部获得、状态之间的转换关系等，可以对任务环境进行如下分类。

1) 确定环境与随机环境

如果环境的下一个状态完全取决于当前状态和智能体执行的动作，那么该环境是确定的，否则，该环境是随机的。原则上说，智能体在完全可观察的、确定的环境中无须考虑不确定性。如果环境是部分可观察的，那么它可能表现为随机的，即不确定的。大多数现实环境相当复杂，以至于难以跟踪到所有未观察到的状态信息，从实践角度考虑，它们必须处理成随机的。例如，出租车驾驶的环境是随机的，因为无人能精确预测交通状况，车辆爆胎或者引擎失灵都是不可能事先预知的；还有在商品产销环境中，开展某种销售广告行动后，实际销售的结果也是不可预测的。

2) 完全可观察环境与部分可观察环境

如果智能体的传感器在每个时间点上都能获取环境的完整状态，任务环境就是完全可观察的。如果传感器能够检测所有与行动决策相关的信息，那么该任务环境就是有效、完全可观察的，即完全信息环境。例如，在围棋对抗中，环境是指围棋棋盘，无论是人类智能体还是机器智能体，都可以观察到棋盘所有的状态，依据这些棋盘状态做出走子决策。而在扑克游戏中，只能观察到自己的牌和已经出的牌，无法观察到其他人剩余的牌，这种环境状态就是部分可观察的；还有即时对抗游戏以及真实战争，都存在"战场迷雾"，战场中有关对手的很多数据是不可观察的，也就是不完全信息环境。另外，噪声、不精确的传感器，以及传感器丢失了部分状态数据，这些也导致有些环境是部分可观察的。

3) 片段式环境与延续式环境

在片段式环境中，智能体的经历分成了一个个片段，在每个片段中智能体感知信息并完成单个行动。下一个片段不依赖以前片段采取的行动。很多分类任务属于片段式的，例如，装配线上检验次品零件的机器人每次决策只需要考虑当前零件，不需要考虑以前的行动决策，当前决策也不会影响到下一个零件是否合格。在延续式环境中，当前的决策会影响到所有未来的决策，下棋和出租车驾驶都是延续式的，短期的行动会有长期的效果。

4) 静态环境与动态环境

如果环境在智能体计算时发生变化，则称该智能体的环境是动态的，否则环境是静态的。静态环境相对容易处理，因为智能体在决策时不需要观察世界，也不需要考虑时间的流逝；动态环境会持续地要求智能体做出决策。如果环境本身不随时间变化，但智能体的性能评价随时间变化，则称这样的环境是半动态的。

自动驾驶汽车的环境明显是动态的，即使驾驶算法对下一步行动犹豫不决，其他车辆仍然是不断运动的。国际象棋比赛要计时，是半动态的，填字谜游戏是静态的。

5）离散环境与连续环境

环境的状态、时间的处理方式以及智能体的感知信息和行动，都有离散或连续之分，例如，国际象棋环境中的状态是有限的，国际象棋的感知信息和行动也是离散的。自动驾驶出租车是一个连续状态和连续时间问题，自动驾驶出租车和其他车辆的速度及位置都在连续空间内变化，并且随时间变化，驾驶行动也是连续的（转弯角度等）。

6）已知环境与未知环境

严格地说，这种区分指的不是环境本身，而是智能体的知识状态。在已知环境中，所有行动的后果（如果环境是随机的，则是指后果的概率）是给定的。显然，如果环境是未知的，则智能体需要学习环境是如何工作的，以便做出好的决策。与完全可观察环境和部分可观察环境不同，已知环境很可能是部分可观察的，例如，在翻牌游戏中，知道所有的规则，但仍然不知道未翻出的牌是什么。相反，未知环境可能是完全可观察的，在玩新的视频游戏时，显示器上会给出所有的游戏状态，但仍然不知道按钮的作用，直到真正试过之后。

7）单智能体环境与多智能体环境

环境中还有单智能体和多智能体之分。独自玩字谜游戏的智能体处于单智能体环境中，下围棋的智能体处于双智能体环境中。前面没有说明哪些实体必须视为智能体，例如，智能体 A（如出租车司机）是把对象 B（另外一辆车）当作智能体，还是把它当作一个随机行动的对象，就像海滩上的波浪或者风中摇摆的树叶，关键点在于对象 B 的行为是否寻求使性能度量（后面也称为效用）最大化，而这种性能度量又依赖智能体 A 的行为。例如，在下围棋时，对手 B 试图最大化他的性能度量，根据围棋规则，也就是要最小化智能体 A 的性能度量，围棋是竞争性的多智能体环境。在出租车驾驶环境中，避免发生冲撞使得所有智能体的性能度量最大化，它是一个部分合作的多智能体环境，同时也是部分竞争的多智能体环境，例如，一辆车只能占据一个停车位。多智能体环境中的智能体设计问题与单智能体环境不同。

2. 智能体的分类

下面依据环境特点，探讨智能体的分类。

1）搜索推理型智能体

假设环境状态是完全可观察的、确定的，行动后状态的转移也是确定的，特别是决策要达成的目标也可用结束状态来单独描述，例如，智能体要到达某个位置，或者决策对应的问题有明确的结束状态。这种情况下，智能体能通过不断选择行动推理状态的转移，判断是否达到结束状态，一旦达到结束状态就得到了一种行动方案，寻找代价(性能度量)小的行动方案，就可做出理性的决策。这种智能体称为搜索推理型智能体，它往往要通过搜索达到结束状态，搜索方法有广度优先搜索、深度优先搜索、启发式搜索等。

2) 基于效用的概率型智能体

在很多情况下，环境状态可观察、状态转移存在不确定性。智能体要使用概率模型来解决不确定性，定义综合的效用作为性能度量，最终通过概率工具进行各种行动下效用期望值的推理，最终选择能产生最高期望效用的行动，称为基于效用的概率型智能体。

3) 强化学习型智能体

再复杂一些，很多情况下环境也是部分可观察的，也存在不确定性。例如，在军事任务中，对手状态往往是不可观察或部分可观察的，炮火毁伤也存在不确定性，需要建立与距离、高差等因素相关的概率推理模型。另外，结束状态也是模糊的，决策要同时考虑多个性能目标量，以及各个目标量被实现的可能性和程度。例如，某次任务要占据某个夺控点，但占据夺控点后还要坚守夺控点，要尽可能地使己方兵力损失少、歼灭敌人多等。在这种情况下，强化学习型智能体是一种特殊的不确定环境下基于最高累积期望效用的推理决策方法，它的特点是当没有精确的概率模型时，可以通过控制论中的反馈思想不断探索环境，取得最高累积期望效用值，有望解决多步、复杂情况下的决策问题。这种智能体与当今的深度学习相结合，迸发出巨大的潜力。

在军事任务等极端复杂的场景中，状态空间巨大，靠单一的强化学习型智能体不足以解决问题，解决问题的方法应当是综合各种智能体的方法与手段，形成启发式的、模拟人类认知过程的学习型推理决策方法，即需要对决策环境状态的发展趋势进行推理和评估，综合效能"思考"后选择每步行动，并执行行动。第3章将从推理依据的知识角度对问题解决中可能采用的方法进行叙述。

第 3 章 确定环境下的搜索推理决策方法

本章是在环境状态完全可观察、行动后状态的转移也确定等前提下，叙述推理决策方法。另外，一个重要的假设是，本章要决策的问题均有明确的结束状态，例如，到达某个地点即为完成任务，或者在某特定状态下就视为问题结束。智能体采用搜索推理得到行动序列的过程也称为规划。

3.1 智能体的描述与分析

3.1.1 智能体的决策问题

假设在物理环境中，一个智能体正处于北京，智能体的目标是抵达重庆，下面称其为北京问题。智能体要决策如何组织行动(动作)序列，以达到目标。

在物理环境中进行真实决策前，智能体在虚拟环境中先进行探索。在虚拟环境中，世界需要描述为一个个状态，智能体任务是找出行动序列，使它从初始状态达到目标状态。这需要确定虚拟环境中状态的表示、智能体的初始状态、智能体采用的行动类型和行动带来的状态变化，即进行问题的形式化。如果智能体试图在诸如"向左前移 1m"或"将方向盘向左旋转 1°"的行动层次上考虑，那么它可能无法找到走出停车场的路，因为在如此细节水平上，世界的不确定性因素太多，而完成任务包含过多的状态或过多的行动步骤。现在假设在虚拟环境中智能体的行动是开车从一个城市到另一个城市，环境的每个状态表示智能体位于一个特定的城市。

智能体首先考虑从北京先开往哪里。假设从北京开出有四条道路，分别前往呼和浩特、沈阳、石家庄和天津，对应当前阶段的四个行动选择，即动作。智能体还不知道应选择哪个动作，因为这四个动作没有一个实施后能直接到达最终目标状态。如果智能体没有额外的知识，那么它只能随机选择一个行动。

假设智能体有中国高速公路地图知识，也就是在当前状态(即处于地图的某个城市)下智能体可以采取哪些行动和到达哪些状态(即城市)。智能体可以利用这些知识推理整个旅程，也就是考虑途经上述四个城市的后继阶段，试图找出最终能到达重庆的路。

现在假定环境是可观察的，即智能体总是知道当前状态，也就是说它知道当前处于哪个城市。还假设该任务环境是离散的，即在任意一个给定状态，可以选择的行动是有限的，例如，在北京出发时，每个城市只与其他一小部分城市相邻。最后，假设环境是确定的，即每个行动的结果只有一个。这意味着如果智能体选择了从北京开车前往石家庄，那么它一定会到达石家庄。

　　在这些假设下，任何问题的解是一个个行动的固定序列。为达到目标，寻找该行动序列的过程称为搜索。这样的智能体也称为问题求解智能体。

3.1.2　问题的形式化

　　上述问题可以用 6 个组成部分形式化地描述：

　　(1) 在北京问题的虚拟环境中，智能体的状态表达为 In (城市名)，代表它在某个城市中，这种形式化后的环境状态屏蔽了很多细节，使得问题中的状态数很少，便于问题的求解。

　　(2) 智能体的初始状态记录在 problem.INITIAL-STATE 域中，例如，在北京问题中，problem.INITIAL-STATE=In (北京)。

　　(3) 描述智能体的可能行动。给定一个状态 s，problem.ACTIONS (s) 返回在状态 s 下可以执行的动作集合。例如，考虑状态 In (北京)，可执行的行动集合为 {Go (呼和浩特)，Go (沈阳)，Go (石家庄)，Go (天津)}。

　　(4) 描述行动的结果，也称为转移模型，用函数 problem.RESULT (s,a) 来描述：在状态 s 下执行行动 a 后达到的状态。也使用术语后继状态来表示从一个给定状态出发，通过单步行动可以到达的状态集合。例如，problem.RESULT (In (北京)，Go (石家庄)) 的返回值为 In (石家庄)。初始状态、行动和转移模型定义了虚拟环境的状态空间，即从初始状态可以达到的所有状态的集合。状态空间形成一个有向网络或图，其中节点表示状态，节点之间的边表示行动。状态空间中的一条路径指的是通过行动连接起来的一个状态序列。

　　(5) 目标测试 problem.GOAL-TEST (s) 函数，用于确定给定的状态 s 是不是目标状态，返回真或假。有时候目标状态是一个集合，测试只需简单检查给定的状态是否在目标状态集合中。在北京问题中，目标状态集合是只有一个元素的集合 {In (重庆)}。有时，目标状态并不是一个显式可枚举的目标状态集合，而是具备某些特定抽象属性的状态。例如，在国际象棋中，目标状态是指被"将死"的状态，即对方的国王在己方的攻击下已经无路可逃。

　　(6) 路径耗散函数为每条路径赋一个耗散值，以反映性能度量。对于试图前往重庆的智能体，时间是基本要素，所以它的路径耗散值可以是用公里数表示的路径长度。设从状态 s 采取行动 a 所需要的单步耗散值用 problem.STEP-COST (s, a) 表示，则一条路径的耗散值 PATH-COST 为该路径上每个行动 (每条边) 的耗散值总和。

上述 6 个组成部分形式化地定义了一个问题及其对应的虚拟环境。问题的解就是从初始状态到目标状态的一组行动序列，解的质量由路径耗散函数度量，路径耗散值最小的解即为最优解。这种形式化是一种抽象的数学描述，不包括真实的全部情况。例如，状态简单地描述为 In(北京)，而实际中还包括太多事情，如驾驶员的精神状况，道路的平整度以及限速，到下一个服务中心的距离、路况、天气情况等。这里状态描述中不包括这些细节信息，因为它们与找到前往重庆的路径问题不相关，去除细节信息的过程称为抽象。

不仅是状态描述要抽象，还需要对行动进行抽象。一个驾驶行动会产生很多影响。驾驶行动不仅改变了智能体自身的位置，还花费了时间，消耗了汽油，产生了污染。上述行动在形式化时只考虑了位置的变化，同时忽略了许多其他行动，如打开车载收音机、欣赏窗外的景色、遇到交警而减速等。构建有用的问题抽象，去除尽可能多的细节信息和确保抽象后的行动容易完成，对智能体的决策是十分重要的。

3.1.3　问题蕴含的知识

北京问题形式化的描述中用到了确定性知识(本章不涉及不确定性知识)，其中状态、行动、下一个状态这种状态空间需要图结构知识来描述，目标测试用到了产生式规则知识，它们都归属于符号知识。下面对这两种知识的表述方法进行介绍。

1. 图结构知识

图结构是计算机进行知识表征的重要方法。在基于一阶逻辑的知识表达中，用常量符号来表示实体对象，用谓词符号和函数符号来表示对象间的关系，从而构成原子语句，原子语句通过逻辑连接词等构成复合语句，从而表达复杂的世界知识。而在图结构知识表达中，由节点和边(弧)来表示上述知识，可视性好、人类易理解。语义网络就是图结构知识的一种，知识图谱是大规模化的语义网络。

语义网络用符号代表实体、概念(类别)和属性值，实体与概念是语义网络的基本节点，而属性值是只与实体关联的节点。语义网络的边可以连接各类节点，当连接的两个节点是实体或概念时，边代表了关系；当连接的一个节点是实体，另一个节点是属性值时，边代表了属性，即实体某种属性的取值为另一个节点。关系边按照其两端节点可以细分为概念(类别)之间的子类关系、实体与概念之间的实例关系，以及实体与实体之间的复杂关系。边需要用两个节点名、描述(即关系名或属性名)来记录，所有边构成边集 E，所有节点构成节点集 V，节点集和边集构成网络或图 $G = (V, E)$，整个知识用图 G 来表征。

图结构知识还可以用<主体，谓词，客体>构成的三元组集来表示，便于用图数据库进行存储。<主体，谓词，客体>三元组中的主体和客体对应了实体和概念，谓词表示了主体和客体之间的关系。三元组还可以是<主体，属性名，属性值>。在北京问题中，用图结构知识表达的状态空间如下：

> {
>
> 　　<In(北京)，Go(石家庄)，In(石家庄)>，
>
> 　　<In(北京)，Go(天津)，In(天津)>，
>
> 　　<In(北京)，Go(沈阳)，In(沈阳)>，
>
> 　　<In(北京)，Go(呼和浩特)，In(呼和浩特)>，
>
> 　　……
>
> }

要得到转移模型 RESULT(s,a) 的值，就需要以 s 为主体、以 a 为谓词检索三元组集，匹配三元组中的客体就是转移模型 RESULT(s,a) 的值，例如从三元组 <In(北京)，Go(石家庄)，In(石家庄)> 可以得到 RESULT(In(北京)，Go(石家庄)) 返回值为 In(石家庄)。要得到 ACTIONS(s) 的值，需要以 s 来检索三元组集，匹配三元组的第二项构成的集合就是该函数返回值。而单步耗散知识可以用如下的三元组集表示，其中数字代表特定路径下的公里数。

> {
>
> 　　<In(北京)，Go(石家庄)，292>，
>
> 　　<In(北京)，Go(天津)，125>，
>
> 　　<In(北京)，Go(沈阳)，684>，
>
> 　　<In(北京)，Go(呼和浩特)，480>，
>
> 　　……
>
> }

STEP-COST(s,a) 需要以 s 为主体、以 a 为谓词检索三元组集得到。

随着人工智能技术的快速发展，图结构知识中的节点不仅可以用符号数据来描述，还可以将符号转换为数值数据(向量、矩阵和张量等)。这样图结构不仅适合符号知识的逻辑推理，还可以使用图神经网络来感知节点特性以及节点间难以言表的复杂关系，进行复杂环境状态变迁的推理，以及某状态下特定动作效用的推理。在推理中，将充分考虑各实体的状态以及实体、类别、概念间的复杂结构关系，这对产生高级协同决策特别重要。因此，在经济、军事等复杂决策问题中，可能需要用图结构来表征各个实体(要素)间关系构成的环境状态。

2. 产生式规则知识

产生式规则知识常用于表示事实(事件)与规则，基本形式如下：

if <condition>

then <conclusion>

其中，condition 称为前件，表示前提条件，各个条件可以利用合取、析取等逻辑连接词进行不同的组合；conclusion 称为后件，表示当前条件为真时，应采取的动作或得到的结论。在北京问题中，目标测试 RESULT(s,a) 可以采用下面的产生式规则知识：

　　if RESULT(s,a) in {In(重庆)}

　　then 确定是目标状态

产生式规则知识还可以具有不确定性，例如：

　　if 病人具有长期吸烟史

　　then 该病人患肺部疾病(0.9)

上述知识表达了一个具有长期吸烟史的病人患肺部疾病的概率高达 0.9。

　　基于给定的一组产生式规则(通常称为规则库)，也可以进行推理并行动。在产生式规则知识下，环境的表示只需要考虑规则库中的事实要素变量，只要满足前件条件就可以依据后件决定实施的动作。这种决策往往不考虑过多的因素，形象地讲就是一种根据感知的条件反射，因此称其为反射型决策方法。在军事对抗等复杂现实的决策问题中，存在大量的人类总结出的战法、经验类的知识，这些知识可以用产生式规则进行描述，形成基于专家经验知识的反射型智能体。产生式知识还有两种变形，即有限状态机和行为树(Millington, 2021)，依靠有限状态机和行为树的智能体广泛应用于游戏人工智能等场景中。

3.2　搜索推理决策方法

3.2.1　智能体的决策

　　问题求解智能体行动决策采用 PROBLEM-SOLVING-AGENT 函数，见算法 3.1，该函数在每个时间步(step)调用。其中，智能体当前状态记录在全局变量 state 中，函数 UPDATE-STATE(state, percept) 根据代表传感器的当前感知 percept，输出原状态或下一状态。例如，在北京问题中，state 为 In(北京)，行动为 Go(石家庄)，若传感器感知到已经到达下一个城市，则 UPDATE-STATE 输出 In(石家庄)，否则输出 In(北京)。

算法 3.1　问题求解智能体的行动决策

函数：PROBLEM-SOLVING-AGENT( )

输入：percept, problem

输出：action 或者 failure

1　全局变量 state，初始为空

2　全局变量 seq，初始为空

```
3 if seq为空 then
4     seq←SEARCH(problem)
5     if seq=failure then
6          return failure
7     end if
8 end if
9 currentstate←UPDATE-STATE(state, percept)
10 if currentstate = state then
11     action←NULL
12 else
13     state←currentstate
14     action←FIRST(seq)
15     seq←REST(seq)
16 end if
17 return action
```

全局变量 seq 初始时为空，用于存储完成目标的行动序列。problem 为 3.1.2 节所述问题的形式化描述，作为参数送入 SEARCH 函数。SEARCH 函数通过搜索算法获得能达到问题目标状态的行动序列，这个行动序列也称为规划解或规划，有关规划 3.3 节还将继续讨论。FIRST 函数返回行动序列中的第一个行动，REST 函数进行行动序列更新，即去掉第一个行动。

3.2.2　搜索算法基础

北京问题的一个规划解是一个行动序列，需要从初始状态出发在图结构表示的状态空间中进行搜索。搜索的过程可以用一棵树来表示，连线表示行动，各个节点对应状态空间中的状态，称为搜索树。搜索树的根节点对应初始状态 In(北京)。第一步检测该节点是否为目标状态，显然根节点不是目标状态，但检测很重要，用于确定是否已经解决从北京出发到达重庆的问题。然后，选择各种行动，在当前状态下应用各种合法行动，生成一个新的状态集。从 In(北京)出发得到四个新的子节点：In(石家庄)，In(沈阳)，In(天津)，In(呼和浩特)，意味着有四种可能的路径。搜索就是选择一条路径继续往下走，把其他的选择暂且放在一边，等发现第一个选择不能求出问题的解时再考虑选择其他路径。

假设首先选择石家庄，检查它是否为目标状态(不是)，然后扩展它得到四个状态：In(北京)、In(太原)、In(郑州)和 In(济南)。现在的选择包括这四个状态，以及呼和浩特、沈阳和天津，这七个节点都是叶节点。在任一给定的时间点，所有待扩展的叶节点的集合称为边缘集(下面记为 frontier)。在图 3.1 中，搜索树中的边缘集包括粗实线的节点。在边缘集中取出节点并扩展的过程一直继续，直到找到解(目标状态)或者已经没有状态可扩展。

图 3.1　求解北京问题的部分搜索树

算法 3.2 是一般的树搜索算法。搜索算法的基本结构大体相同，从边缘集 frontier 取出节点，判断该节点中的状态是否为目标节点，若不是，则扩展该节点。搜索算法的区别主要在于如何选择将要扩展的状态，即搜索策略。注意可能会包括从北京到石家庄然后又回到北京的路径,这时 In(北京)是搜索树中的重复状态，生成一个有环路的路径，循环会导致算法失败。这里无须考虑有环路的路径，当路径代价是递增的，并且每一步的代价都是非负数时，通向某一给定状态的有环路的路径都不会比去掉的那个环路好。

算法 3.2　树搜索算法

函数：TREE-SEARCH( )

输入：problem

输出：规划解或 failure

1 初始化边缘集 frontier，令其只包含 problem 的初始状态对应的节点 node

2 while frontier 不为空 do

3　　node←从边缘集 frontier 中取出一个节点

4　　if problem.GOAL-TEST(node.STATE) then

5　　　　return SOLUTION(node)

6　　end if

7　　扩展 node 的子节点到边缘集 frontier

8 end while

9 return failure

有环路的路径是冗余路径的一种特殊情况，冗余路径会在两个状态之间的迁移路径多于一条时发生。例如，北京—石家庄(路径长度为 292km)和北京—天津

—济南—石家庄(路径长度为 757km)，后一条路径是冗余的，是达到同一状态的较差方法。

避免探索冗余路径的方法是记住曾经走过的路，可以给树搜索算法增加一个参数，这个数据结构称为探索集(下面记为 explored)，用它记录每个已扩展的节点。若新生成的节点与已经生成的某个节点相匹配，即是在探索集中或是边缘集中，则它将被丢弃，而不是加入边缘集中，这种算法称为图搜索算法，如算法 3.3 所示。

算法 3.3　图搜索算法

函数：GRAPH-SEARCH( )

输入：problem

输出：规划解或 failure

1 初始化边缘集 frontier，令其只包含 problem 的初始状态对应的节点 node

2 初始化探索集 explored 为空

3 while frontier 不为空 do

4　　　node←从边缘集 frontier 中取出一个节点

5　　　if problem.GOAL-TEST(node.STATE) then

6　　　　　return SOLUTION(node)

7　　　end if

8　　　explored←explored∪{node}

9　　　扩展 node 的子节点到边缘集 frontier，当且仅当该子节点没有在 explored 或
　　frontier 中

10 end while

11 return failure

图搜索算法构造的搜索树中每个状态至多包含一个副本，所以可以直接在状态空间图中生长一棵树。另外，边缘集将状态空间图分成了已探索区域和未探索区域，从初始状态出发至任一未探索区域的路径都不得不通过边缘集中的节点。每个步骤要么将一个状态从边缘集变到已探索区域，要么将未探索区域变到边缘集，算法系统地检查状态空间中的每一个状态，直到找到问题的解。

树搜索算法和图搜索算法的最后一行均为：扩展 node 的子节点到边缘集 frontier，这其实对应了算法 3.4。在介绍算法 3.4 之前，首先给搜索算法中的 node 一个数据结构来记录信息，该数据结构包括以下内容。

node.STATE：对应状态空间的状态；

node.PARENT：搜索树中产生该节点的节点(即父节点)；

node.ACTION：父节点生成该节点时所采取的行动；

node.PATH-COST：代价，指从初始状态到达该节点的路径消耗，一般用 $g(n)$ 表示，其中，n 代表当前节点。

算法 3.4　节点拓展算法

函数：EXPAND-NODE( )

输入：problem, node, frontier, explored

输出：扩展后的 frontier

```
1 for action in problem.ACTIONS(node.STATE)do
2     node←CHILD-NODE(problem, node, action)
3     if node∉ explored then
4         frontier←frontier∪{node}
5     end if
6 end for
7 return frontier
```

算法 3.4 表示：依据当前选中节点 node，循环取出该 node 对应状态下的所有可行的动作，然后得到单个动作下的结果状态节点（子节点）。函数 CHILD-NODE 以父节点和一个行动/动作为输入，输出的是生成的子节点。算法 3.4 增加了子节点是否已经在探索集 explored 中的判断，若否，则合并到边缘集中。该判断在树搜索算法（算法 3.2）中不存在。

函数 CHILD-NODE 如算法 3.5 所示，其中 problem.RESLUT(parent.STATE, action) 就是使用了 3.1.2 节所述的转移模型知识，它在北京问题中体现出城市与城市间的连通关系；还使用了问题的单步耗散 STEP-COST 知识，即 problem.STEP-COST(parent.STATE, action)。

算法 3.5　生成子节点函数

函数：CHILD-NODE( )

输入：problem, parent, action

输出：node

```
1 创建一个节点 node
2 node.STATE←problem.RESLUT(parent.STATE, action)
3 node.PARENT←parent
4 node.ACTION←action
5 node.PATH-COST←parent.PATH-COST+problem.STEP-COST(parent.STATE,
  action)
6 return node
```

当树搜索算法或图搜索算法找到目的 node 时，通过其中的 node.PARENT 就可以从 node 找到根节点，从而得到解路径，取出解路径上每个节点的 node.ACTION 就可以得到行动序列 seq，该过程用 SOLUTION(node) 函数表示，如算法 3.6 所示。需要注意的是，要区分节点与状态，节点是搜索过程中的数据结构，状态对应世界的一个配置情况。

算法 3.6　行动规划解获得函数

函数：SOLUTION( )

输入：problem, node

输出：动作序列 seq

1 初始化 seq 为空列表[]

2 repeat do

3 　　seq←[node.ACTION, seq]

4 　　node←node.PARENT

5 until node 为空

6 return seq

节点需要空间来存放。对于已扩展节点(即探索集)，可以用哈希表来存储，便于有效检查重复状态。对于边缘集中的节点，搜索算法希望可以根据策略很容易地选择出下一个要扩展的节点。对应的存储空间称为队列，根据队列中新插入元素如何存放的不同，将队列分类为先进先出队列、后进先出队列、优先级队列。优先级队列根据计算出的元素优先级，总是具有最高优先级的元素出队。队列包括的操作如下：

(1)EMPTY(queue)，返回值为真，当且仅当队列中没有元素时，否则，返回值为假。

(2)POP(queue)，返回队列中的第一个元素并将它从队列中删除。

(3)INSERT(element, queue)，在队列中插入一个元素并返回结果队列。

在设计搜索算法时，评价一个算法的性能主要根据以下四个方面。

(1)完备性：当问题有解时，算法能否保证找到解？

(2)最优性：搜索策略是否能找到最优解？

(3)时间复杂度：找到解需要花费多长时间？

(4)空间复杂度：在执行搜索的过程中需要多少内存？

3.2.3　无信息搜索策略

下面给出的搜索策略也称为无信息搜索策略或盲目搜索策略。无信息搜索指的是除了问题定义中提供的状态信息外，没有任何附加信息。搜索算法要做的是生成后继并区分目标状态与非目标状态。知道一个非目标状态是否比其他状态更有希望接近目标的策略称为有信息搜索策略或者启发式搜索策略。

1. 宽度优先搜索

宽度优先搜索先扩展根节点，接着扩展根节点的所有后继，然后扩展这些后继的后继，以此类推。一般地，在下一层的任何节点扩展之前，搜索树上本层深度的所有节点都应该已经扩展过，即每次都扩展深度最浅的节点。

宽度优先搜索是前叙图搜索的一个实例，在算法 3.7 中给出，每次总是扩展深度最浅的节点，这通过将边缘集组织成先进先出队列来实现。新节点(节点比其父节点深)加入到队列尾，这意味着浅层节点会在深层节点之前被扩展。对一般的图搜索算法做简单修改，目标的测试是在节点被生成时，而不是在节点被选择扩展时。算法会忽视所有到边缘节点或已扩展节点的新路径，这样的路径至少和已经找到的路径一样深。宽度优先搜索总是有到每一个边缘节点的最浅路径。

算法 3.7　宽度优先搜索算法

函数：BREADTH-FIRST-SEARCH( )

输入：problem

输出：规划解或 failure

1 初始化边缘集 frontier，它为空的先进先出队列

2 初始化探索集 explored 为空

3 创建一个节点 node, 其 node.STATE←problem.INITIAL-STATE, node.PATH-COST←0

4 if problem.GOAL-TEST(node.STATE)

5 　　then return SOLUTION(node)

6 end if

7 frontier←INSERT(node,frontier)

8 while EMPTY (frontier)为假 do

9 　　node←POP(frontier)

10 　　explored←explored∪{node.STATE}

11 　　for action in problem.ACTIONS(node.STATE) do

12 　　　child←CHILD-NODE(problem,node,action)

13 　　　if child.STATE∉explored and child∉frontier then

14 　　　　if problem.GOAL-TEST(child.STATE)

15 　　　　　return SOLUTION(child)

16 　　　　end if

17 　　　frontier←INSERT(child,frontier)

```
18        end if
19     end for
20 end while
21 return failure
```

　　宽度优先搜索的性能在完备性方面表现良好，即在搜索树深度有限的情况下，逐级扩展节点的过程中一定能扩展到目标节点。而在最优性方面，考虑到每一次节点扩展行动带来的消耗并不是相同的，所以宽度优先搜索找到的解并不一定是最优解，除非路径的消耗是随着节点的深度增长的或者所有路径的消耗是相同的，此时宽度优先搜索是最优的。在复杂度方面，宽度优先搜索策略的复杂度随搜索深度呈指数级增长，这说明宽度优先搜索在解决规模较大的问题时会耗费大量的时间与内存。

　　2. 一致代价搜索

　　当每一步的行动代价都相等时，宽度优先搜索是最优的，它总是先扩展深度最浅的未扩展节点。下面陈述对任何单步代价函数都是最优的算法：一致代价搜索算法。

　　一致代价搜索将边缘集按消耗排序，然后选择消耗最少的路径进行扩展，所以一致代价搜索扩展的总是路径消耗 $g(n)$ 最少的节点(这里的 n 指代节点)，即按最优路径顺序扩展节点，如算法 3.8 所示。由于第一个生成的目标节点可能存在次优路径，所以一致代价搜索目标检测应用于节点被选择扩展时，而不是应用于节点生成时。此外，如果边缘集中的节点有更好的路径到达该节点，那么会引入一个测试。

算法 3.8　一致代价搜索算法

函数：UNIFORM-COST-SEARCH( )

输入：problem

输出：规划解或 failure

1 初始化边缘集 frontier 为空，它为按 PATH-COST 排序的优先级队列

2 初始化探索集 explored 为空

3 创建一个节点 node，其 node.STATE←problem.INITIAL-STATE, node.PATH-COST←0

4 frontier←INSERT(node,frontier)

5 while EMPTY (frontier)为假 do

6 　　　node←POP(frontier)

7 　　　if problem.GOAL-TEST(node.STATE) then

8 　　　　　return SOLUTION(node)

9 　　　end if

```
10        explored←explored∪{node.STATE}
11        for action in problem.ACTIONS(node.STATE) do
12            child←CHILD-NODE(problem,node,action)
13            if child.STATE∉ explored and child.STATE∉ {node.STATE| node
                 ∈ frontier} then
14                frontier←INSERT(child,frontier)
15            else if child.STATE与frontier中某 node.STATE相同,但有更优的
                 PATH-COST值
16                用 child节点替换 frontier中的节点
17            end if
18        end for
19    end while
20    return failure
```

一致代价搜索在路径消耗都大于零的情况下是完备的，并且由于一致代价搜索是按节点的最优路径顺序扩展的，所以第一个被选择扩展的节点一定是最优解。在复杂度方面，如果每一步的路径消耗都相同，那么一致代价搜索的复杂度与深度优先搜索相同。而在正常情况下，由于一致代价搜索在探索包含代价大的行动之前，经常会先探索代价小的行动步骤所在的很大的搜索树，所以其复杂度要比深度优先搜索大得多。

3. 深度优先搜索

深度优先搜索使用图搜索，总是扩展搜索树的当前边缘集中最深的节点。搜索进行到搜索树的最深层后，当前节点没有后继。在节点扩展完之后，就从边缘集中去掉，然后搜索算法回溯到下一个还有未扩展后继的深度稍浅的节点。宽度优先搜索使用先进先出队列，而深度优先搜索使用后进先出队列。后进先出队列中最新生成的节点最早被选择扩展，这是最深的未被扩展的节点，它比其父节点深 1，而上一次扩展的就是该父节点，因为当时父节点深度最深。

对树进行搜索，通常使用递归函数来实现深度优先搜索，依次对当前节点的子节点调用深度优先搜索算法，算法 3.9 给出了深度受限树搜索的递归实现。

算法 3.9 深度受限树搜索的递归实现

函数：DEPTH-LIMITED-SEARCH ( )

输入：problem, limit

输出：规划解、failure或中断 cutoff

1 创建一个节点 node, node.STATE←problem.INITIAL-STATE

```
2 return RECURSIVE-DLS(node,problem,limit)
```

函数：RECURSIVE-DLS( )

输入：node, problem, limit

输出：规划解、failure 或中断 cutoff

```
1 if problem.GOAL-TEST(node.STATE) then return SOLUTION(node)
2 else if limit=0 then return cutoff
3 else
4    cutoff_occurred←false
5    for action in problem.ACTIONS(node.STATE) do
6        child←CHILD-NODE(problem,node,action)
7        result←RECURSIVE-DLS(child,problem,limit-1)
8        if result=cutoff then cutoff_occurred←true
9        else if result≠failure then
10           return result
11         end if
12    end for
13    if cutoff_occurred为真 then
14        return cutoff
15    else
16        return failure
17    end if
18 end if
```

深度优先搜索算法的效率依赖使用的是图搜索还是树搜索。避免重复状态和冗余路径的图搜索，在有限状态空间内是完备的，因为它至多扩展所有节点。而树搜索会出现重复状态，因此搜索会陷入死循环。将深度优先搜索改成无额外内存消耗，只检查从根节点到当前节点的新节点，就可以避免有限状态空间的死循环，但无法避免冗余路径。最后在无限状态空间中，如果遭遇了无限的又无法到达目标节点的路径，则无论是图搜索算法还是树搜索算法都会失败。

由于深度优先搜索总是扩展搜索树的当前边缘集中最深的节点，并不考虑其路径消耗问题，所以深度优先搜索不是最优的。深度优先搜索的时间复杂度受限于状态空间的规模，与搜索树中最深的节点的深度有关，如果搜索树是无限的，那么其时间复杂度也是无限的。

深度优先搜索的优势在于其空间复杂度。对图搜索而言，只需要存储一条从根节点到叶节点的路径，以及该路径上每个节点的所有未被扩展的兄弟节点即可。

一旦一个节点被扩展，在它的所有后代都被探索过后，该节点就从内存中删除。这使得深度优先搜索的空间复杂度随搜索树的规模是线性增长的，而非指数增长的。

在无限状态空间，深度优先搜索会失败，对于这个问题，可通过对深度优先搜索设置界限来避免。当深度大于界限的节点被当作没有后继对待时，这种方法称为深度受限搜索，算法 3.9 就是深度受限搜索。深度受限搜索是深度优先搜索在无限状态空间下的变形。搜索前先规定深度优先搜索的界限，以解决无穷路径的问题。但是如果这个界限的选择没有达到目标节点所在的界限，那么搜索是没有解的，也就是说此算法是不完备的；如果这个界限的选择超过了目标节点的界限，那么此算法不是最优的。因此，界限的选择尤为重要。

还有很多无信息搜索算法，如迭代加深的深度优先搜索、迭代加长搜索、双向搜索等，本书不再详述。

3.2.4　启发式搜索策略

前面的问题假设可以事先构建完整的图结构来代表环境空间，并直接进行搜索。下面的搜索策略基于评价函数 $f(n)$ 值来选择扩展节点。评价函数被看作代价估计，估计值最低的节点被选择首先进行扩展。与一致代价搜索的区别是，搜索根据评价函数 $f(n)$ 的值而不是路径耗散 $g(n)$ 值对要扩展的节点的优先级进行排队。

这种搜索与无信息搜索策略最根本的区别在于，除问题本身定义之外，是否知道其他特定的信息，即知道一个非目标状态是否比其他状态"更有希望"接近目标状态。一般来说，这种搜索策略可以比无信息搜索策略更有效地求解问题。对 $f(n)$ 的选择决定了具体的搜索策略。先定义启发函数 $h(n)$ 的值为节点 n 到目标节点的最小代价路径的代价估计值，$h(n)$ 以节点 n 为开始，而 $g(n)$ 以节点 n 为结束，若 n 为目标节点，则 $h(n) = 0$，启发函数的值称为启发信息。

1. 贪婪最佳优先搜索

贪婪最佳优先搜索试图扩展离目标最近的节点，这样可能可以很快地找到解，它的每一步都要试图找到离目标最近的节点。它只用启发式信息，评价函数即为启发函数，即 $f(n) = h(n)$。某一节点到目标节点的最小代价路径的估值即为评价值。

以导航为例，贪婪最佳优先搜索的评价函数需要知道每一个位置到目的地的直线距离，再根据这些直线距离信息遴选出距离目的地直线距离最近的位置，然后选择下一步将要移动到哪一个位置。贪婪最佳优先搜索在没有扩展任何不在解路径上的节点前就找到了问题的解，所以它的搜索代价是最小的。然而由于距目标节点最近不一定表示其相应路径耗散 $g(n)$ 是最小的，所以贪婪最佳优先搜索不是最优的。与深度优先搜索一样，贪婪最佳优先搜索会出现重复状态，搜索会陷入死循环，所以贪婪最佳优先搜索是不完备的。

2. A*搜索

A*搜索与贪婪最佳优先搜索的区别在于评价函数的选择，A*搜索的评价函数结合了到达此节点已经花费的代价 $g(n)$，以及从该节点到目标节点所花费的代价 $h(n)$，即 $f(n) = g(n) + h(n)$。要保证 A*搜索的最优性需要满足以下两个条件。

(1)可采纳性。保障最优性的第一个条件是 $h(n)$ 是一个可采纳启发式。可采纳启发式是指它从不会过高地估计到达目标的代价。因为 $g(n)$ 是当前路径到达节点 n 的实际代价，而 $f(n) = g(n) + h(n)$，所以可以得到直接结论：$f(n)$ 永远不会超过经过节点 n 的解的实际代价。

(2)一致性。对于每个节点 n 和通过任一行动 a 生成的每个后继节点 n'，从节点 n 到达目标的估计代价不大于从 n 到 n' 的单步代价与从 n' 到达目标的估计代价之和。

A*搜索有如下性质：如果 $h(n)$ 是可采纳的，那么 A*搜索的树搜索版本是最优的；如果 $h(n)$ 是一致的，那么图搜索的 A*搜索算法是最优的。也就是说，在所有从根节点开始扩展搜索解路径的算法中，具有一致性启发函数的 A*搜索从理论上讲是完备的、最优的，也是效率最高的。但对于相当多的问题，在搜索空间中处于目标等值线内的节点数量仍然以解路径的长度呈指数级增长。由于 A*搜索算法在内存中保留了所有已生成的节点，所以 A*搜索算法常常在计算完成之前就耗尽了内存。因此，A*搜索算法对于很多大规模问题并不实用。

3.3　自动规划与知识描述

3.3.1　集合论描述

在符号知识表征下，求解从初始状态到目标状态的最优动作序列都可以归类为自动规划。自动规划的目标是为各种问题的求解提供统一的程序，给出问题的形式化描述就是第一步。问题的形式化描述也就是知识的表征方法，形式化描述的优劣决定了能够自动规划的问题规模，也决定了求解的难度，因此描述手段和工具非常重要。本小节首先介绍基于集合论的形式化描述。

1. 规划领域、规划问题和规划解

规划问题的表示依赖有限的命题符号集。设 $L=\{p_1, p_2, \cdots, p_n\}$ 是有限的命题符号集，L 集合所有子集构成的集合，即 L 的幂集，记为 2^L。L 上的状态转移系统是一个三元组 $\varSigma = \langle S, A, \gamma \rangle$，其中 $S = \{s_1, s_2, \cdots\}$ 是有限的或递归可数的状态集，$S \subseteq 2^L$，$A = \{a_1, a_2, \cdots\}$ 是一个有限的或递归可数的动作集，γ 是一个状态转移函数，它们满足以下条件。

(1) 对于每一个状态 $s \in S$，有 $s \subseteq L$，即 s 都是 L 的子集。s 表明在当前状态下哪些命题成立，如果命题 $p \in s$，则 p 在 s 表示的环境状态下成立，如果 $p \notin s$，则 p 在 s 表示的环境状态下不成立。

(2) 每一个动作 $a \in A$ 是 L 的子集的三元组，将其写成 $a = \langle \mathrm{precond}(a),$ $\mathrm{effect}^-(a), \mathrm{effect}^+(a) \rangle$。集合 $\mathrm{precond}(a)$ 称为 a 的前提条件集，如果 $\mathrm{precond}(a) \subseteq s$，则称动作 a 可以应用于 s。集合 $\mathrm{effect}^-(a)$ 和 $\mathrm{effect}^+(a)$ 称为效果集，要求 $\mathrm{effect}^-(a) \cap \mathrm{effect}^+(a) = \varnothing$。$\mathrm{effect}^+(a)$ 表示加入到 s 中的命题，$\mathrm{effect}^-(a)$ 表示从 s 中删除的命题。

(3) S 具有如下性质：如果 $s \in S$，则对每一个状态 s 和可以应用于 s 的动作 a，集合 $(s - \mathrm{effect}^-(a)) \cup \mathrm{effect}^+(a) \in S$。也就是说，每当把一个动作作用于一个状态时，就会产生另一个状态。这样只要知道了动作集合 A，只需要给出少数几个状态就能对 S 集合进行隐式定义。

(4) 如果 $a \in A$ 可以用于 $s \in S$，则状态转移函数为 $\gamma(s, a) = (s - \mathrm{effect}^-(a)) \cup \mathrm{effect}^+(a)$，否则 $\gamma(s, a)$ 未定义。

$\varSigma = \langle S, A, \gamma \rangle$ 定义了一定的规划领域，而规划问题是三元组 $\mathcal{P} = \langle \varSigma, s_0, g \rangle$，其中，$s_0$ 为初始状态，是 S 的一个成员。$g \subseteq L$ 是由目标命题构成的命题集合，目标命题是指到达目标状态时必须满足的命题。目标状态集合是 $S_g = \{s \in S \mid g \subseteq s\}$。

规划领域中有如下实例（Ghallab et al., 2008）：

$$L = \{\text{onground, onrobot, holding, at1, at2}\} \tag{3.1}$$

式中，onground 表示集装箱在地面上；onrobot 表示集装箱在机器人拖车上；holding 表示吊车抓住了集装箱；at1 表示机器人拖车在地点 1；at2 表示机器人拖车在地点 2。

$$S = \{s_0, s_1, \cdots, s_5\} \tag{3.2}$$

式中

$$\begin{cases} s_0 = \{\text{onground, at2}\} \\ s_1 = \{\text{holding, at2}\} \\ s_2 = \{\text{onground, at1}\} \\ s_3 = \{\text{holding, at1}\} \\ s_4 = \{\text{onrobot, at1}\} \\ s_5 = \{\text{onrobot, at2}\} \end{cases} \tag{3.3}$$

$$A = \{\text{take, put, load, unload, move1, move2}\} \tag{3.4}$$

其中

$$\begin{aligned} &\text{take} = \langle \{\text{onground}\}, \{\text{onground}\}, \{\text{holding}\} \rangle \\ &\text{put} = \langle \{\text{holding}\}, \{\text{holding}\}, \{\text{onground}\} \rangle \\ &\text{load} = \langle \{\text{holding, at1}\}, \{\text{holding}\}, \{\text{onrobot}\} \rangle \\ &\text{unload} = \langle \{\text{onrobot, at1}\}, \{\text{onrobot}\}, \{\text{holding}\} \rangle \\ &\text{move1} = \langle \{\text{at2}\}, \{\text{at2}\}, \{\text{at1}\} \rangle \\ &\text{move2} = \langle \{\text{at1}\}, \{\text{at1}\}, \{\text{at2}\} \rangle \end{aligned} \tag{3.5}$$

规划是一个动作序列 $\pi = \langle a_1, a_2, \cdots, a_k \rangle$，其中 $k \geqslant 0$，规划的长度 $|\pi| = k$。如果 $\pi_1 = \langle a_1, a_2, \cdots, a_k \rangle$ 和 $\pi_2 = \langle a_1', a_2', \cdots, a_k' \rangle$ 都是规划，那么它们的连接 $\pi_1 \cdot \pi_2 = \langle a_1, a_2, \cdots, a_k, a_1', a_2', \cdots, a_k' \rangle$ 也是规划。

在状态 s 执行规划 π 所产生的状态就是按顺序执行规划 π 中的动作所产生的状态，可以扩展状态转移函数 γ 来表示。

$$\gamma(s, \pi) = \begin{cases} s, & k = 0 (\text{即} \pi \text{为空规划}) \\ \gamma(\gamma(s, a_1), <a_2, a_3, \cdots, a_k>), & k > 0 \text{且} a_1 \text{可应用于} s \\ \text{无定义} \end{cases} \tag{3.6}$$

设 $\mathcal{P} = \langle \Sigma, s_0, g \rangle$ 是一个规划问题，如果 $g \subseteq \gamma(s_0, \pi)$，则规划 π 是 $\mathcal{P}$ 的一个规划解，简称解。如果 π 的一个真子集也是 $\mathcal{P}$ 的一个解，则称解 π 是冗余的。如果不存在 $\mathcal{P}$ 的一个解所包含的动作比 π 少，则称解 π 是最小的。

在上例所示的规划领域中，假设初始状态 $s_0 = \{\text{onground, at2}\}$，并且 $g = \{\text{onrobot, at2}\}$，由此得到规划问题，设

$$\begin{cases} \pi_1 = \langle \text{move1}, \text{move2} \rangle \\ \pi_2 = \langle \text{take}, \text{move1} \rangle \\ \pi_3 = \langle \text{take}, \text{move1}, \text{put}, \text{move2}, \text{take}, \text{move1}, \text{load}, \text{move2} \rangle \\ \pi_4 = \langle \text{take}, \text{move1}, \text{load}, \text{move2} \rangle \\ \pi_5 = \langle \text{move1}, \text{take}, \text{load}, \text{move2} \rangle \end{cases} \tag{3.7}$$

则 π_1 不是解，因为它不能应用于 s_0 ；π_2 也不是解，虽然它可以应用于 s_0 ，但是它所得到的状态不是目标状态；π_3 是冗余解；π_4 和 π_5 是最小解。

基于上述形式化描述，从初始状态出发，根据动作集，就可以推理从此状态能够到达的所有新状态，应用 3.2 节的搜索算法理论上可以获得所有的可行解。

2. 状态可达性

如果 s 是 S 中的任意一个状态，那么 s 的后继状态是

$$\Gamma(s) = \{\gamma(s,a) \,|\, a \in A \text{且} a \text{可应用于} s\}$$

如果记 $\Gamma^2(s) = \Gamma(\Gamma(s)) = \cup\{\Gamma(s') \,|\, s' \in \Gamma(s)\}$ ，相似地表示 $\Gamma^3(s), \Gamma^4(s), \cdots,$ $\Gamma^n(s)$ ，那么状态 s 的可达状态集是传递闭包：

$$\widehat{\Gamma}(s) = \Gamma(s) \cup \Gamma^2(s) \cup \cdots \tag{3.8}$$

称动作 a 是与目标 g 相关的，当且仅当 $g \cap \text{effects}^+(a) \neq \varnothing$ 且 $g \cap$ $\text{effects}^-(a) = \varnothing$ 。直观地，上述条件是指 a 有助于产生属于目标状态集 $S_g = \{s \in S \,|\, g \subseteq s\}$ 中一个状态。对一个与目标 g 相关的动作 a ，应用 a 产生 g 所要求的最小命题集记为

$$\gamma^{-1}(g,a) = (g - \text{effect}^+(a)) \cup \text{precond}(a) \tag{3.9}$$

$\gamma^{-1}(g,a)$ 称为目标 g 对动作 a 的回归状态集。对于任意状态 s ，若想 $\gamma(s,a) \in S_g$ ，当且仅当 $\gamma^{-1}(g,a) \subseteq s$ ，即 s 是回归状态集的超集(扩集)。接着定义所有与目标 g 相关的动作的回归集的并集：

$$\Gamma^{-1}(g) = \{\gamma^{-1}(g,a) \,|\, a \in A \text{且} a \text{与} g \text{相关}\} \tag{3.10}$$

状态 s 一步可达一个目标状态 g ，当且仅当 s 是 $\Gamma^{-1}(g)$ 中一个元素的超集，即存在一个 $s' \in \Gamma^{-1}(g)$ ，使得 $s' \subseteq s$ 。相似地，两步到达 g 的所有回归集的并集为

$$\Gamma^{-2}(g)=\Gamma^{-1}(\Gamma^{-1}(g)) \tag{3.11}$$

目标状态 g 的所有回归集的并集是传递闭包：

$$\hat{\Gamma}^{-1}(g)=\Gamma^{-1}(g)\cup\Gamma^{-2}(g)\cup\cdots \tag{3.12}$$

有了前面的形式化描述，就可以给出规划问题的性质：

(1) 一个规划问题 $\mathcal{P}=\langle\Sigma,s_0,g\rangle$ 有解，当且仅当 $S_g\cap\hat{\Gamma}(s_0)\neq\varnothing$。

(2) 一个规划问题 $\mathcal{P}=\langle\Sigma,s_0,g\rangle$ 有解，当前仅当 S_0 是 $\hat{\Gamma}^{-1}(g)$ 中某些元素的超集。

3. 规划问题的陈述

综上，规划领域 $\Sigma=\langle S,A,\gamma\rangle$ 与具体的目标和初始状态无关，规划问题 $\mathcal{P}=\langle\Sigma,s_0,g\rangle$ 包括了领域、初始状态和目标状态。下面给出隐式定义法，它不必显式地给出 S 和 γ 中所有的成员。为了实现这一点，规划问题 $\mathcal{P}$ 的陈述定义为 $\mathcal{P}=\langle A,s_0,g\rangle$。

有如下例子：设 $\mathcal{P}=\langle A,s_0,g\rangle$，其中 $A=\{\text{action1}\}$，action1 = ({state1}, {state1}, {state2})，而

$$\begin{cases} s_0 = \{\text{state1}\} \\ g = \{\text{state2}\} \end{cases} \tag{3.13}$$

$\mathcal{P}=\langle A,s_0,g\rangle$ 是规划问题 $\mathcal{P}$ 的陈述，在 $\mathcal{P}$ 中：

$$\begin{cases} L = \{\text{state1},\text{state2}\} \\ S = \{\{\text{state1}\},\{\text{state2}\}\} \\ \gamma(\{\text{state1}\},\text{action1}) = \{\text{state2}\} \end{cases} \tag{3.14}$$

但是，$\mathcal{P}=\langle A,s_0,g\rangle$ 也是规划问题 $\mathcal{P}'$ 的陈述，在 $\mathcal{P}'$ 中：

$$\begin{cases} L = \{\text{state1},\text{state2},\text{state3}\} \\ S = \{\{\text{state1}\},\{\text{state2}\},\{\text{state1},\text{state3}\},\{\text{state2},\text{state3}\}\} \\ \gamma(\{\text{state1}\},\text{action1}) = \{\text{state2}\} \\ \gamma(\{\text{state1},\text{state3}\},\text{action1}) = \{\text{state2},\text{state3}\} \end{cases} \tag{3.15}$$

注意：state3 命题在问题 $\mathcal{P}'$ 中不起作用。在 $\mathcal{P}$ 和 $\mathcal{P}'$ 中，目标集的回归集 $\hat{\Gamma}^{-1}(g)$ 和 s_0 可达状态集 $\hat{\Gamma}(s_0)$ 均是相同的：$\hat{\Gamma}^{-1}(g)=\{\{\text{state1}\}\}$，$\hat{\Gamma}(s_0)=\{\{\text{state2}\}\}$。

设 $\mathcal{P}$ 和 $\mathcal{P}'$ 是两个具有相同陈述的规划问题，则其具有同样的可达状态集

$\hat{\Gamma}(s_0)$ 和同样的解集。这个命题说明规划问题的陈述已经足够明确，可以无歧义地阐明规划问题。

综上，基于集合论的规划问题陈述提供了所要决策问题的形式化知识，从这种知识出发，使用搜索算法理论上就可以推理得到规划问题的解，按算法 3.1 进行决策。

3.3.2　经典规划描述

集合论描述的缺点是规划问题的动作都需要逐个列举，对于复杂问题，其动作太多，表达非常不便。经典规划描述是集合论描述的推广，使用了一阶逻辑的符号体系，一个动作模式下可以描述多个动作。

1. 状态

设仅有有限个谓词符号、常量符号，没有函数符号，这些符号串组成一阶逻辑语言 $\mathcal{L}$。其中，谓词符号和常量符号用至少两个字符的字母数字串表示。

一个状态是 $\mathcal{L}$ 的一个基原子集，也就是说状态中不包括由多个基原子复合而成的复合公式。基原子是指单个谓词及其变元实例构成的命题。在描述变元(变量)符号时，用单个字母表示，还可带有下标，如 x 和 y_{12}。$\mathcal{L}$ 中没有函数，因此经典规划描述下的状态集必定是有限集。

本节给出一个简单码头机器人规划问题实例(Ghallab et al., 2008)。现有两个地点，分别用字符串 loc1 和 loc2 表示；一个机器人拖车，用字符串 r1 表示；一个吊车，用字符串 crane1 表示；两个堆，分别用字符串 p1 和 p2 表示；堆底部货盘，用字符串 pallet 表示，三个集装箱，分别用字符串 c1、c2 和 c3 表示，由此构成常量符号集{loc1, loc2, r1, crane1, p1, p2, c1, c2, c3, pallet}。如果堆 p2 是空的成立，那么基原子 top(pallet, p2) 为真，top 是谓词，这个命题的意思是堆 p2 底部是货盘，没有集装箱。图 3.2 对应了码头机器人问题的一个状态 s_1：

$$s_1=\{attached(p1,loc1),attached(p2,loc2),in(c1,p1),in(c3,p1),top(c3,p1),on(c3,c1),$$
$$on(c1,pallet),in(c2,p2),top(c2,p2),on(c2,pallet),belong(crane1,loc1),$$
$$empty(crane1),adjacent(loc1,loc2),adjacent(loc2,loc1),at(r1,loc2),$$
$$occupied(loc2),unloaded(r1)\}$$

$$(3.16)$$

一个状态不是一阶公式集，而是基原子集，其使用了闭世界假设，也就是说在状态中没有显式描述的基原子在该状态中不成立，即显式描述的基原子在该状态中同时成立。

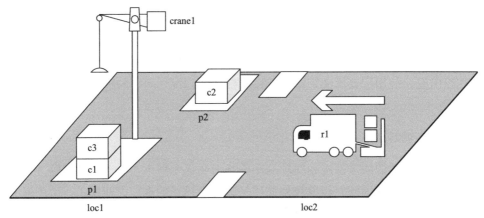

图 3.2　码头机器人问题的状态 s_1 (Ghallab et al., 2008)

2. 操作与动作

通过一组操作(operator)描述转移函数 γ，而这些操作具体实例化为动作。在经典规划描述中，操作是一个三元组 $o = \langle \text{name}(o), \text{precond}(o), \text{effect}(o) \rangle$。其中，name(o) 是操作的名字，具体形如 $n(x_1, x_2, \cdots, x_k)$，n 代表操作符，$x_1, x_2, \cdots, x_k$ 是出现在操作中的变元，操作符在语言 $\mathcal{L}$ 中唯一，即没有两个操作会具有相同的操作符。precond(o) 和 effect(o) 分别是操作的前提和效果，即动作的执行条件和执行效果，用基原子或基原子的反表示。表示刚性关系的基原子，如 adjacent(loc1,loc2)，不能出现在任何操作的效果中，因为刚性关系对任意状态都保持不变。刚性关系的基原子只能用于前提 precond(o) 中。

通常使用下面的格式来定义操作，仍然以上述码头机器人规划问题为例，其操作采用上述定义方法表述为

move(r,l,m);;机器人拖车r从地点l到相邻的地点m
　　precond:adjacent(l,m),at(r,l),¬occupied(m)
　　effect:at(r,m),occupied(m),¬occupied(l),¬at(r,l)

load(k,l,c,r);;在地点l的吊车k把集装箱c放到机器人拖车r上
　　precond:belong(k,l),holding(k,c),at(r,l),unloaded(r)
　　effect:empty(r),¬holding(k,c),loaded(r,c),¬unloaded(r)

load(k,l,c,r);;在地点l的吊车k把集装箱c放到机器人拖车r上
　　precond:belong(k,l),holding(k,c),at(r,l),unloaded(r)
　　effect:empty(k),¬holding(k,c),loaded(r,c),¬unloaded(r)

  unload(*k*,*l*,*c*,*r*);;在地点*l*的吊车*k*把集装箱*c*从机器人拖车*r*上卸下来
　　precond:belong(*k*,*l*),at(*r*,*l*),loaded(*r*,*c*),empty(*k*)
　　effect:¬empty(*k*),holding(*k*,*c*),unloaded(*r*),¬unloaded(*r*,*c*)

  put(*k*,*l*,*c*,*d*,*p*);;在地点*l*的吊车*k*把集装箱*c*放在堆*p*的顶部集装箱*d*上
　　precond:belong(*k*,*l*),attached(*p*,*l*),holding(*k*,*c*),top(*d*,*p*)
　　effect:¬holding(*k*,*c*),empty(*k*),in(*c*,*p*),top(*c*,*p*),on(*c*,*d*),¬top(*d*,*p*)

take(*k*,*l*,*c*,*d*,*p*);;在地点*l*的吊车*k*把集装箱*c*从堆*p*的顶部集装箱*d*上卸下来
　precond:belong(*k*,*l*),attached(*p*,*l*),empty(*k*),top(*c*,*p*),on(*c*,*d*)
　effect:holding(*k*,*c*),¬empty(*k*),¬in(*c*,*p*),¬top(*c*,*p*),¬on(*c*,*d*),top(*d*,*p*)

通过操作名 name 可以无歧义地使用操作，形成实际的动作。例如，take(*k*, *l*,*d*,*p*) 是操作，将操作中的变元替换为具体的常量符号，则得到动作，take(crane1, loc1,c1,c2,p1) 和 take(crane1,loc1,c3,c1,p1) 是两个实际动作，即

take(crane1,loc1,c1,c2,p1);;在地点loc1的吊车1(crane1)把集装箱c1从堆p1的顶部
　　　　　　　　　　　　;集装箱c2上卸下来
　precond:belong(crane1,loc1),attached(p1,loc1),empty(crane1),top(c1,p1),on(c1,c2)
　effect:holding(crane1,c1),¬empty(crane1),¬in(c1,p1),¬top(c1,p1),¬on(c1,c2),
　top(c2,p1)

take(crane1,loc1,c3,c1,p1);;在地点loc1的吊车crane1把集装箱c3从堆p1的顶部
　　　　　　　　　　　　;集装箱c1上卸下来
　precond:belong(crane1,loc1),attached(p1,loc1),empty(crane1),top(c3,p1),on(c3,c1)
　effect:holding(crane1,c3),¬empty(crane1),¬in(c3,p1),¬top(c3,p1),¬on(c3,c1),
　top(c1,p1)

可以看到，在操作的前提和效果中，既有基原子成立(即原子命题为真)，也有基原子的反成立(即原子命题的反为真)，例如，操作move(*r*,*l*,*m*)前提中有基原子 adjacent(*l*,*m*) 和基原子 at(*r*,*l*) 成立，还有基原子 occupied(*m*) 的反成立，将对应的基原子命题分别称为正文字和负文字。这样，前提中正文字组成的集合称为操作 *o* 正前提 precond⁺(*o*)，负文字组成的集合称为负前提 precond⁻(*o*)，类似地可以定义正效果 effect⁺(*o*) 和负效果 effect⁻(*o*)。

动作是一个规划操作*o*的实例，记为*a*。如果*a*是一个动作而*s*是一个状态，且有 precond⁺(*o*)⊆*s* 和 precond⁻(*o*)∩*s*=∅，那么称*a*是可应用于*s*的，而且在*s*中应用*a*的结果是状态：

$$\gamma(s,a) = (s - \text{effect}^-(a)) \cup \text{effect}^+(a) \qquad (3.17)$$

与前面的集合论规划一样，$\text{effect}^+(o)$ 表示加入 s 中的命题，$\text{effect}^-(o)$ 表示从 s 中删除的命题，使用集合操作很容易计算出状态转移的结果。

例如，对于动作 $a_1 = \text{take(crane1,loc1,c1,c2,p1)}$，有

$\text{precond}^+(a_1) = \{\text{belong(crane1,loc1),attached(p1,loc1),empty(crane1),top(c1,p1),}$
$\qquad\qquad\qquad \text{on(c1,c2)}\}$

$\text{effect}^+(a_1) = \{\text{holding(crane1,c1),top(c2,p1)}\}$

$\text{precond}^-(a_1) = \varnothing$

$\text{effect}^-(a_1) = \{\text{empty(crane1),in(c1,p1),top(c1,p1),on(c1,c2)}\}$

$$(3.18)$$

对于图 3.2 所示的状态 s_1，$\text{precond}^+(a_1) \not\subset s_1$，因此在该状态下无法应用动作 a_1。对于动作 $a_2 = \text{take(crane1,loc1,c3,c1,p1)}$，有

$\text{precond}^+(a_2) = \{\text{belong(crane1,loc1),attached(p1,loc1),empty(crane1),top(c3,p1),}$
$\qquad\qquad\qquad \text{on(c3,c1)}\}$

$\text{precond}^-(a_2) = \varnothing$

$\text{effect}^+(a_2) = \{\text{holding(crane1,c3),top(c1,p1)}\}$

$\text{effect}^-(a_2) = \{\text{empty(crane1),in(c3,p1),top(c3,p1),on(c3,c1)}\}$

$$(3.19)$$

满足 $\text{precond}^+(a_2) \subseteq s_1$ 和 $\text{precond}^-(a_2) \cap s_1 = \varnothing$，因此动作 a_2 可以应用于状态 s_1，其结果记为状态 s_5，如图 3.3 所示。

$s_5 = \gamma(s_1, \text{take(crane1,loc1,c1,c2,p1)})$
$\quad = \{\text{attached(p1,loc1),attached(p2,loc2),in(c1,p1),holding(crane1,c3),top(c1,p1)}$
$\qquad \text{on(c1,pallet),in(c2,p2),top(c2,p2),on(c2,pallet),belong(crane1,loc1),}$
$\qquad \text{adjacent(loc1,loc2),adjacent(loc2,loc1),at(r1,loc2),occupied(loc2),}$
$\qquad \text{unloaded(r1)}\}$

$$(3.20)$$

3. 规划领域、问题和规划解

设 $\mathcal{L}$ 是一个具有有限个谓词符号和常量符号的一阶逻辑语言。$\mathcal{L}$ 中一个规划

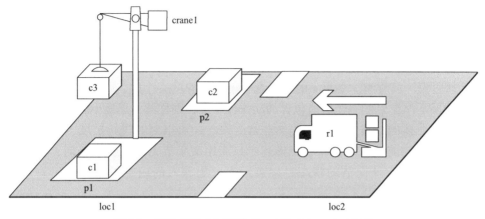

图 3.3　码头机器人问题状态 s_5(Ghallab et al., 2008)

领域是一个状态转移系统 $\Sigma=\langle S, A, \gamma \rangle$，其中

(1) $S \subseteq 2^{\{\mathcal{L}的所有基原子\}}$。

(2) $A = \{O中操作的所有实例\}$，其中 O 是定义的操作集。

(3) $\gamma(s,a)=(s-\text{effect}^-(a))\cup\text{effect}^+(a)$，若 $a \in A$，则可应用于 $s \in S$，否则，$\gamma(s,a)$ 无定义。

(4) S 对是封闭的。若 $s \in S$，则对于每一个可应用于 a 的动作，$\gamma(s,a) \in S$。

一个经典的规划问题是一个三元组 $\mathcal{P}=\langle \Sigma, s_0, g \rangle$，其中

(1)初始状态 s_0 是 S 中的任意一个状态。

(2)目标 g 是任意基原子集。

(3) $S_g = \{s \in S \mid g \subseteq s\}$。

一个规划问题 $\mathcal{P}=\langle \Sigma, s_0, g \rangle$ 的陈述是 $\mathcal{P} = \langle O, s_0, g \rangle$。规划问题的陈述用于向计算机程序描述规划问题 $\mathcal{P}$。以下性质与集合论规划中相似，多个规划问题可以有相同的陈述；若两个经典规划问题有相同的陈述句式，则它们有相同的可达状态集和解集。

因为 g 可以包含负原子(基原子的反成立)，同样将对应的基原子分别称为正文字和负文字，正文字组成的集合称为 g^+，负文字组成的集合称为 g^-。称动作 a 是与目标 g 相关的，如果有：

(1) $g \cap \text{effects}(a) \neq \varnothing$，即 a 的效果对 g 有贡献。

(2) $g^+ \cap \text{effects}^-(a)=\varnothing$ 且 $g^- \cap \text{effects}^+(a)=\varnothing$，即 a 的效果与 g 没有冲突。

目标 g 对动作 a 的回归状态集 γ^{-1} 的定义与 3.3.1 节集合论规划有所不同。如果动作 a 与 g 是相关的，则有 $\gamma^{-1}(g,a)=(g-\text{effect}(a))\cup\text{precond}(a)$。所有与目标 g

相关的动作的回归集的并集是 $\varGamma^{-1}(g)=\{\gamma^{-1}(g,a)\,|\,a$ 是与 g 相关的操作实例$\}$ 。同样，可以定义 $\hat{\varGamma}(s_0)$ 和 $\hat{\varGamma}^{-1}(g)$ ，并具有与前面相同的性质。

同样，设 $\mathcal{P}=\langle \Sigma, s_0, g\rangle$ 是一个规划问题，如果 $g\subseteq\gamma(s_0,\pi)$ ，则规划 π 是 $\mathcal{P}$ 的一个规划解，简称解。如果 π 的一个真子集也是 $\mathcal{P}$ 的一个解，则称解 π 是有冗余的。如果不存在 $\mathcal{P}$ 的一个解所包含的动作比 π 少，则称解 π 是最小的。

前面所述的经典规划形式仍然非常受限，还可以对其进行扩展，例如，不必要求操作的前提、结论和状态描述中只能用文字集，可以引入量词、析取前提条件以及更方便简洁的状态目标表示等，更深入的内容可以查阅相关文献（Ghallab et al., 2008）。

此外，规划域定义语言（planning domain definition language, PDDL）提供了系统化、全面的规划问题描述方法，也就是形式化的知识描述方法。这种语言描述的规划问题可以被计算机分析，从 1998 年开始被用于国际规划竞赛，PDDL3.0 包括了规划约束。有关 PDDL 的详细介绍请参阅相关资料。

3.3.3 时态规划模型

前面介绍的属于全序规划，也就是规划解是搜索与起始状态或目标状态相关的严格线性动作序列。这意味着不能利用问题的分解，与此对应的解决方法有偏序规划、分层任务网络（hierarchical task network, HTN）规划等，应用于不同场景下。本节主要讨论时态规划，它与现实中的复杂应用情况比较相近。

时态规划（temporal planning, TP）问题表示为 6 元组 $\varPi=\langle V, A, I, G, T_{\mathrm{L}}, \delta\rangle$（贲可荣等，2018），各个参数描述如下。

(1) V 由两个不相交的有限变量集组成：$V_{\mathrm{L}}\cup V_{\mathrm{M}}$ ，变量的取值可随时间变化，V_{L} 为（逻辑）命题变量集，$f\in V_{\mathrm{L}}$ 的值域为 $\mathrm{Ran}(f)=\{T,F\}$ ；V_{M} 为数值变量集，$x\in V_{\mathrm{M}}$ 的值域为 $\mathrm{Ran}(x)\subseteq R$ 。

(2) A 为动作集：动作 $a\in A$ 具有形式 $\langle \mathrm{dur}_a, C_a, E_a\rangle$ ，dur_a 为 a 的持续时间，C_a 为 a 的执行条件集合（简称为条件集），包含动作 a 开始执行时、执行过程中、执行结束前的条件；E_a 为 a 的执行效果集合（简称为效果集），包含 a 在开始执行时、执行结束时产生的效果。对于条件 $c\in C_a$ ，若它属于约束逻辑变量 v ，则有形式 $\langle(\mathrm{st}_c, \mathrm{et}_c)v=d\rangle$ ，$d\in\mathrm{Ran}(v)$ ；若它属于约束数值变量 v ，则有形式 $\langle(\mathrm{st}_c, \mathrm{et}_c)v$ op exp$\rangle$ ，op $\in\{>,\geqslant,<,\leqslant,==\}$ ，exp 为数值变量和常量组成的表达式，st_c、et_c 分别为条件 c 的开始时间和结束时间。对于效果 ef $\in E_a$ ，若它影响约束逻辑变量 v ，则有形式 $\langle[t]v\leftarrow d\rangle$ ；若它影响约束数值变量 v ，则有形式 $\langle[t]v$ eop exp$\rangle$ ，eop $\in\{=,+=,-=,*=,/=\}$ ，t 为效果发生的时间。

(3) I 为规划任务的初始状态，它可能为 $f\in V_{\mathrm{L}}$ ，赋予 T 或 F ，也可能为 $x\in V_{\mathrm{M}}$ ，

赋予 $d \in \text{Ran}(x)$。

(4) G 为目标集，其中每个目标命题具有形式 $\langle f = d \rangle$，$f \in V_L$。

(5) T_L 为 "定时触发" 的有限集，其中每个定时触发的形式为 $\langle [t]f = d \rangle$，表示变量 $f \in V$ 在时刻 t 的取值更新为 d。

(6) $\delta : A \to R$ 为动作的代价函数，表示执行 a 需要付出的代价。

对动作语义进一步说明如下：动作 a 的开始时刻和结束时刻分别记为 st_a、et_a，对于动作执行条件 $c \in C_a$，如果 $\text{st}_c = \text{et}_c = \text{st}_a$，则要求条件 c 在 a 的开始时刻成立，称此类条件为动作 a 的开始条件；如果 $\text{st}_c = \text{et}_c = \text{et}_a$，则要求条件 c 在动作 a 的结束时刻成立，称此类条件为动作 a 的结束条件；如果 $\text{st}_c = \text{st}_a$、$\text{et}_c = \text{et}_a$，则要求条件 c 在时间区间 $(\text{st}_a, \text{et}_a)$ 成立，称此类条件为动作 a 的持续条件。动作 a 对于 $v \in V$ 的效果为 $\langle [t]v \leftarrow d \rangle$ 或 $\langle [t]v \text{ eop exp} \rangle$，如果满足 $t = \text{st}_a$，则该效果在动作的开始时刻发生，称此类效果为开始效果；如果满足 $t = \text{et}_a$，则该效果在动作的结束时刻发生，称此类效果为结束效果。T_L 可表示变量随外部时间的变化。

给定一个具体的时态规划问题，它的一个状态 s 由若干变量赋值组成。用 $s(v)$ 表示 s 对变量 v 的赋值，则 $s(v) \in \text{Ran}(v)$。对部分变量赋值的状态称为部分状态，对所有变量均赋值的状态称为完全状态。

在状态 s 上，如果动作 a 的开始条件在时刻 st_a 成立、结束条件在时刻 et_a 成立、持续条件在区间 $(\text{st}_a, \text{et}_a)$ 成立，则称 a 在 s 可执行，记为 $\text{applicable}(a, s)$。

在状态 s 可执行的所有动作记为 $\text{app\_actions}(s) = \{a | a \in A, \text{applicable}(a, s)\}$。动作 a 在 s 上执行后的状态记为 $\text{exec}(a, s)$，计算 $\text{exec}(a, s)$ 的方法为：在时刻 st_a，按照 a 的开始效果更新 s 得到新状态 s'，在时刻 et_a，按照 a 的结束效果更新 s' 得到 s''。

令 $\pi = (\langle t(a_1), a_1, \text{dur}_{a_1} \rangle, \langle t(a_2), a_2, \text{dur}_{a_2} \rangle, \cdots, \langle t(a_m), a_m, \text{dur}_{a_m} \rangle)$ 表示一个动作序列，其中 a_i 为第 i 步执行的动作，$t(a_i)$ 为 a_i 的执行时刻，dur_{a_i} 为 a_i 的持续时间。如果 π 中的动作在状态 s 可依次执行，则称 π 为 s 上的有效动作序列。

若 π 为初始状态 I 上的有效动作序列，并且执行后的状态满足目标集 G 的全部目标，则称为 TP 问题 $\Pi = \langle V, A, I, G, T_L, \delta \rangle$ 的规划方案（或称规划解，简称规划）。通常，一个 TP 问题的规划解不止一个，记这些规划解的集合为 $\text{Solutions}(\Pi)$。

π 的时间跨度为 $\text{ms}(\pi) = t(a_m) + \text{dur}_{a_m}$。$\pi$ 的代价为 $\delta(\pi) = \sum \delta(a_i)$。$\pi$ 对不可再生资源 x 的消耗量是在时刻 $\text{ms}(\pi)$ 上 x 的取值与在初始状态 I 中 x 的取值的差。根据时间跨度、动作代价、资源消耗等指标可比较两个规划解 π 和 π' 的规划质量优劣。面向一个具体的规划指标，可要求规划算法计算出最优的规划解，或者要求计算出一个令人满意的规划解。前一类问题称为最优规划问题，后一类问题称为满意规划问题。

第 4 章　不确定环境下的决策策略生成方法

在第 3 章中，假设环境是完全确定的，智能体了解每个行动的结果，可以准确计算出经过任何行动序列之后能达到什么状态，因此问题的解就是一个行动序列。如果环境具有随机性、部分可观察，或者环境中还有另外的智能体，则这种环境是不确定的。问题的解将不再是一个简单的序列，而是环境感知信息与行动间的对应关系，将其称为智能体策略，它决定了行动选择的方法。本章首先讨论在随机不确定环境下单步决策的行动选择方法——最大期望效用法；然后讨论两个智能体在对抗博弈环境下的行动选择方法；最后讨论单智能体在马尔可夫决策环境下决策策略生成的强化学习方法，强化学习方法的突出优点是引入了学习，通过不断迭代能够进行知识(状态值或状态动作价值)的更新，策略在理论上也能够不断优化。

4.1　不确定环境下的基本决策方法

4.1.1　随机不确定环境下的最大期望效用决策

在确定知识下，智能体决策以什么样的路线可以到达目的地，其中考虑了路途上的消耗或代价知识。除了路线需要决策外，还有时间需要决策，如什么时间出发，这时就需要考虑不确定环境问题。下面以出租车智能体要将乘客按时送到机场为例，假设按规划路线，在飞机起飞前 90min 出发，以合理的速度驶向机场，将其称为行动方案 A90。但是，即使距离机场只有 5km 远，智能体也无法确定地得出结论，即行动方案 A90 将能够及时到达机场，仅可以得出弱结论，即行动方案 A90 将能够及时到达机场，前提是车不抛锚、汽油不耗尽、不遇到交通事故、飞机不会提前起飞等。这反映了环境存在诸多不确定性因素，即环境是不确定的。本节讲述的不确定性由随机性引起，将这种不确定性称为随机不确定性。

为了在不确定环境下做出决策，同样需要知识。假设经过统计，存在这样的知识，即行动方案 A90 让乘客以 0.9 的概率赶上航班，以 0.1 的概率无法赶上航班，这意味着行动方案 A90 是一个理性的选择吗？不一定，可能其他行动方案有更高的概率赶上航班，例如，行动方案 A180，出租车智能体提前 180min 出发，将以 97%的概率赶上航班。但是，行动方案 A180 同时意味着在机场有较长的等待时间。还有行动方案 A1440，它是一个提前 24h 出门的行动方案，尽管这个行

动方案几乎能确保按时到达机场，但也造成了难以忍受的长时间等待。在大多数
情况下，行动方案 A1440 不是一个好的选择。

人们通常对行动的结果有所偏好。一个结果是一个完全特定的状态，包括智
能体是否按时到达机场、在机场等待多长时间等。在经济学中，通常用效用来描
述商品或行为满足人的欲望或需要的程度或能力。

除了考虑结果的效用外，还要考虑结果发生的概率。在决策理论中，通常认
为：一个智能体是理性的，当且仅当它选择能产生最大期望效用的行动。因此，
为了做出理性选择，要根据当前状态 s_0 下行动 a 导致的结果 $s = \text{RESULT}(s_0, a)$ 计
算效用 $U(s)$，然后根据概率 $P(\text{RESULT}(s_0, a) = s)$ 计算行动 a 的期望效用：

$$\text{EU}(a|s_0) = \sum_s P(\text{RESULT}(s_0, a) = s)U(s) \tag{4.1}$$

当有多种行动可以选择时，在最大期望效用(maximum expected utility, MEU)原则
下，决策方法为

$$\text{action} = \arg\max_a \text{EU}(a|s_0) \tag{4.2}$$

在某种意义上，可以认为 MEU 原则定义了智能决策的精髓，一个智能体所
要做的事情就是计算各种量值，在其行动上使效用最大化。这里的期望效用反映
了智能体追求的复杂目标，它不是简单到达机场，还有等待时间，还有各种情况
的概率等。

假设效用值为 0~1，给行动方案 A90 赶上航班的结果状态赋予效用值 0.9，
给行动方案 A180 赶上航班的结果状态赋予效用值 0.6，给行动方案 A1440 赶上航
班的结果状态赋予效用值 0.01，而给任何未赶上航班的状态均赋予效用值 0，无
论其采用了什么样的行动。因此，有

$$\begin{cases} \text{EU}(A90|s_0) = 0.9 \times 0.9 + 0 \times 0.1 = 0.81 \\ \text{EU}(A180|s_0) = 0.6 \times 0.97 + 0 \times 0.03 = 0.582 \\ \text{EU}(A1440|s_0) = 0.01 \times 1 + 0 \times 0 = 0.01 \end{cases} \tag{4.3}$$

显然，在最大期望效用下，应当选择行动方案 A90。

综上可见，在上述不确定环境下进行决策，有两个关键点：一是要有概率知
识，这种有概率知识的情况称为随机不确定环境下的推理决策；二是要知道行为
的效用知识。对于概率知识，理想情况下能够构建环境状态之间转移的概率模型，
如高斯模型、马尔可夫链模型等，通过统计数据确定模型参数。现实中，由于噪
声等问题只能观察到环境的一组表象数据(也称为证据)，而真正的环境状态往往
掩盖在表象数据后，环境是部分可观察的。在这种情况下，需要用贝叶斯网络等

模型根据表象数据来推断状态变量的后验概率，确定真实环境状态及其原因，有关贝叶斯网络部分，本书不再详述，感兴趣的读者请参考相关文献（Russell et al., 2013）。

4.1.2　博弈不确定环境下的纯策略决策

4.1.1 节讨论的不确定环境具有随机性，各种情况可以用概率模型来描述，并且认为只需要决策一次，或本次决策与后续决策没有关联。但更为常见的是，在进行决策后环境又产生了一些新的情况，需要进行后续的决策，接着又有一些新的情况，又需要继续进行决策，前面决策往往会对后续决策产生一定的影响，最终决策、情况、决策……就构成一个序列，称为序列决策。序列决策中可能每步都面临特定概率模型下的随机不确定性，也可能面临更复杂的博弈场景。例如，假设有智能体 1 和智能体 2 交替决策，智能体 1 在决策时要考虑智能体 2，若智能体 2 处于对立竞争角色，智能体 2 会最大化自身效用、最小化智能体 1 的效用，在这种情况下，智能体 2 就不能视为上述依据概率模型的随机环境元素，而构成了多智能体博弈不确定环境。本节先给出博弈的正则化描述，然后讨论在双智能体零和博弈不确定环境下序列决策的基本算法——最小最大搜索算法。

1. 博弈的形式化描述

通常用三元组 $\langle N, (A_i)_{i \in N}, (R_i)_{i \in N} \rangle$ 来描述博弈，其中 $N = \{1, 2, \cdots, n\}$ 是指博弈参与者的有限集合；A_i 表示参与者 $i \in N$ 的动作集合（也称为备选项集合、备选方案集合或策略空间），所有参与者的联合动作空间可表示为 $A = A_1 \times A_2 \times \cdots \times A_n$，其中一个联合动作向量可用 $a = (a_1, a_2, \cdots, a_n)$ 表示；$R_i : A \to \mathbb{R}$ 表示参与者 i 的收益（奖励/效用）函数，$R_i(a)$ 表示在联合动作 a 下参与者 i 的收益。这种博弈表述也称为正则式描述的策略博弈。若博弈由两方参与且两方为对抗关系，则双方收益相反，即 $n=2$ 且 $R_1(a) + R_2(a)=0, \forall a \in A$，这种博弈问题称为二人零和博弈问题。

需要特别注意的是，上述表述中 A_i 也可以代表参与者 i 多步多次决策的序列动作空间，也就是说，正则式描述也可以描述序列决策问题，虽然很多前序的单步动作没有收益，但达到终止态的序列动作均应有收益。

依据收益函数，最为典型的决策就是依据最小最大准则，它是安全意义上的决策方法，安全是指其收益不一定最大，但面临的坏收益的风险最小。至于其他准则，如最大最大（乐观主义）准则，感兴趣的读者可参考相关文献（郭立夫等，2015）。假设参与者 1 有如表 4.1 所示的收益（该收益函数可表述为一个矩阵，也称为收益矩阵），其中 $a_{1,i}$ 代表参与者 1 可选的动作，$a_{2,j}$ 代表参与者 2 可选的动作。针对参与者 2 的每个可选动作，参与者 1 首先算出自己某个动作下最小的收益，如表 4.2 的最右列所示，$a_{1,1}$ 下为 8，$a_{1,2}$ 下为 5，$a_{1,3}$ 下为–5；然后，取

$\max\{\min\{R(a_{1,i},a_{2,j})\}\}$ 对应的动作，即 $a_{1,1}$。在二人零和博弈下，参与者 2 的收益矩阵只需要将表 4.1 中的每个数值取负号，按照最小最大准则，参与者 2 的最佳动作应为动作 $a_{2,1}$，如表 4.3 所示。

表 4.1　二人零和博弈参与者 1 的收益矩阵示例

参与者 1 可选动作	参与者 2 可选动作		
	动作 $a_{2,1}$	动作 $a_{2,2}$	动作 $a_{2,3}$
动作 $a_{1,1}$	8	13	20
动作 $a_{1,2}$	5	24	30
动作 $a_{1,3}$	−5	20	40

表 4.2　参与者 1 最小最大准则决策示例

参与者 1 可选动作	参与者 2 可选动作			$\min\{R(a_{1,i},a_{2,j})\}$
	动作 $a_{2,1}$	动作 $a_{2,2}$	动作 $a_{2,3}$	
动作 $a_{1,1}$	8	13	20	8
动作 $a_{1,2}$	5	24	30	5
动作 $a_{1,3}$	−5	20	40	−5
决策	$\max\{\min\{R(a_{1,i},a_{2,j})\}\}$			8

表 4.3　参与者 2 最小最大准则决策示例

参与者 1 可选动作	参与者 2 可选动作			决策
	动作 $a_{2,1}$	动作 $a_{2,2}$	动作 $a_{2,3}$	
动作 $a_{1,1}$	−8	−13	−20	
动作 $a_{1,2}$	−5	−24	−30	$\max\{\min\{R(a_{1,i},a_{2,j})\}\}$
动作 $a_{1,3}$	5	−20	−40	
$\min\{R(a_{1,i},a_{2,j})\}$	−8	−24	−40	−8

通过最小最大准则的决策是一种纯策略决策方法。纯策略决策是指博弈方根据理性原则，最终只采用备选项集(策略集)中的某个项(策略)，这个策略称为纯策略。4.1.3 节将介绍混合策略决策，每个备选项(策略)都有一定的概率被选择，它与纯策略决策形成鲜明对比。

2. 最小最大搜索算法

在序列决策情形下，很多动作步骤往往没有收益。例如，在对抗游戏中，机动行走往往没有明确的收益值，直至双方开火。因此，若想得到多步序列决策下正则式描述中的收益函数，往往需要进行搜索推理，直至某个步骤下获得明确的收益函数，然后就可以使用各种准则进行决策。下面仍然以二人零和博弈为例，给出最小最大准则下的搜索算法，称为最小最大搜索算法。

假设两方智能体分别称为 MAX 和 MIN，两方轮流出招，直到游戏结束，从而获得明确的收益，如赢棋、输棋或平棋。MAX 和 MIN 都能够观察到对方所有招数（即动作），即为完全信息博弈。该问题可形式化描述为

S_0：初始状态，规范游戏开始时的情况。

PLAYER(s)：定义此时该哪一方行动。

ACTION(s)：返回此状态下的合法动作（策略）集合。

RESULT(s, a)：转移模型，定义动作结果，即到达的状态。

TERMINAL-TEST(s)：终止测试，游戏结束时返回真，否则返回假，游戏结束的状态为终止状态。

$R(s, p)$：收益函数，定义游戏者 p 在终止状态 s 下的收益数值。在棋类游戏中，结果为赢棋、输棋或平棋，分别对应的收益数值为+1、0 或 1/2，有些游戏可能有更多的结果。

用初始状态 S_0、ACTION 函数和 RESULT 函数可以构造博弈树，其中树的节点是状态，边是选择的动作，边导致从一个状态迁移到另一个状态。图 4.1 给出了井字棋的部分博弈搜索树，智能体 MAX 和 MIN 的棋子分别用 X、O 表示，MAX 先走子，放置一个 X 在空位上。在初始状态，MAX 有九种可能的招数（即动作）可以选择。游戏轮流进行，MIN 放置 O 到空位上，直至到达了终止状态，即一位棋手的标志占领一行、一列、一对角线或所有方格都被填满。很多博弈对抗往往有如下两个特点：一是在终止状态下才能看到收益，即叶节点上的数字是该终止状态对 MAX 来说的收益值，对于 MAX，该值越大越好，对于 MIN，该值越小越好；二是博弈树往往比较大。

为了方便描述最小最大搜索算法，下面转为讨论更简单的下棋博弈场景。如图 4.2 所示，△节点是 MAX 节点，代表轮到 MAX 走子；▽节点是 MIN 节点，代表轮到 MIN 走子；底层终止节点的值为它们的收益函数值。在初始时刻即根节点 A，MAX 的可能走子动作有 a_1、a_2、a_3 三种，对于 a_1，MIN 可能的对策有 b_1、b_2、b_3 三种走子动作，对于 a_2，MIN 有 c_1、c_2、c_3 三种走子动作，对于 a_3，MIN 有 d_1、d_2、d_3 三种走子动作。假设这个游戏在 MAX 和 MIN 各走一步后结束，博弈树的深度是一步，包括两个单方的招数，每个单方招数称为一层。从底层终止叶节点向上推，第一个节点为 B（即 MAX 选择了 a_1 动作后的状态），这时由 MIN 进行选择，MIN 选择三个后继动作的收益值已经确定，分别是 3、12 和 8。MIN 会取导致极小收益值 3 的动作 b_1，这样记录 B 节点的最小最大值为 3，将 3 标注

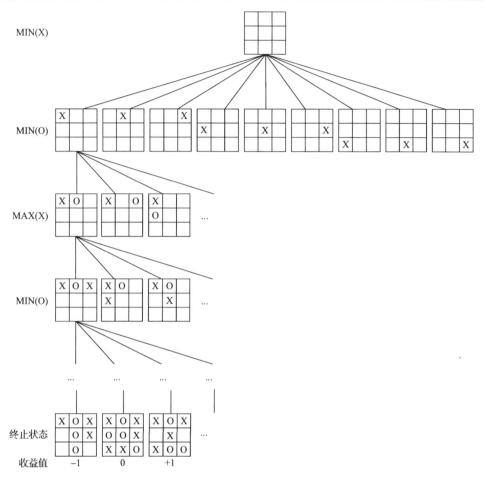

图 4.1 井字棋游戏的部分博弈搜索树(Russell et al., 2013)

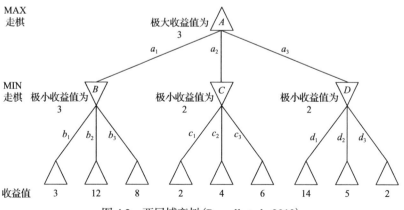

图 4.2 两层博弈树(Russell et al., 2013)

在 B 节点的旁边；类似地，可以得出其他两个节点的最小最大值都是 2，分别记录到节点上。再向上推一步，到达根节点 A，根由 MAX 做选择，由于其后继节点的最小最大值分别为 3、2 和 2，MAX 会选极大值对应的动作，这样可以确定在根节点的最小最大决策：对 MAX 来说，a_1 是最优选择，得到根节点的最小最大值是 3。在对 MAX 的最佳行动进行求解时，MIN 也按最佳行动的假设尽可能最大化 MAX 的最坏情况。给定一棵博弈树，决策策略可以通过检查每个节点的最小最大值来确定，记为 MINMAX(s)。

$$\text{MINMAX}(s) = \begin{cases} R(s), & s\text{为终止状态} \\ \max_{a\in\text{ACTION}(s)}\text{MINMAX}(\text{RESULT}(s,a)), & s\text{为MAX节点} \\ \min_{a\in\text{ACTION}(s)}\text{MINMAX}(\text{RESULT}(s,a)), & s\text{为MIN节点} \end{cases}$$

$$(4.4)$$

最小最大搜索算法如算法 4.1 所示，它使用了递归算法计算每个后继的最小最大值，实现了式(4.4)。递归算法自上而下一直前进到树的叶节点，然后随着递归回溯把最小最大值回传。例如，在图 4.2 中，算法首先递归到三个底层的叶节点，得到的收益值分别是 3、12 和 8。然后取最小值 3 作为回传值返回给节点 B。通过类似的过程可以分别得到 C 和 D 的回传值均为 2，最后在 3、2 和 2 中选取最大值 3 作为根节点的回传值。

算法 4.1　最小最大搜索算法

函数：MINMAX-DECISION( )

输入：state

输出：action

1 全局变量 state，初始为空

2 全局变量 p，记录了要决策的游戏者

3 action=argmax$_{a\in\text{ACTION}(state)}$MIN-VALUE(RESULT(state,$a$))

4 return action

函数：MAX-VALUE( )

输入：s

输出：收益值

1 全局变量 p，记录了要决策的游戏者

2 if TERMINAL-TEST(s) then

3 　　return $R(s,p)$

4 end if

```
5  v ← -∞
6  for each a in ACTION(s) do
7      v ← MAX(v,MIN - VALUE(RESULT(s,a)))
8  end for
9  return v
```

函数：MIN-VALUE( )
输入：s
输出：收益值

```
1  全局变量 p，记录了要决策的游戏者
2  if TERMINAL - TEST(s) then
3      return R(s,p)
4  end if
5  v ← +∞
6  for each a in ACTION(s) do
7      v ← MIN(v,MAX - VALUE(RESULT(s,a)))
8  end for
9  return v
```

最小最大搜索算法对博弈树执行完整的深度优先搜索。如果树的最大深度为 m，在每个节点合法的行动有 b 个，那么最小最大搜索算法的时间复杂度是 $O(b^m)$。对于现实情况，这样的时间开销过大，但此算法仍然可以作为对博弈进行数学分析和设计实用算法的基础。

最小最大搜索算法的问题是对抗状态数目呈指数级增长，指数级增长虽然无法消除，但可以有效地剪除部分搜索树。这种技术称为 α-β 剪枝，它会剪除不可能影响决策的分支，返回和最小最大搜索算法同样的结果。重新观察前面的两层博弈树决策的计算过程，如图 4.3 所示。B 下面的第一个叶节点值为 3，因此作为 MIN 节点的 B 值至多为 3，如图 4.3(a) 所示；B 下面的第二个叶节点值为 12，但 MIN 不会用这个方法，所以 B 的值仍然至多为 3，如图 4.3(b) 所示；B 下面的第三个叶节点值为 8，此时已经观察了 B 的所有后继，所以 B 的值就是 3，如图 4.3(c) 所示。现在可以推断根节点的值至少为 3，因为 MAX 在根节点有值为 3 的后继；C 下面的第一个叶节点值为 2，因此 C 这个 MIN 节点的值至多为 2，不过已经知道 B 的值是 3，所以 MAX 不会选择 C，这时再考察 C 的其他后继已经没有意义，这就是 α-β 剪枝的基本思想。D 下面的第一个叶节点值为 14，所以 D 的值至多为 14，这比 MAX 的当前最佳选择（即 3）要大，所以继续探索 D 的其他后继。还要

注意现在知道根的取值范围，根节点值至多为 14。D 的第二个后继值为 5，所以还必须继续进行探索，D 的第三个后继值为 2，所以 D 的值就是 2。最终 MAX 在根节点的决策是走到值为 3 的 B 节点。

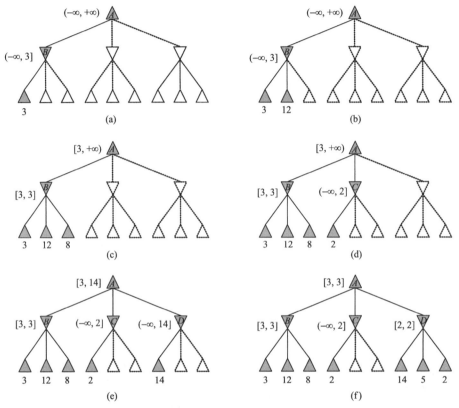

图 4.3 博弈树的决策过程 (Russell et al., 2013)

假设图 4.3 中 C 节点两个没有计算的子节点的值是 x 和 y，则根节点的值计算如下：

$$
\begin{aligned}
\text{MINMAX}(\text{root}) &= \max\left(\min(3,12,8)\right),\min(2,x,y),\min(14,5,2) \\
&= \max\left(3,\min(2,x,y),2\right) \\
&= \max\left(3,z,2\right) \\
&= 3, \quad z = \min(2,x,y) \leqslant 2
\end{aligned}
\tag{4.5}
$$

根节点的值以及做出的最小最大决策与被剪枝的叶节点 x 和 y 无关。

α-β 剪枝可以应用于任何深度的树，很多情况下可以剪裁整个子树，而不仅是剪裁叶节点。α-β 剪枝进行的最小最大搜索是深度优先的，所以任何时候只需考虑树中某条单一路径上的节点。在这条路径上，有两个回传值参数：α 为目前路径上发现的 MAX 的最佳（即极大值）选择，β 为目前路径上发现的 MIN 的最佳（即极小值）选择。α-β 剪枝不断更新 α 和 β 的值，并且当某个节点的值分别比目前 MAX 或者 MIN 的值更差时，剪裁此节点剩下的分支，终止递归调用。α-β 剪枝算法见算法 4.2，相比于最小最大搜索算法需要遍历整个博弈的搜索空间，α-β 剪枝算法允许剪掉其中的一大部分，但 α-β 剪枝算法仍然搜索剩余的部分空间直到终止状态，运算量仍然很大。蒙特卡罗树搜索可以克服最小最大搜索算法对树规模的限制，在给予充分计算的情况下，能逼近最小最大树，有关蒙特卡罗树搜索可见第 7 章相关内容。

算法 4.2　α-β 剪枝算法

函数：ALPHU−BETA−SEARCH( )

输入：state

输出：action

1　全局变量 state，初始为空

2　全局变量 p，记录了要决策的游戏者

3　$v \leftarrow$ MAX−VALUE(state,$-\infty$,$+\infty$)

4　action← 从集合 ACTION(state) 取出决策者收益为 v 的动作

5　return action

函数：MAX−VALUE( )

输入：s , α , β

输出：收益值

1　全局变量 p，记录了要决策的游戏者

2　if TERMINAL−TEST(s) then

3　　　return $R(s,p)$

4　end if

5　$v \leftarrow -\infty$

6　for each a in ACTION(s) do

7　　　$v \leftarrow \mathrm{MAX}\big(v,\mathrm{MIN-VALUE}(\mathrm{RESULT}(s,a),\alpha,\beta)\big)$

8　　　if $v \geqslant \beta$ then

9　　　　　return v

10　　end if

11　　$\alpha \leftarrow \mathrm{MAX}(\alpha,v)$

12 end for

13 return v

函数：MIN-VALUE( )

输入：s，α，β

输出：收益值

1 全局变量 p，记录了要决策的游戏者

2 if TERMINAL-TEST(s) then

3　　　return $R(s,p)$

4 end if

5 $v \leftarrow +\infty$

6 for each a in ACTION(s) do

7　　　$v \leftarrow \text{MIN}\big(v,\text{MAX-VALUE}(\text{RESULT}(s,a),\alpha,\beta)\big)$

8　　　if $v \leqslant \alpha$ then

9　　　　　return v

10　　　end if

11　　　$\beta \leftarrow \text{MIN}\big(\beta,v\big)$

12 end for

13 return v

4.1.3　博弈不确定环境下的混合策略决策

根据参与者选取策略是不是确定唯一的，将参与者的策略分为纯策略和混合策略。纯策略是指参与者 i 根据策略只能选取特定的一个动作 $a_i \in A_i$；混合策略是指参与者 i 依据概率 $\sigma_i(a_i)$ 随机选择一个动作。混合策略可记作 $\Sigma_i = \big\{\sigma_i : A_i \rightarrow [0,1]\big\}$，$\sum\limits_{a_i \in A_i} \sigma_i(a_i) = 1$。

在正则式描述的博弈 $\langle N,(A_i)_{i \in N},(R_i)_{i \in N}\rangle$ 中，引入 A_{-i}，它表示除了参与者 i 之外所有参与者的联合动作集合，即 $A_{-i} = A_1 \times A_2 \times \cdots \times A_{i-1} \times A_{i+1} \times \cdots \times A_N$。对于参与者 i 策略空间中的一个动作 a_i，如果存在参与者 i 的另外一个动作 a_i'，使得其他参与者选取任何动作 $\boldsymbol{a}_{-i} \in A_{-i}$，都满足 $R_i(a_i,\boldsymbol{a}_{-i}) < R_i(a_i',\boldsymbol{a}_{-i})$，则称 a_i 为参与者 i 的严格劣势策略，a_i' 严格占优于 a_i。对于参与者 i 策略空间中的一个动作 a_i，如果对于 i 的任意动作 a_i'，无论其他参与者选取任何动作 $\boldsymbol{a}_{-i} \in A_{-i}$，都满足 $R_i(a_i,\boldsymbol{a}_{-i}) \geqslant R_i(a_i',\boldsymbol{a}_{-i})$，则称 a_i 为参与者 i 的严格优势策略。

在纯策略下，如果存在策略向量 $\boldsymbol{a}^* = (a_1^*,a_2^*,\cdots,a_n^*)$，对于每个参与者 $i \in N$，每个策略 $a_i \in A_i$，满足 $R_i(\boldsymbol{a}^*) \geqslant R_i(a_i,\boldsymbol{a}_{-i}^*)$，那么策略向量 $\boldsymbol{a}^* = (a_1^*,a_2^*,\cdots,a_n^*)$ 为纳什

均衡，对应的收益 $R_i(\boldsymbol{a}^*)$ 称为纳什均衡 $\boldsymbol{a}^*$ 下的均衡收益。博弈论方面的大量研究就是寻找均衡并研究不同博弈中均衡的特征。近年来，研究导向均衡行为的过程，如学习、模仿或者后悔，成为重要的研究方向，提出了最佳响应动力学、遗憾(无悔)学习动力学等决策策略演进方法，该部分内容见第 8 章。

纳什均衡在纯策略下不一定存在，即使存在，也未必是理性参与者的预期行为。前面的最小最大搜索算法虽然不一定能达到均衡收益，但往往是最安全的。在二人零和博弈下，从安全性的角度，最小最大搜索算法也称为最佳策略(Maschler et al., 2013)。另外，需要特别说明的是，在后续的人机对抗博弈场景下，各种建模下得到的纯策略往往能被人类找到破绽，因此使用混合策略达到混合下的均衡是较好的选择。

下面定义混合策略下的均衡。首先，定义正则式博弈 $G = \langle N, (A_i)_{i \in N}, (R_i)_{i \in N} \rangle$ 的混合扩展 $\Gamma = \langle N, (\sum_i)_{i \in N}, (U_i)_{i \in N} \rangle$，即采用混合策略的博弈，这里的收益函数 U_i : $\sum \to \mathbb{R}$，将策略向量 $\boldsymbol{\sigma} = (\sigma_1, \sigma_2, \cdots, \sigma_n) \in \sum = \sum_1 \times \cdots \times \sum_n$ 和收益 $R_i(\boldsymbol{a})$ 关联起来：

$$U_i(\boldsymbol{\sigma}) = E_\sigma[R_i(\boldsymbol{a})] = \sum_{(a_1, a_2, \cdots, a_n) \in A} R_i(a_1, a_2, \cdots, a_n) \sigma_1(a_1) \sigma_2(a_2) \cdots \sigma_n(a_n) \quad (4.6)$$

不同参与者的混合策略在统计上是相互独立的，这样抽取一个特定的纯策略向量 $(a_1, a_2, \cdots, a_n)$ 的概率是 $\sigma_1(a_1) \sigma_2(a_2) \cdots \sigma_n(a_n)$，这里的收益是一个平均收益。混合策略向量 $\boldsymbol{\sigma}^*$ 是混合策略均衡，当且仅当对每一个参与者 $i \in N$ 和每一个纯策略 $a_i \in A_i$。

$$U_i(\boldsymbol{\sigma}^*) \geqslant U_i(a_i, \boldsymbol{\sigma}_{-i}^*) \quad (4.7)$$

综上可见，在达到混合策略均衡后，从参与者 i 的角度，采取其他策略(包括纯策略和其他混合策略)获得的收益都不会高于混合策略的均衡收益。

正则式博弈的混合扩展都有混合策略均衡(Maschler et al., 2013)。对于二人及以上非零和博弈，其纳什均衡解的求解是非常困难的。但对于二人零和博弈，其纳什均衡解可以在多项式时间内求解，下面给出小型博弈的线性规划求解法。设甲有两个备选动作(策略) α_1、α_2，乙有两个备选动作(策略) β_1、β_2，二人零和博弈的收益函数可用一个矩阵来表达，因此下面也称其为收益矩阵：

$$R_1 = \begin{bmatrix} 5 & 9 \\ 8 & 6 \end{bmatrix}, \quad R_2 = \begin{bmatrix} -5 & -9 \\ -8 & -6 \end{bmatrix} \quad (4.8)$$

上述博弈可形式化描述为 $G = \langle \{\text{甲}, \text{乙}\}, (\{\alpha_1, \alpha_2\} \{\beta_1, \beta_2\}), (R_1, R_2) \rangle$，将其进行混合扩展，设甲选择动作 α_1 的概率为 $\sigma_1(\alpha_1) = x_1'$，选择动作 α_2 的概率为 $\sigma_1(\alpha_2) = x_2'$，有

$x_1'+x_2'=1$；设乙选择动作 β_1 的概率为 $\sigma_2(\beta_1)=y_1'$，选择动作 β_2 的概率为 $\sigma_2(\beta_2)=y_2'$，有 $y_1'+y_2'=1$。策略博弈的混合扩展可形式化描述为 $\Gamma = \langle N = \{\text{甲}, \text{乙}\}, (\{\sigma_1(\alpha_1), \sigma_1(\alpha_2)\}, \{\sigma_2(\beta_1), \sigma_2(\beta_2)\}), (U_i)_{i \in N} \rangle$，这里

$$U_1 = 5x_1'y_1' + 8x_2'y_1' + 9x_1'y_2' + 6x_2'y_2' \tag{4.9}$$

$$U_2 = -5x_1'y_1' - 8x_2'y_1' - 9x_1'y_2' - 6x_2'y_2' \tag{4.10}$$

下面仅叙述得到线性规划的过程，依据的相关定理可参见相关文献（Maschler et al., 2013）。

第一步，在混合策略均衡下无论乙取何种策略，甲的平均收益都不应小于常数 v。

对于乙取策略 β_1，有

$$5x_1' + 8x_2' \geqslant v \tag{4.11}$$

对于乙取策略 β_2，有

$$9x_1' + 6x_2' \geqslant v \tag{4.12}$$

注意 $v > 0$，因为 R_1 各个元素为正。

第二步，进行变换 $x_1 = x_1'/v$ 和 $x_2 = x_2'/v$，得到

$$\begin{cases} x_2 + x_2 = 1/v \\ 5x_1 + 8x_2 \geqslant 1 \\ 9x_1 + 6x_2 \geqslant 1 \\ x_1, x_2 \geqslant 0 \end{cases} \tag{4.13}$$

式中，v 越大越好，由此得到线性规划模型为

$$\begin{aligned} \min \quad & x_1 + x_2 \\ \text{s.t.} \quad & \begin{cases} 5x_1 + 8x_2 \geqslant 1 \\ 9x_1 + 6x_2 \geqslant 1 \\ x_1, x_2 \geqslant 0 \end{cases} \end{aligned} \tag{4.14}$$

求解该线性规划模型的极值，得到 $x_1 = 0.048$、$x_2 = 0.095$、$v = 6.993$。甲的混合策略均衡解 $x_1' = x_1 \cdot v = 0.336$、$x_2' = x_2 \cdot v = 0.664$，即甲的最优决策是以 0.336 的概率选择策略 α_1，以 0.664 的概率选择策略 α_2，最优平均收益为 6.993。

同样可以求乙的混合策略均衡解，按照概率选择动作实施最优决策。对乙而

言，有

$$\begin{cases} y_1' + y_2' = 1 \\ y_1' \geqslant 0, \ y_2' \geqslant 0 \end{cases} \tag{4.15}$$

在零和博弈下，甲收益 v 意味着乙损失 v ，对乙而言， v 越小越好。

对于甲取策略 α_1 ，有

$$5y_1' + 9y_2' \leqslant v \tag{4.16}$$

对于甲取策略 α_2 ，有

$$8y_1' + 6y_2' \leqslant v \tag{4.17}$$

进行变换 $y_1 = y_1' / v$ 和 $y_2 = y_2' / v$ ，可建立如下线性规划模型：

$$\begin{aligned} & \max \quad y_1 + y_2 \\ & \text{s.t.} \\ & \begin{cases} 5y_1 + 9y_2 \leqslant 1 \\ 8y_1 + 6y_2 \leqslant 1 \\ y_1, y_2 \geqslant 0 \end{cases} \end{aligned} \tag{4.18}$$

求解该线性规划模型的极值，得到 $y_1 = 1/14$ 、 $y_2 = 1/14$ ，且有

$$\frac{1}{v} = y_1 + y_2 = \frac{1}{6.994} \tag{4.19}$$

乙的混合策略均衡解 $y_1' = y_1 \cdot v = 0.5$ 、 $y_2' = y_2 \cdot v = 0.5$ ，即乙的最优决策是以 0.5 的概率选择策略 β_1 ，以 0.5 的概率选择策略 β_2 ，平均损失为 6.994。

当收益函数（矩阵）有非正元素时， $v > 0$ 的条件不一定成立，则可以选择一个正数 k ，令收益矩阵的每个元素都加上 k ，得到新的正收益矩阵，其混合策略均衡解与之前相同。

前面求解博弈均衡解都是假设可以得到博弈的正则式描述。对序列决策而言，首先需要列出参与者 i 在收益前各个步骤上的序列动作，然后才能求解均衡解策略。这意味着需要考虑将来动作才能得到均衡解下的当前动作，动作空间 A_i 随序列步数呈指数级增长，收益矩阵的规模也呈指数级增长。在这种情况下，通过收益矩阵求解混合策略的均衡解或较优的纯策略解也将变得困难。在完全信息下，Google 公司 DeepMind 团队的 AlphaZero 成果，采用蒙特卡罗树搜索及深层神经网络状态评估技术，给出了迭代求解较优策略的有效方法，本书将在第 7 章进行叙述。

4.2　决策策略的强化学习算法

4.2.1　强化学习的基本概念

序列决策面临的环境既有随机不确定性，也有博弈不确定性，还可能面临不完全信息问题。由 4.1 节可知，很难通过求解序列动作的混合策略均衡解，或者通过求解较优纯策略解，来得到各个决策步骤的动作选择方法(即策略)。目前的主要思路是从一定的初始策略出发，通过迭代学习不断逼近混合策略均衡解或较优纯策略解。这方面的研究正在快速推进中，强化学习在其中扮演了重要的角色。强化学习，就是学习做什么(即如何把当前的情境映射成动作)才能使得数值化的目标(如收益/奖励)最大化。强化学习算法被认为最接近通用人工智能，主要借鉴了人类在交互中学习的基本思想：根据当前对环境的认识，进行单个动作/序列动作选择，观察环境的反馈，总结选择动作的知识(即策略)，使决策不断优化。

本节假定只有单一智能体，面临的虚拟环境为随机不确定环境。此外，虚拟环境的状态转移具有马尔可夫特性。用 $P(s'|s,a)$ 表示在状态 s 采取动作 a 达到状态 s' 的概率，从状态 s 转移到状态 s' 的概率取决于 s，而不取决于以前的状态。同时规定在每个状态 s，智能体均得到一个可正、可负或为零的奖励 $R(s)$。在上述环境下进行的决策称为马尔可夫决策过程(Markov decision process, MDP)。马尔可夫决策任务被描述为四元组 $\langle S,A,P,R \rangle$，其中 P: $S \times A \times S \mapsto \mathbb{R}$ 指定了环境给智能体反馈状态的概率，描述从某一状态 $s_t \in S$ 实施动作 $a \in A$ 后到下一状态 $s_{t+1} \in S$ 的概率；奖励函数 R: $S \times A \times S \mapsto \mathbb{R}$ 指定了环境给智能体反馈的奖励，在有的应用中，奖励函数可能仅与状态转移有关，即 R: $S \times S \mapsto \mathbb{R}$。智能体通过选择要执行的动作来影响环境，通过观察转移后的状态和返回的奖励来感知环境，如此循环下去，不断与环境交互。

在马尔可夫决策中，要做的是在环境中不断尝试，学得一个根据当前状态的动作选择的知识，即策略 π。策略有两种表示方法：一种是将策略表示为函数 π: $S \mapsto A$，确定性策略常用这种表示；另一种是将概率表示为函数 π: $S \times A \mapsto \mathbb{R}$，随机性策略常用这种表示，$\pi(s,a)$ 为状态 s 下选择动作 a 的概率，且有 $\sum_a \pi(s,a) = 1$。智能体策略的优劣取决于其追求的目标，最为常见的是目标执行这一策略后的长期累积奖励。

图 4.4 是一个强化学习的简化实例。在此情境下，小陈就是智能体，他的动作是一个集合，这个集合里有两个元素(运动和偷懒)，运动将获得表扬，偷懒将遭受批评。小本是小陈行为的监督者和见证人，在这个情境下，小陈的状态由小

本说了算，所以小本即是环境。小本对小陈的奖励也是一个集合，集合中也是两个元素（表扬和批评），而这两个元素对应着小本对小陈的评价——状态，胖了就批评，瘦了就表扬。这个例子中的决策比较简单，环境只有运动和偷懒两个状态，而小本对小陈的奖励则决定了小陈会做出什么决策。在强化学习系统内，根据最终目的来制定奖励的机制，例如，在前面的系统中，希望最终的结果是小陈能够减肥，那么就会给小本的奖励赋值，表扬是+1，批评是–1，而系统的整体目标则是获得更高的分数。这样一来，小陈就会在每一次的奖励中明白运动是更好的选择（决策），也就慢慢瘦了。

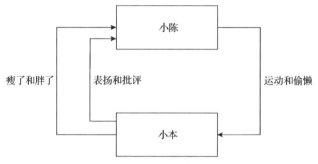

图 4.4　强化学习的简化实例

强化学习中一般用函数 $V^\pi(s)$ 表示从状态 s 出发，使用策略 π 所带来的累积奖励，也称为状态价值函数，简称价值函数。用函数 $Q^\pi(s,a)$ 表示从状态 s 出发，执行动作 a 后再使用策略 π 带来的累积奖励，也称为状态动作价值函数。

下面首先定义两种状态价值函数：

$$\begin{cases} V_T^\pi(s) = E_\pi\left(\dfrac{1}{T}\sum_{t=1}^{T} r_t \mid s_0 = s\right), & T \text{步累积奖励} \\[4mm] V_\gamma^\pi(s) = E_\pi\left(\sum_{t=0}^{+\infty} \gamma^t r_{t+1} \mid s_0 = s\right), & \gamma \text{折扣累积奖励} \end{cases} \tag{4.20}$$

定义状态动作价值函数为

$$\begin{cases} Q_T^\pi(s,a) = E_\pi\left(\dfrac{1}{T}\sum_{t=1}^{T} r_t \mid s_0 = s, a_0 = a\right) \\[4mm] Q_\gamma^\pi(s,a) = E_\pi\left(\sum_{t=0}^{+\infty} \gamma^t r_{t+1} \mid s_0 = s, a_0 = a\right) \end{cases} \tag{4.21}$$

式中，$s_0 = s$ 表示以 s 为初始状态；a_0 表示初始状态上采取的第一个动作；用下标 t 表示后续执行的步数；括号内对应单次实施策略 π 的情况；E_π 表示求多次实施策略后的平均值，即期望值。

总结起来，强化学习是通过动作策略与环境交互来产生交互数据，在特定目标(如上述累积奖励)下利用交互数据及时修改自身的动作策略。也就是说，在强化学习中，没有人直接告诉机器在什么状态下应该做什么，只有等到最终结果揭晓，才能通过"反思"与目标的差距来进行学习，从而调整动作策略。经过数次学习迭代，智能体理论上会学习到达到任务目标所需要的动作策略。这是强化学习与机器学习中应用最广的监督学习的主要区别。在监督学习中，每个输入都有一个正确的标记信息，称为标签。监督学习主要是根据已有的标签，对系统的结构和参数进行调整。

需要注意的是，本节是在仅考虑单智能体环境下，用上述长期累积奖励作为强化学习的目标，可以进行相对较好的迭代学习；在多智能体环境下，强化学习的目标更为复杂，例如，要更多地考虑博弈的思想，这将在第 7 章和第 8 章涉及。

4.2.2　有模型的强化学习

下面介绍策略如何强化学习。本小节从最简单的情况着手，四元组 $\langle S, A, P, R\rangle$ 均为已知，这样的情形称为模型已知，即已对环境进行了建模，能在机器内部模拟出与环境相同或相近的状况。在已知模型的环境中学习称为有模型学习。此时，对于任意状态 s、s' 和动作 a，在状态 s 下执行动作 a 转移到状态 s' 的概率 $P_{s \to s'}^{a}$ 是已知的，该转移所带来的奖励 $R_{s \to s'}^{a}$ 也是已知的。为便于讨论，假设状态空间 S 和动作空间 A 均有限。首先介绍某个特定的策略下状态价值函数和状态动作价值函数如何求解，这样就可以进行策略评估，然后进行策略改进。

1. 策略评估

MDP 具有马尔可夫特性，即系统下一时刻的状态仅由当前时刻的状态和动作决定，不依赖以往任何状态，于是状态价值函数有很简单的递归形式。对于 T 步累积奖励，有

$$
\begin{aligned}
V_T^{\pi}(s) &= E_{\pi}\left(\frac{1}{T}\sum_{t=1}^{T} r_t \mid s_0 = s\right) \\
&= E_{\pi}\left(\frac{1}{T} r_1 + \frac{T-1}{T}\frac{1}{T-1}\sum_{t=2}^{T} r_t \mid s_0 = s\right) \\
&= \sum_{a \in A} \pi(s, a) \sum_{s' \in S} P_{s \to s'}^{a}\left[\frac{1}{T} R_{s \to s'}^{a} + \frac{T-1}{T} E_{\pi}\left(\frac{1}{T-1}\sum_{t=1}^{T-1} r_t \mid s_0 = s'\right)\right] \\
&= \sum_{a \in A} \pi(s, a) \sum_{s' \in S} P_{s \to s'}^{a}\left(\frac{1}{T} R_{s \to s'}^{a} + \frac{T-1}{T} V_{T-1}^{\pi}(s')\right)
\end{aligned}
\tag{4.22}
$$

类似地, 对于 γ 折扣累积奖励, 有

$$V_\gamma^\pi(s) = \sum_{a \in A} \pi(s,a) \sum_{s' \in S} P_{s \to s'}^a (R_{s \to s'}^a + \gamma V_\gamma^\pi(s')) \tag{4.23}$$

需要注意的是, 正是在模型已知、P 和 R 已知情况下, 才可以进行全概率展开。上述递归等式称为贝尔曼 (Bellman) 方程。

用上面的递归等式来计算状态价值函数, 实际上就是一种动态规划算法。对于 V_T^π, 可设想递归一直进行下去, 直到最初的起点; 换言之, 从价值函数的初始值 V_0^π 出发, 通过一次迭代能计算出每个状态的单步奖励 V_1^π, 进而从单步奖励出发, 通过一次迭代计算出两步累积奖励 V_2^π, 以此类推。算法 4.3 遵循上述流程, 对于 T 步累积奖励, 迭代 T 轮就能精确地求出状态价值函数。

算法 4.3　基于 T 步累积奖励的策略评估算法

输入: MDP 四元组 $\langle S, A, P, R \rangle$

　　　被评估的策略 π
　　　执行步数 T

输出: 状态价值函数 V

过程:

1　$\forall s \in S : V(s) = 0$

2　for $t = 1, 2, \cdots$ do

3　　　$\forall s \in S : V'(s) = \displaystyle\sum_{a \in A} \pi(s,a) \sum_{s' \in S} P_{s \to s'}^a \left(\frac{1}{t} R_{s \to s'}^a + \frac{t-1}{t} V(s') \right)$

4　　　if $t = T + 1$ then

5　　　　　break

6　　　else

7　　　　　$V = V'$

8　　　end if

9　end for

对于 V_γ^π, γ^t 在 t 很大时趋于 0, 因此也能使用类似的算法, 只需将算法 4.3 的第 3 行根据式 (4.23) 进行替换。此外, 算法可能会迭代很多次, 因此需设置一个停止准则。常见的是设置一个阈值 θ, 若在执行一次迭代后价值函数的改变小于 θ, 则算法停止; 相应地, 算法 4.3 第 4 行中的 $t = T + 1$ 需替换为

$$\max_{s \in S} |V(s) - V'(s)| < \theta \tag{4.24}$$

有了状态价值函数 V, 就能直接计算出状态动作价值函数:

$$\begin{cases} Q_T^\pi(s,a) = \sum_{s' \in S} P_{s \to s'}^a \left(\frac{1}{T} R_{s \to s'}^a + \frac{T-1}{T} V_{T-1}^\pi(s') \right) \\ Q_\gamma^\pi(s,a) = \sum_{s' \in S} P_{s \to s'}^a \left(R_{s \to s'}^a + \gamma V_\gamma^\pi(s') \right) \end{cases} \tag{4.25}$$

2. 策略改进

对某个策略的累积奖励进行评估后，若发现它并非最优策略，则希望对其进行改进。理想的策略应该能最大化奖励：

$$\pi^* = \underset{\pi}{\mathrm{argmax}} \sum_{s \in S} V^\pi(s) \tag{4.26}$$

一个强化学习任务可能有多个最优策略，最优策略所对应的价值函数 V^* 称为最优价值函数，即

$$\forall s \in S : V^*(s) = V^{\pi^*}(s) \tag{4.27}$$

注意，当策略空间无约束时，式 (4.27) 的 V^* 才是最优策略对应的价值函数，例如，对离散状态空间和离散动作空间，策略空间是所有状态上所有动作的组合，共有 $|A|^{|S|}$ 种不同的策略。若策略空间有约束，则违背约束的策略是"不合法"的，即便其价值函数所取得的累积奖励值最大，也不能作为最优价值函数。

最优价值函数的累积奖励值已达最大，因此可对前面的贝尔曼方程式 (4.22) 和式 (4.23) 进行改动，即将对动作的求和改为取最优：

$$\begin{cases} V_T^*(s) = \max_{a \in A} \sum_{s' \in S} P_{s \to s'}^a \left(\frac{1}{T} R_{s \to s'}^a + \frac{T-1}{T} V_{T-1}^*(s') \right) \\ V_\gamma^*(s) = \max_{a \in A} \sum_{s' \in S} P_{s \to s'}^a \left(R_{s \to s'}^a + \gamma V_\gamma^*(s') \right) \end{cases} \tag{4.28}$$

换言之，有

$$V^*(s) = \max_{a \in A} Q^{\pi^*}(s,a) \tag{4.29}$$

将其代入式 (4.25) 可得最优状态动作价值函数：

$$\begin{cases} Q_T^*(s,a) = \sum_{s' \in S} P_{s \to s'}^a \left(\frac{1}{T} R_{s \to s'}^a + \frac{T-1}{T} \max_{a' \in A} Q_{T-1}^*(s',a') \right) \\ Q_\gamma^*(s,a) = \sum_{s' \in S} P_{s \to s'}^a \left(R_{s \to s'}^a + \gamma \max_{a' \in A} Q_\gamma^*(s',a') \right) \end{cases} \tag{4.30}$$

上述关于最优价值函数的等式，称为最优贝尔曼方程，其唯一解是最优价值函数。

最优贝尔曼方程揭示了非最优策略的改进方式：将策略选择的动作改变为当前最优的动作。显然，这样的改变能使策略更优。不妨令动作改变后对应的策略为 π' ，改变动作的条件为 $Q^{\pi}(s,\pi'(s)) \geqslant V^{\pi}(s)$ ，以 γ 折扣累积奖励为例，由式(4.25)可计算出递归不等式为

$$
\begin{aligned}
V^{\pi}(s) &\leqslant Q^{\pi}(s,\pi'(s)) \\
&= \sum_{s'\in S} P_{s\to s'}^{\pi'(s)}\left(R_{s\to s'}^{\pi'(s)} + \gamma V_{T-1}^{\pi}(s')\right) \\
&\leqslant \sum_{s'\in S} P_{s\to s'}^{\pi'(s)}\left(R_{s\to s'}^{\pi'(s)} + \gamma Q^{\pi}(s',\pi'(s'))\right) \\
&= \cdots \\
&= V^{\pi'}(s)
\end{aligned}
\tag{4.31}
$$

价值函数对策略的每一点改进都是单调递增的，因此对于当前策略 π ，可将其改进为

$$
\pi'(s) = \arg\max_{a\in A} Q^{\pi}(s,a)
\tag{4.32}
$$

直到 π' 与 π 一致，不再发生变化，此时就满足了最优贝尔曼方程，即找到了最优策略。

3. 策略迭代与价值迭代

由前面知道了如何评估一个策略的价值函数，以及在策略评估后如何改进直至获得最优策略。将这两者结合起来，可得到求解最优解的方法，即从一个初始策略(通常是随机策略)出发，先进行策略评估，然后改进策略，评估改进的策略，再进一步改进策略，……不断迭代进行策略评估和改进，直到策略收敛，不再改变，这样的做法称为策略迭代。

算法 4.4 给出的描述就是在基于 T 步累积奖励策略评估的基础上，加入策略改进而形成的策略迭代算法。类似地，可得到基于 γ 折扣累积奖励的策略迭代算法。策略迭代算法在每次改进策略后都需要重新进行策略评估，这通常比较耗时。

算法 4.4 基于 T 步累积奖励的策略迭代算法

输入：MDP四元组 $\langle S,A,P,R\rangle$

　　　执行步数 T

输出：最优策略 π

过程：

1 $\forall s \in \mathcal{S} : V(s) = 0, \pi(s,a) = \dfrac{1}{|A(s)|}$ // $|A(s)|$ 是 s 状态下所有可选动作数

2 loop

3   for $t = 1, 2, \cdots$ do

4      $\forall s \in \mathcal{S} : V'(s) = \sum\limits_{a \in A} \pi(s,a) \sum\limits_{s' \in \mathcal{S}} P_{s \to s'}^{a} \left(\dfrac{1}{t} R_{s \to s'}^{a} + \dfrac{t-1}{t} V(s') \right)$

5   if $t = T + 1$ then

6   break

7   else

8          $V = V'$

9   end if

10 end for

11 $\forall s \in \mathcal{S} : \pi'(s) = \arg\max\limits_{a \in A} Q(s,a) = \arg\max\limits_{a \in A} \sum\limits_{s' \in \mathcal{S}} P_{s \to s'}^{a} \left(\dfrac{1}{T} R_{s \to s'}^{a} + \dfrac{T-1}{T} V_{T-1}^{\pi}(s') \right)$

12 if $\forall s \in \mathcal{S} : \pi'(s) = \pi(s)$ then

13   break

14 else

15      $\pi = \pi'$

16 end if

17 end loop

由式(4.28)可知，策略改进与价值函数的改进是一致的，因此可将策略改进视为价值函数的改进，即由式(4.25)可得

$$\begin{cases} V_T(s) = \max\limits_{a \in A} \sum\limits_{s' \in \mathcal{S}} P_{s \to s'}^{a} \left(\dfrac{1}{T} R_{s \to s'}^{a} + \dfrac{T-1}{T} V_{T-1}(s') \right) \\ V_\gamma(s) = \max\limits_{a \in A} \sum\limits_{s' \in \mathcal{S}} P_{s \to s'}^{a} \left(R_{s \to s'}^{a} + \gamma V_\gamma(s') \right) \end{cases} \qquad (4.33)$$

可得到价值迭代(value iteration)算法如算法 4.5 所示。

算法 4.5 基于 T 步累积奖励的价值迭代算法

输入：MDP 四元组 $\langle \mathcal{S}, A, P, R \rangle$

　　　执行步数 T

　　　收敛阈值 θ

输出：策略 π

过程：

1 $\forall s \in \mathcal{S} : V(s) = 0, \pi(s,a) = \dfrac{1}{|A(s)|}$ // $|A(s)|$ 是 s 状态下所有可选动作数

```
2 for t = 1,2,··· do
```

$$3 \qquad \forall s \in S : V'(s) = \max_{a \in A} \sum_{s' \in S} P^a_{s \to s'} \left(\frac{1}{t} R^a_{s \to s'} + \frac{t-1}{t} V(s') \right)$$

```
4      if max_{s∈S} |V(s) − V'(s)| < θ then
5          break
6      else
7          V = V'
8      end if
9 end for
```

$$10 \ \forall s \in S : \pi(s) = \arg\max_{a \in A} Q(s,a) = \arg\max_{a \in A} \sum_{s' \in S} P^a_{s \to s'} \left(\frac{1}{T} R^a_{s \to s'} + \frac{T-1}{T} V^\pi_{T-1}(s') \right)$$

若采用 γ 折扣累积奖励, 只需将算法 4.5 中的第 3 行替换为

$$\forall s \in S : V'(s) = \max_{a \in A} \sum_{s' \in S} P^a_{s \to s'} (R^a_{s \to s'} + \gamma V(s')) \tag{4.34}$$

从上面的算法可以看出, 在模型已知时, 强化学习任务能归结为基于动态规划的寻优问题, 与监督学习不同, 这里并未涉及泛化能力, 而是为每一个状态找到最好的动作。

4.2.3　无模型的强化学习

在现实的学习任务中, 环境的转移概率、奖励函数往往很难得知, 甚至很难知道环境中共有多少状态。若学习算法不依赖环境建模, 则称为无模型学习, 其比有模型学习困难得多。

1. 探索与利用的矛盾

在无模型的强化学习过程中, 需要通过不断与环境进行交互来评价和优化策略, 交互动作可以分成两种情况。

(1) 探索。若只想获得每个动作的期望奖励是多少, 则采用仅探索策略, 即将所有的尝试机会都均匀地分到每个可以执行的动作中, 从而根据最后每个动作多次尝试得到的奖励来计算每个动作的期望奖励。探索可以很好地估计每个动作的奖励期望, 但是失去了很多选择最优动作的机会。

(2) 利用。若只想通过执行动作得到最大的奖励, 则采用仅利用策略, 即根据目前已知经验中得到平均奖励最大的动作(若有多个这样的动作就随机选取一个), 将所有的机会都用在这个动作上, 从而得到奖励。利用没有很好地估计各个动作所带来的奖励, 执着于重复已知的奖励最大的动作, 从而可能经常选不到最

优的动作。

探索和利用两者是矛盾的，因为尝试次数有限，加强了一方则自然会削弱另一方，这就是强化学习所面临的探索-利用窘境，所以必须在探索与利用之间达到较好的折中。

ε 贪心算法和 Softmax 算法是两种常见的、对探索和利用进行折中的算法。

1) ε 贪心算法

ε 贪心算法基于一个概率 ε 来对探索和利用进行折中，在每次尝试时，以 ε 的概率进行探索，以 $1-\varepsilon$ 的概率进行利用。

令 $Q(k)$ 表示第 k 个动作得到的平均奖励，这里假设第 k 个动作得到的奖励与当前状态 s 无关，因此省略 $Q(s,k)$ 中的 s。若第 k 个动作持续了 n 次，得到的奖励为 $v_1, v_2, v_3, \cdots, v_n$，则第 k 个动作的平均奖励为

$$Q(k) = \frac{1}{n}\sum_{i=1}^{n} v_i \qquad (4.35)$$

式 (4.35) 需要记录 n 个奖励值，更高效的做法是对平均奖励进行增量式计算，即每次通过单次奖励与前边所有次的平均奖励来计算本次动作后的平均奖励。

$$\begin{aligned}Q_n(k) &= \frac{1}{n}((n-1)\times Q_{n-1}(k) + v_n) \\ &= Q_{n-1}(k) + \frac{1}{n}(v_n - Q_{n-1}(k))\end{aligned} \qquad (4.36)$$

在增量式计算下，每次动作仅需记录两个值：已尝试次数 $n-1$ 和最近平均奖励 Q_{n-1}。

ε 贪心算法描述如算法 4.6 所示。

算法 4.6　ε 贪心算法框架

输入：动作数 K
　　　奖励函数 R
　　　执行步数 T
　　　探索概率 ε
输出：累积奖励 r
过程：

1　$r=0$
2　$\forall i=1,2,\cdots,K: Q(i)=0, \text{count}(i)=0$　// $Q(i)$ 和 $\text{count}(i)$ 分别记各动作的平均奖励和选
　　　　　　　　　　　　　　　　　　　　　//中次数
3　for $t=1,2,\cdots,T$ do
4　　　if $\text{rand}() < \varepsilon$ then　　　　　//在 $[0,1]$ 中生成随机数

5   k 从 $1,2,\cdots,K$ 中以均匀分布随机选取

6   else

7        $k = \arg\max\limits_{i} Q(i)$

8   end if

9    $v = R(k)$ //本次尝试的奖励值

10    $r = r + v$

11    $Q(k) = \dfrac{Q(k) \times \text{count}(k) + v}{\text{count}(k) + 1}$ //更新平均奖励

12    $\text{count}(k) = \text{count}(k) + 1$

13 end for

    若每个动作奖励的不确定性较大，如概率分布较分散，则需要更多的探索，此时需要较大的 ε 值；若每个动作奖励的不确定性较小，如概率分布较集中，则少量的尝试就能很好地近似真实奖励，此时需要的 ε 值较小，通常令 ε 取一个较小的常数，如 0.1 或 0.01。若尝试次数非常多，则在一段时间后，都能很好地近似奖励，不再需要探索，这种情形下可使 ε 随着尝试次数的增加而逐渐减小，如 $\varepsilon = 1/\sqrt{t}$。

    2）Softmax 算法

    Softmax 算法基于当前已知动作的平均奖励来对探索和利用进行折中。若各动作的平均奖励相当，则选取各动作的概率也相当；若某些动作的平均奖励明显高于其他动作，则它们被选取的概率也明显更高。

    Softmax 算法中动作概率的分配是基于 Boltzmann 分布的：

$$P(k) = \frac{\mathrm{e}^{\frac{Q(k)}{\tau}}}{\sum\limits_{i=1}^{K} \mathrm{e}^{\frac{Q(i)}{\tau}}} \tag{4.37}$$

式中，$Q(i)$ 记录当前动作完成后的平均奖励；$\tau > 0$，称为温度，τ 越小，平均奖励高的动作被选取的概率越高，当 τ 趋于 0 时，Softmax 算法趋于仅利用策略，当 τ 趋于无穷大时，Softmax 算法趋于仅探索策略，算法描述如算法 4.7 所示。

算法 4.7 Softmax 算法框架

输入：动作数 K

      奖励函数 R

      执行步数 T

      温度参数 τ

输出：累积奖励 r

过程：

```
1  r = 0
2  ∀i = 1,2,···,K : Q(i) = 0, count(i) = 0  //Q(i) 和 count(i) 分别记为各动作的平均奖励和
                                             //选中次数
3  for t = 1,2,···,T do
4      k 从 1,2,···,K 中根据概率
```

$$P(k) = e^{\frac{Q(k)}{\tau}} / \sum_{i=1}^{K} e^{\frac{Q(i)}{\tau}}$$ 随机选取

```
5      v = R(k)                          //本次尝试的奖励值
6      r = r + v
```

7      $Q(k) = \dfrac{Q(k)\,\text{count}(k) + v}{\text{count}(k) + 1}$　　　　//更新平均奖励

```
8      count(k) = count(k) + 1
9  end for
```

2. 蒙特卡罗强化学习

在无模型情形下，模型未知，导致无法做全概率展开，进而导致策略无法评估。此时，只能通过在环境中执行选择的动作来观察转移的状态和得到的奖励。一种直接的策略评估替代方法是多次采样，然后求取平均累积奖励来作为期望累积奖励的近似，称为蒙特卡罗强化学习。采样必须为有限次数，因此该方法更适合使用 T 步累积奖励的强化学习任务。

另外，策略迭代算法估计的是状态价值函数 V，而最终的策略是通过状态动作价值函数 Q 来获得的。当模型已知时，从 V 到 Q 有很简单的转换方法，如式(4.25)所示，当模型未知时，从 V 到 Q 的转换会出现困难。于是，将估计对象从 V 转换为 Q，即估计状态动作价值函数。此外，在模型未知的情形下，机器只能从一个初始状态(或初始状态集合)开始探索环境，而策略迭代算法需对每个状态分别进行估计，在这种情形下无法实现对每个状态下的状态价值函数的估计。因此，只能在探索的过程中逐渐发现各个状态并估计状态动作价值函数。

综上，在模型未知的情形下，从初始状态出发，使用某种策略进行采样，执行该策略 T 步并获得轨迹 $\langle s_0, a_0, r_1, s_1, a_1, r_2, \cdots, s_{T-1}, a_{T-1}, r_T, s_T \rangle$。然后，对轨迹中出现的每一对状态-动作，记录其后的奖励之和，作为该状态-动作对的一次累积奖励采样值。多次采样得到多条轨迹后，将每个状态-动作对的累积奖励采样值进行平均，即得到状态动作价值函数的估计。

可以看出，要想较好地获得状态价值函数的估计，需要多条不同的采样轨迹。然而，所采取的策略有可能是确定性的，即对于某个状态只输出一个动作，若使用这样的策略进行采样，则只能得到多条相同的轨迹。这与仅利用策略面临相同

的问题，因此可借鉴探索与利用折中的办法，以 ε 的概率从所有动作中均匀地随机选取一个，以 $1-\varepsilon$ 的概率选取当前最优动作：

$$\pi^{\varepsilon}(s)=\begin{cases} \pi(s), & \text{以概率} 1-\varepsilon \\ A \text{中以均匀概率选取的动作}, & \text{以概率} \varepsilon \end{cases} \quad (4.38)$$

将其称为 ε 贪心算法，而将最大化状态动作价值函数的原始策略 $\pi = \arg\max\limits_{a} Q$ (s,a) 称为原始策略，对于 ε 贪心算法 π^{ε}，当前最优动作被选中的概率是 $1-\varepsilon+\dfrac{\varepsilon}{|A|}$，而每个非最优动作被选中的概率是 $\dfrac{\varepsilon}{|A|}$，每个动作都有可能被选取，多次采样将会产生不同的采样轨迹。

与策略迭代算法类似，利用蒙特卡罗强化学习算法进行策略评估后，同样要对策略进行改进。前面在讨论策略改进时利用了式 (4.31) 揭示的单调性，通过当前最优动作来改进策略。对于任意原始策略 π，其 ε 贪心算法 π^{ε} 仅是将 ε 的概率均匀分配给所有动作，因此对于最大化状态动作价值函数的原始策略 π'，同样有 $Q^{\pi}(s,\pi'(s)) \geqslant V^{\pi}(s)$，式 (4.31) 仍成立，即可以使用同样的方法来进行策略改进。

上述过程的算法描述如算法 4.8 所示，这里被评估与被改进的是同一个策略，因此称为同策略 (on-policy) 蒙特卡罗强化学习算法。算法中奖励均值采用增量式计算，每采样出一条轨迹，就根据该轨迹涉及的所有状态-动作对来对状态动作价值函数进行更新。

算法 4.8　同策略蒙特卡罗强化学习算法

输入：环境 E
　　　动作空间 A
　　　初始状态 s_0
　　　执行步数 T

输出：策略 π

过程：

1　$Q(s,a)=0$, count $(s,a)=0$, $\pi(s,a)=\dfrac{1}{|A(s)|}$　　//默认以均匀概率选取动作

2　for $m=1,2,\cdots$ do　　　　　　　//采样第 m 条轨迹

3　　在 E 中执行策略 π 产生轨迹 $\langle s_0,a_0,r_1,s_1,a_1,r_2,\cdots,s_{T-1},a_{T-1},r_T,s_T \rangle$

4　　for $t=0,1,\cdots,T-1$ do　　　　//每一个状态-动作对

5　　　　$R=\dfrac{1}{T-t}\sum\limits_{i=t+1}^{T} r_i$　　　　//计算轨迹中的累积奖励

6　　　　$Q(s_t,a_t)=\dfrac{Q(s_t,a_t)\,\text{count}\,(s_t,a_t)+R}{\text{count}\,(s_t,a_t)+1}$　　//更新平均奖励

7           $\text{count}(s_t, a_t) = \text{count}(s_t, a_t) + 1$

8   end for

9   对所有已知状态 s: $\pi(s) = \begin{cases} \underset{a'}{\arg\max} Q(s, a'), & \text{以概率} 1 - \varepsilon \\ \text{以均匀概率从} A \text{中选取动作}, & \text{以概率} \varepsilon \end{cases}$

10 end for

同策略蒙特卡罗强化学习算法最终产生的是 ε 贪心算法。然而，引入 ε 贪心算法是为了便于策略评估，而不是为了最终使用；实际上希望改进的是原始（非贪心）策略。那么，能否仅在策略评估时引入 ε 贪心算法，而在策略改进时改进原始策略呢？这是可行的，用两个不同的策略 π 和 π' 来产生采样轨迹，两者的区别在于每个状态-动作对被采样的概率不同。一般地，函数 f 在概率分布期望 p 下可表达为

$$E[f] = \int_s p(s) f(s) \mathrm{d}s \tag{4.39}$$

可通过从概率分布 p 上的采样 $\{s_1, s_2, \cdots, s_m\}$ 来估计 f 的期望，即

$$\hat{E}[f] = \frac{1}{m} \sum_{i=1}^{m} f(s_i) \tag{4.40}$$

若引入另一个分布 q，则函数 f 在概率分布 p 下的期望也可等价地写为

$$E[f] = \int_s q(s) \frac{p(s)}{q(s)} f(s) \mathrm{d}s \tag{4.41}$$

可看作 $\frac{p(s)}{q(s)} f(s)$ 在分布 q 下的期望，因此在 q 上的采样 $\{s_1', s_2', \cdots, s_m'\}$ 可估计为

$$\hat{E}[f] = \frac{1}{m} \sum_{i=1}^{m} \frac{p(s_i')}{q(s_i')} f(s_i') \tag{4.42}$$

这样基于一个分布的采样来估计另一个分布下的期望，称为重要性采样。

回到前述问题上，使用策略 π 的采样轨迹来评估策略 π，实际上就是对累积奖励估计期望：

$$Q(s, a) = \frac{1}{m} \sum_{i=1}^{m} R_i \tag{4.43}$$

式中，R_i 表示第 i 条轨迹上自状态 s 至结束的累积奖励。若改用策略 π' 的采样轨迹来评估策略 π，则仅需对累积奖励进行加权，即

$$Q(s,a) = \frac{1}{m} \sum_{i=1}^{m} \frac{P_i^{\pi}}{P_i^{\pi'}} R_i \tag{4.44}$$

式中，P_i^{π} 和 $P_i^{\pi'}$ 分别表示两个策略产生第 i 条轨迹的概率。对于给定的一条轨迹 $\langle s_0, a_0, r_1, \cdots, s_{T-1}, a_{T-1}, r_T, s_T \rangle$，策略 π 产生该轨迹的概率为

$$P^{\pi} = \prod_{i=0}^{T-1} \pi(s_i, a_i) P_{s_i \to s_{i+1}}^{a_i} \tag{4.45}$$

虽然这里用到了环境的转移概率 $P_{s_i \to s_{i+1}}^{a_i}$，但是式 (4.42) 中实际只需两个策略概率的比值：

$$\frac{P^{\pi}}{P^{\pi'}} = \prod_{i=0}^{T-1} \frac{\pi(s_i, a_i)}{\pi'(s_i, a_i)} \tag{4.46}$$

若 π 为确定性策略而 π' 是 π 的 ε 贪心算法，则 $a_i = \pi(s_i)$ 始终为 1，$\pi'(s_i, a_i)$ 为 $\frac{\varepsilon}{|A|}$ 或 $1 - \varepsilon + \frac{\varepsilon}{|A|}$，于是就能对策略 π 进行评估。异策略 (off-policy) 蒙特卡罗强化学习算法的描述如算法 4.9 所示。

算法 4.9 异策略蒙特卡罗强化学习算法

输入：环境 E
　　　动作空间 A
　　　初始状态 s_0
　　　执行步数 T

输出：策略 π

过程：

1　$Q(s,a) = 0$, $\text{count}(s,a) = 0$, $\pi(s,a) = \frac{1}{|A(s)|}$　//默认以均匀概率选取动作

2　for $m = 1, 2, \cdots$ do　　　　//采样第 m 条轨迹

3　　在 E 中执行 π 的 ε 贪心算法，产生轨迹 $\langle s_0, a_0, r_1, s_1, a_1, r_2, \cdots, s_{T-1}, a_{T-1}, r_T, s_T \rangle$

4　　$p_i = \begin{cases} 1 - \varepsilon + \varepsilon/|A|, & a_i = \pi(s_i) \\ \varepsilon/|A|, & a_i \neq \pi(s_i) \end{cases}$

5　　for $t = 0, 1, \cdots, T-1$ do

6　　　$R = \frac{1}{T-t} \left(\sum_{i=t+1}^{T} r_i \right) \prod_{i=t+1}^{T-1} \frac{I(a_i = \pi(s_i))}{p_i}$　　//计算修正的累积奖励，连乘内下标大

　　　　　　　　　　　　　　　　　　　　　　　　//于上标的项取值为 1

7　　　$Q(s_t, a_t) = \frac{Q(s_t, a_t) \, \text{count}(s_t, a_t) + R}{\text{count}(s_t, a_t) + 1}$　　//更新平均奖励

```
8              count (s_t, a_t) = count (s_t, a_t) + 1
9        end for
10       π(s) = argmax Q(s, a')              //根据状态动作价值函数得到策略
                  a'
11 end for
```

3. 时序差分学习

蒙特卡罗强化学习算法通过考虑采样轨迹，克服了模型未知给策略估计造成的困难。此类算法需在完成一个采样轨迹后再更新策略的估计值，而前面介绍的基于动态规划的策略迭代算法和价值迭代算法在每执行一步策略后就进行状态动作价值函数的更新。两者相比，蒙特卡罗强化学习算法的效率低得多，主要问题是蒙特卡罗强化学习算法没有充分利用 MDP 结构。时序差分(temporal difference, TD)学习则结合了动态规划与蒙特卡罗强化学习算法的思想，能做到更高效地无模型学习。

蒙特卡罗强化学习算法的本质是通过多次尝试求平均来作为期望累积奖励的近似，但它在求平均时是批处理理式进行的，即在一个完整的采样轨迹完成后，再对所有的状态-动作对进行更新。实际上这个更新过程可以增量式进行。对于状态-动作对 (s, a)，不妨假定基于 t 个采样已估计出状态动作价值函数 $Q_t^\pi(s, a) = \frac{1}{t} \sum_{i=1}^{t} r_i$，则在得到第 $t+1$ 个采样 r_{t+1} 时，类似式(4.36)，有

$$Q_{t+1}^\pi(s, a) = Q_t^\pi(s, a) + \frac{1}{t+1}(r_{t+1} - Q_t^\pi(s, a)) \tag{4.47}$$

显然，只需给 $Q_t^\pi(s, a)$ 加上增量 $\frac{1}{t+1}(r_{t+1} - Q_t^\pi(s, a))$ 即可。更一般地，将 $\frac{1}{t+1}$ 替换为系数 α_{t+1}，则可将增量项写作 $\alpha_{t+1}(r_{t+1} - Q_t^\pi(s, a))$。在实践中通常令 α_t 为一个较小的正数值 α，若将 $Q_t^\pi(s, a)$ 展开为每步累积奖励之和，则可看出系数之和为 1，即令 $\alpha_t = \alpha$ 不会影响 Q_t 是累积奖励之和这一性质。更新步长 α 越大，越靠后的累积奖励越重要。

以 γ 折扣累积奖励为例，利用动态规划且考虑到模型未知时使用状态动作价值函数更方便，由式(4.25)可知

$$\begin{aligned} Q^\pi(s, a) &= \sum_{s' \in S} P_{s \to s'}^a (R_{s \to s'}^a + \gamma V^\pi(s')) \\ &= \sum_{s' \in S} P_{s \to s'}^a \left(R_{s \to s'}^a + \gamma \sum_{a' \in A} \pi(s', a') Q^\pi(s', a') \right) \end{aligned} \tag{4.48}$$

通过增量求和可得

$$Q_{t+1}^{\pi}(s,a) = Q_t^{\pi}(s,a) + \alpha(R_{s \to s'}^a + \gamma Q_t^{\pi}(s',a') - Q_t^{\pi}(s,a)) \tag{4.49}$$

式中，s' 为前一次在状态 s 执行动作 a 后转移到的状态；a' 为策略 π 在 s' 上选择的动作。

使用式 (4.49)，每执行一步策略就更新一次状态动作价值函数估计值，于是得到如算法 4.10 所示的 Sarsa 算法，该算法每次更新状态动作价值函数需知道前一步的状态(state)、前一步的动作(action)、奖励值(reward)、当前状态(state)、将要执行的动作(action)，取各英文单词的首字母得名为 Sarsa 算法。显然，Sarsa 算法是一个同策略算法，算法中评估(第 6 行)、执行(第 5 行)的均为 ε 贪心算法。

算法 4.10　Sarsa 算法

输入：环境 E
　　　动作空间 A
　　　初始状态 s_0
　　　奖励折扣 γ
　　　更新步长 α
输出：策略 π
过程：

1　$Q(s,a) = 0, \pi(s,a) = \dfrac{1}{|A(s)|}$

2　$s = s_0, a = \pi(s)$

3　for $t = 1, 2, \cdots$ do

4　　　r, s' 为在 E 中执行动作 a 产生的奖励与转移的状态

5　　　$a' = \pi^{\varepsilon}(s')$

6　　　$Q(s,a) = Q(s,a) + \alpha(r + \gamma Q(s',a') - Q(s,a))$

7　　　$\pi(s) = \underset{a''}{\arg\max}\, Q(s,a'')$

8　　　$s = s', a = a'$

9　end for

将 Sarsa 算法修改为异策略算法，则得到 Q 学习算法，如算法 4.11 所示，它评估(第 6 行)的是原始策略，而执行(第 4 行)的是 ε 贪心算法。

算法 4.11　Q 学习算法

输入：环境 E
　　　动作空间 A
　　　初始状态 s_0
　　　奖励折扣 γ

　　　　　更新步长 α

输出：策略 π

过程：

1　$Q(s,a)=0,\pi(s,a)=\dfrac{1}{|A(s)|}$　//默认均匀概率选取动作

2　$s=s_0$

3　for $t=1,2,\cdots$ do

4　　　r,s' 为在 E 中执行动作 $a=\pi^{\varepsilon}(s)$ 产生的奖励与转移的状态

5　　　$a'=\pi(s')$　//按 $\pi(s)$ 策略找到 s' 状态下最大价值的动作 a'

6　　　$Q(s,a)=Q(s,a)+\alpha(r+\gamma Q(s',a')-Q(s,a))$

7　　　$\pi(s)=\underset{a''}{\arg\max}\,Q(s,a'')$

8　　　$s=s'$

9　end for

　　4. 价值函数近似

　　前面一直假定强化学习任务是在有限状态空间上进行的，每个状态可用一个编号来指代；价值函数则是关于有限状态的表格价值函数，即价值函数能表示为一个数组，输入 i 对应的函数值就是数组元素 i 的值，且更改一个状态上的值不会影响其他状态上的值。然而，现实强化学习任务所面临的状态空间往往是连续的，有无穷多个状态。因此，一个直接的想法是对状态空间进行离散化，将连续状态空间转换为有限离散状态空间，然后就能使用前面介绍的方法进行求解。如何有效地对状态空间进行离散化是一个难题，尤其是在对状态空间进行探索之前。

　　实际上，不妨直接对连续状态空间的价值函数进行学习。假定状态空间为 n 维实数向量空间 $S=\mathbb{R}^n$，此时显然无法用表格价值函数来记录状态值。先考虑简单情形，即价值函数能表达为状态的线性函数：

$$V_{\boldsymbol{\theta}}(s)=\boldsymbol{\theta}^{\mathrm{T}}\boldsymbol{s} \tag{4.50}$$

式中，s 为状态向量；$\boldsymbol{\theta}$ 为参数向量。此时的价值函数难以像有限状态那样精确记录每个状态的值，因此价值函数的求解称为价值函数近似。

　　希望通过式(4.50)学得的价值函数尽可能近似真实价值函数 V^{π}，近似程度常用最小二乘误差来度量：

$$E_{\boldsymbol{\theta}}=E_{s\sim\pi}\left[(V^{\pi}(s)-V_{\boldsymbol{\theta}}(s))^2\right] \tag{4.51}$$

式中，$E_{s\sim\pi}$ 表示由策略 π 采样得到的状态上的期望。

　　为了使误差最小化，采用梯度下降法，对误差求负导数：

$$-\frac{\partial E_\theta}{\partial \theta} = E_{s \sim \pi}\left[2(V^\pi(s) - V_\theta(s))\frac{\partial V_\theta(s)}{\partial \theta} \right]$$
$$= E_{s \sim \pi}\left[2(V^\pi(s) - V_\theta(s))s \right] \tag{4.52}$$

于是可得到对于单个样本的更新规则：

$$\theta = \theta + \alpha(V^\pi(s) - V_\theta(s))s \tag{4.53}$$

在不知道策略的真实价值函数 V^π 的情况下，可借助时序差分学习，基于 $V^\pi(s)= r + \gamma V^\pi(s')$ 用当前估计的价值函数代替真实价值函数，即

$$\theta = \theta + \alpha(r + \gamma V_\theta(s') - V_\theta(s))s$$
$$= \theta + \alpha(r + \gamma\theta^\mathrm{T}s' - \theta^\mathrm{T}s)s \tag{4.54}$$

式中，s' 为下一时刻的状态。

需要注意的是，在时序差分学习中需要状态动作价值函数来获取策略。一种简单的做法是，令 θ 作用于表示状态和动作的联合向量，例如，给状态向量增加一维用于存放动作编号，即将式(4.50)中的 s 替换为 (s,a)；另一种做法是，用 0/1 对动作选择进行编码得到向量 $a=(0;\cdots;1;\cdots;0)$，其中"1"表示该动作被选择，再将状态向量与其合并得到 (s,a)，用于替换式(4.50)中的 s。这样就使得线性近似的对象为状态动作价值函数。基于线性函数近似来替代 Sarsa 算法中的状态动作价值函数，即可得到线性函数近似 Sarsa 算法，如算法 4.12 所示，类似地，可得到线性函数近似 Q 学习算法。显然，可以用其他学习算法来代替式(4.50)中的线性学习器，第 5 章将使用神经网络近似状态价值函数、状态动作价值函数。

算法 4.12　线性函数近似 Sarsa 算法

输入：环境 E
　　　　动作空间 A
　　　　初始状态 s_0
　　　　奖励折扣 γ
　　　　更新步长 α
输出：策略 π
过程：

1　$\theta = 0$

2　$s = s_0, a = \pi(s) = \underset{a''}{\arg\max}\, \theta^\mathrm{T}(s,a'')$

3　for $t = 1,2,\cdots$ do

4　　　r, s' 为在 E 中执行动作 a 产生的奖励与转移到的状态

5　　　$a' = \pi^\varepsilon(s')$

6　　　　$\theta = \theta + \alpha(r + \gamma\theta^{\mathrm{T}}(s',a') - \theta^{\mathrm{T}}(s,a))(s,a)$

7　　　　$\pi(s) = \arg\max_{a''}\theta^{\mathrm{T}}(s,a'')$

8　　　　$s = s', a = a'$

9 end for

第 5 章　神经网络与决策策略建模

神经网络在描述复杂抽象知识上具有优势，在智能决策中发挥着越来越重要的作用。神经网络可以作为状态动作价值函数 $Q(s,a)$ ，基于 $\pi(s) = \arg\max\limits_{a} Q(s,a)$ 得到决策策略；也可以将深层神经网络的输出直接对应备选动作的选择概率，即决策策略。可以通过人类决策历史数据监督学习训练神经网络，作为不确定环境下的初步决策策略，然后通过强化学习、博弈学习获得与人类比肩，甚至超越人类的不确定环境决策策略。本章首先介绍神经网络的基础知识，然后介绍神经网络作为决策策略模型，在单智能体马尔可夫决策环境下如何通过强化学习获得神经网络参数，从而得到较优的决策策略。有关神经网络及其训练的编程实现，可参见附录 A 以及第 6 章、第 7 章。

5.1　神经网络的基本概念

5.1.1　神经网络的定义

19 世纪 40 年代，受人类神经系统结构的启发，研究者提出神经网络模型。人类神经系统的信息处理方式是一种基于同质单元的结构化传递，其中每个神经元的结构基本相同，但神经元之间的连接很复杂，通过这种复杂连接可以实现各种复杂的记忆、推理等功能。这说明在人类神经系统中，信息的处理和知识的表达体现在连接结构上，而非神经元本身。这与传统基于符号的知识表征存在很大差异：在基于符号的知识表征中，大量信息集中在符号的定义中，而符号间的推理规则相对简单、通用。受神经系统这种特性的启发，研究者提出了人工神经网络的概念，期望通过模拟人类神经系统的处理方式来实现类人的信息处理和知识表达。图 5.1 给出了生物神经系统和人工神经网络示意图，其中图 (a) 表示一个独立的生物神经元，图 (b) 表示一个人工神经元，图 (c) 表示生物神经系统，其中神经元相互连接；图 (d) 表示模拟生物神经系统的人工神经网络。

关于人工神经网络，维基百科给出的定义是：在机器学习和认知科学中，人工神经网络是一个受生物神经网络 (动物的，特别是大脑的中枢神经系统) 启发而提出的统计学习模型家族。该网络可用来估计或近似未知的、能够根据大量输入而产生反馈的生物神经网络的一些功能。

更加工程化的定义为：神经网络是由简单处理单元构成的大规模并行分布式

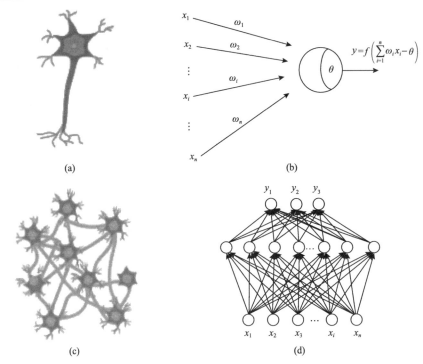

图 5.1　生物神经系统和人工神经网络示意图

处理器，天然地具有存储经验知识并对其进行运用的能力。神经网络在两方面对人脑进行模拟：①知识通过学习从环境中获得；②知识被存储在神经元之间的连接权重(权值)中。

综上，神经网络的主要特性可总结如下：

(1)同质性。神经网络中的处理单元(神经元)是简单的、同质的，不同单元从信息接收、信息处理、激发模式等方面都具有高度一致性。

(2)连接性。神经网络中的神经元之间是互联的，通过组成网络来存储知识和模拟推理过程。

(3)可学习性。神经网络是可学习的，通过改变神经元之间连接的权值来适应经验数据，实现网络学习。

人工神经网络可以近似人脑的各种功能，包括记忆、归纳(抽象)和演绎(预测)等。这些功能基于不同的网络结构，如预测功能一般基于前馈网络，而记忆功能更多地基于递归/循环神经网络(recurrent neutral network, RNN)。

对人工神经网络的研究分为两个方向。一部分研究者集中研究如何描述人脑的实际运作方式，如激励方式、传导模型，基于这些研究结果，可设计相似的人工结构对其进行模仿。另一部分研究者更关注神经网络的表达能力，关注神经网络可实现的功能，以至于该网络是否对应真实神经系统则不是核心内容。当前，人工智能的快速发展主要集中于第二个方向, 例如, 设计了卷积神经网络和 RNN, 提高了网络对数据、知识的建模能力和推理能力。

5.1.2 神经元模型

无论是生物神经系统还是人工神经网络, 神经元都是最基本的单元。在生物神经系统中, 每个神经元与其他神经元相连, 当它"兴奋"时, 就会向相连的神经元发送化学物质, 从而改变这些神经元内的电位; 如果某种神经元的电位超过了一个阈值, 它就会被激活, 即"兴奋"起来, 向其他神经元发送化学物质。

McCulloch 等(1943)将上述情形抽象为图 5.2 所示的人工神经元的数学模型, 并一直沿用至今, 称为 M-P 神经元模型。在这个模型中, 神经元接收到 n 个其他神经元传递过来的输入信号, 记为 $x_1, x_2, \cdots, x_n$, 代表了其他神经元的输出值, 这些信号通过带权值的连接进行传递, $\omega_1, \omega_2, \cdots, \omega_n$ 代表了权值, 神经元接收到的总输入值将与神经元的阈值 θ 进行比较, 然后通过激活函数(activation function)处理来产生神经元并输出。

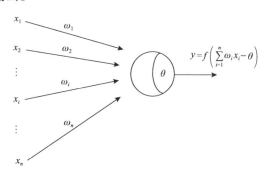

图 5.2 人工神经元的数学模型

理想中的激活函数 f 是阶跃函数 sgn:

$$\text{sgn}(x) = \begin{cases} 1, & x \geqslant 0 \\ 0, & x < 0 \end{cases} \tag{5.1}$$

它将输入值映射为输出值"0"或"1", 显然"1"对应于神经元兴奋, "0"对应于神经元抑制, 然而, 阶跃函数具有不连续、不光滑等性质。

sigmoid 函数也经常作为激活函数:

$$\text{sigmoid}(x) = \frac{1}{1 + \text{e}^{-x}} \tag{5.2}$$

sigmoid 函数把可能在较大范围内的输入值挤压到 $(0,1)$ 的输出值范围内, 有关激活函数将在 5.2 节进行详细讲述。

　　把许多这样的神经元按一定的层次结构连接起来，就得到了人工神经网络。根据网络的拓扑结构，神经网络可以分为前馈神经网络、反馈神经网络和图网络，如图 5.3 所示。在图 5.3(a)所示的前馈神经网络中，神经元按接收信息的先后分组，每组构成神经网络的一层，下一层仅接收上一层的输入，不存在回环，信息总是前向传播，没有反向回馈，网络结构可以用一个有向无环图来表示。另外，若前馈神经网络中前一层的所有神经元都与下一层的所有神经元连接，则称为全连接网络。

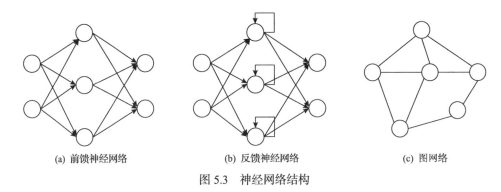

(a) 前馈神经网络　　　　　　　　(b) 反馈神经网络　　　　　　　　(c) 图网络

图 5.3　神经网络结构

　　神经网络一般有输入层和输出层。在图 5.3(a)中，最左边的一层是输入层，其神经元直接是输入的数据，代表了对外界事物特征量的描述，每个神经元都指代一个实数，多个神经元将构成描述事物的特征向量；最右边一层是输出层，其神经元通常代表了某种预测，例如，在分类问题中为各个类别的置信度，在回归问题中是连续取值的某种量的预测值；其他的中间层也称为隐层，这里仅有一个隐层，也可以有多个隐层，隐层中神经元的数目以及隐层的个数根据实际情况确定，这种设计非常具有技巧性，研究者总结了一些启发式设计规则。需要指出的是，有关神经网络的输入和输出设计，也会随着应用的不同，展现得非常灵活，如在自然语言处理中 RNN 的输入以及在图像目标检测中卷积神经网络的输出。

　　神经网络的用途就是在输入层输入一些特征数据，经过神经网络的复杂运算，在输出层得到较为准确的判断。这样，神经网络能够像人一样判断一幅图是画的狗还是画的猫，或者判断一段数字或语音表达的是什么，或者根据输入做出一些恰当的决策(选择合适的动作)，从而具有人工智能。

　　神经网络对各种输入都能得到正确判断的前提是，各个神经元都有恰当的参数(连接权值)，这些参数是通过对大量样本数据进行拟合而得到的，这个过程就是训练，从这一点也体现了机器学习中机器究竟学的是什么。

5.2　全连接反向传播与监督学习

5.2.1　反向传播算法

反向传播算法也称为误差逆传播算法。反向传播算法可以说是最杰出的神经网络参数训练算法，在当前的现实任务中得到了广泛应用，下面以三层全连接网络为例进行介绍。

图 5.4 给出了一个三层的前馈全连接网络，它有 d 个输入神经元、l 个输出神经元，即输入示例由 d 个特征属性描述，输出 l 维的实值向量，有一个隐层，隐层有 q 个神经元。输出层第 j 个神经元的阈值用 θ_j 表示，隐层第 h 个神经元的阈值用 r_h 表示，输入层第 i 个神经元与隐层第 h 个神经元间的连接权为 v_{ih}，隐层第 h 个神经元与输出层第 j 个神经元间的连接权为 ω_{hj}。

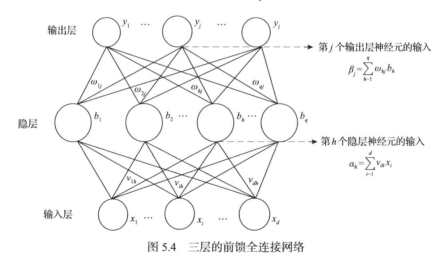

图 5.4　三层的前馈全连接网络

记隐层第 h 个神经元接收到的输入为

$$\alpha_h = \sum_{i=1}^{d} v_{ih} x_i \tag{5.3}$$

输出层第 j 个神经元接收到的输入为

$$\beta_j = \sum_{h=1}^{q} \omega_{hj} b_h \tag{5.4}$$

式中，b_h 为隐层第 h 个神经元的输出。$\alpha_h - r_h$ 和 $\beta_j - \theta_j$ 也分别称为神经元的净输

入。隐层神经元和输出层神经元都使用 sigmoid 激活函数。

给定训练集 $D = \{(\boldsymbol{x}_1, \boldsymbol{y}_1), (\boldsymbol{x}_2, \boldsymbol{y}_2), \cdots, (\boldsymbol{x}_N, \boldsymbol{y}_N)\}$，$\boldsymbol{x}_i \in \mathbb{R}^d$，$\boldsymbol{y}_i \in \mathbb{R}^l$，即有 N 个训练样本。训练样本 $(\boldsymbol{x}_k, \boldsymbol{y}_k)$，$\boldsymbol{y}_k = \left(y_1^k, y_2^k, \cdots, y_l^k\right)$ 是神经网络的期望输出，也称为标签。假设实际输出为 $\hat{\boldsymbol{y}}_k = \left(\hat{y}_1^k, \hat{y}_2^k, \cdots, \hat{y}_l^k\right)$，即

$$\hat{y}_j^k = f(\beta_j - \theta_j) \tag{5.5}$$

则网络在 $(\boldsymbol{x}_k, \boldsymbol{y}_k)$ 上存在均方误差：

$$E_k = \frac{1}{2} \sum_{j=1}^{l} \left(\hat{y}_j^k - y_j^k\right)^2 \tag{5.6}$$

这种均方误差称为损失函数。显然，损失函数越小越好。

训练就是调整神经网络参数，使其输出尽可能拟合期望输出，即对于训练集 D，求使损失函数取得最小的神经网络参数，也就是将训练问题建模为一个目标函数(损失函数)的优化过程。在上述神经网络中，共有 $(d + l + 1)q + l$ 个参数，分别是输入层到隐层的 $d \times q$ 个权值、隐层到输出层的 $q \times l$ 个权值、q 个隐层神经元的阈值、l 个输出层神经元的阈值。反向传播算法是一个迭代学习算法，在迭代的每一轮中采用如下规则进行更新：

$$v \leftarrow v + \Delta v \tag{5.7}$$

对于上述三层网络，v 指代 v_{ih}、ω_{hj}、θ_j、r_h，下面来推导反向传播算法中的 Δv。

反向传播算法基于梯度下降策略，以目标的负梯度方向对参数进行调整。以 ω_{hj} 的更新为例，对于式(5.6)的损失函数，给定学习率 η 为

$$\Delta \omega_{hj} = -\eta \frac{\partial E_k}{\partial \omega_{hj}} \tag{5.8}$$

注意，ω_{hj} 先影响第 j 个输出层神经元的输入值 β_j，再影响其输出值 $\hat{y}_j^k$，然后影响 E_k，有

$$\frac{\partial E_k}{\partial \omega_{hj}} = \frac{\partial E_k}{\partial \hat{y}_j^k} \cdot \frac{\partial \hat{y}_j^k}{\partial \beta_j} \cdot \frac{\partial \beta_j}{\partial \omega_{hj}} \tag{5.9}$$

根据 β_j 的定义式，有

$$\frac{\partial \beta_j}{\partial \omega_{hj}} = b_h \tag{5.10}$$

根据式(5.5)有

$$\frac{\partial \hat{y}_j^k}{\partial \beta_j} = \frac{\partial f(\beta_j - \theta_j)}{\partial(\beta_j - \theta_j)} \frac{\partial(\beta_j - \theta_j)}{\beta_j} = f'(\beta_j - \theta_j) \cdot \frac{\partial(\beta_j - \theta_j)}{\beta_j} = f'(\beta_j - \theta_j) \tag{5.11}$$

根据式(5.6)有

$$\frac{\partial E_k}{\partial \hat{y}_j^k} = \hat{y}_j^k - y_j^k \tag{5.12}$$

令

$$g_j = -\frac{\partial E_k}{\partial \hat{y}_j^k} \cdot \frac{\partial \hat{y}_j^k}{\partial \beta_j} = -\left(\hat{y}_j^k - y_j^k\right) f'\left(\beta_j - \theta_j\right) \tag{5.13}$$

当激活函数 $f(x)$ 为 sigmoid 函数时，具有如下性质：

$$f'(x) = f(x)(1 - f(x)) \tag{5.14}$$

由式(5.14)和式(5.5)可得

$$\begin{aligned}
g_j &= -(\hat{y}_j^k - y_j^k) f(\beta_j - \theta_j)(1 - f(\beta_j - \theta_j)) \\
&= -(\hat{y}_j^k - y_j^k) \hat{y}_j^k (1 - \hat{y}_j^k) \\
&= \hat{y}_j^k (1 - \hat{y}_j^k)(y_j^k - \hat{y}_j^k)
\end{aligned} \tag{5.15}$$

g_j 称为对输出神经元的误差累积项，即损失函数对输出神经元净输入的偏导数。

由式(5.8)、式(5.10)和式(5.13)，得到反向传播算法中关于 ω_{hj} 的更新公式为

$$\begin{aligned}
\Delta \omega_{hj} &= -\eta \frac{\partial E_k}{\partial \omega_{hj}} \\
&= -\eta \frac{\partial E_k}{\partial \hat{y}_j^k} \cdot \frac{\partial \hat{y}_j^k}{\partial \beta_j} \cdot \frac{\partial \beta_j}{\partial \omega_{hj}} \\
&= \eta g_j b_h
\end{aligned} \tag{5.16}$$

式中，b_h 为神经网络的隐层神经元值；g_j 可由神经网络的期望输出值 y_j^k 和实际

输出值 $\hat{y}_j^k$ 计算出来，因此不难计算得到更新值 $\Delta\omega_{hj}$。

　类似地，可以得到

$$\Delta\theta_j = -\eta g_j \tag{5.17}$$

$$\Delta v_{ih} = \eta e_h x_i \tag{5.18}$$

$$\Delta r_h = -\eta e_h \tag{5.19}$$

式 (5.18) 和式 (5.19) 中

$$e_h = -\frac{\partial E_k}{\partial b_h} \cdot \frac{\partial b_h}{\partial \alpha_h} \tag{5.20}$$

e_h 称为对隐层神经元的误差累积项，即损失函数对隐层神经元净输入的偏导数。

　类似地，有

$$\frac{\partial b_h}{\partial \alpha_h} = f'(\alpha_h - r_h) \tag{5.21}$$

由式 (5.6) 可得

$$\begin{aligned}
\frac{\partial E_k}{\partial b_h} &= \sum_{j=1}^{l} (\hat{y}_j^k - y_j^k) \frac{\partial \hat{y}_j^k}{\partial \beta_j} \cdot \frac{\partial \beta_j}{\partial b_h} \\
&= \sum_{j=1}^{l} \frac{\partial E_k}{\partial \hat{y}_j^k} \cdot \frac{\partial \hat{y}_j^k}{\partial \beta_j} \cdot \frac{\partial \beta_j}{\partial b_h} \\
&= \sum_{j=1}^{l} -g_j \frac{\partial \beta_j}{\partial b_h} \\
&= \sum_{j=1}^{l} -g_j \omega_{hj}
\end{aligned} \tag{5.22}$$

　将式 (5.22) 和式 (5.21) 代入式 (5.20)，得

$$\begin{aligned}
e_h &= -f'(\alpha_h - r_h) \sum_{j=1}^{l} -\omega_{hj} g_j \\
&= f(\alpha_h - r_h) \left[1 - f(\alpha_h - r_h) \right] \sum_{j=1}^{l} \omega_{hj} g_j \\
&= b_h (1 - b_h) \sum_{j=1}^{l} \omega_{hj} g_j
\end{aligned} \tag{5.23}$$

从式(5.23)可以看出，根据下一层的 g_j 和 ω_{hj} 以及本层神经元的值 b_h，就可以计算出 e_h，两层神经元的误差累积项 g_j 与 e_h 具有密切关系，这种关系就是误差累积项间的回传关系。根据式(5.18)和式(5.19)就可以得到连接权值的更新值 Δv_{ih} 和隐层阈值的更新值 Δr_h，从中可以体会到误差反向传播的含义。

学习率 $\eta \in (0,1)$ 控制着算法每一轮迭代中的更新步长，若步长太大，则容易振荡，若步长太小，则收敛速度过慢。

算法 5.1 给出了反向传播算法。对于每个训练样本，反向传播算法执行以下操作：首先将输入示例提供给输入层的神经元，逐层将信号前向传播，直到产生输出层的结果；然后计算输出层的误差(第 4~5 行)，再将误差反向传播至隐层神经元(第 6 行)，最后根据隐层神经元的误差对连接权值和阈值进行调整(第 7 行)。该迭代过程循环进行，直至达到某些停止条件，例如，训练误差已达到一个很小的值。

算法 5.1　反向传播算法

输入：训练集 $D = \{(x_k, y_k)\}_{k=1}^m$
　　　学习率 η
输出：连接权值与阈值确定的多层前馈神经网络
过程：
1 在 $(0,1)$ 范围内随机初始化网络中所有的连接权值和阈值
2 repeat
3　　 for all $(x_k, y_k) \in D$
4　　　　根据当前参数和式(5.5)计算当前样本的输出 $\hat{y}_k$；
5　　　　根据式(5.15)计算输出层神经元的梯度项 g_j；
6　　　　根据式(5.23)计算隐层神经元的梯度项 e_h；
7　　　　根据式(5.16)~式(5.19)更新连接权值 ω_{hj}、v_{ih} 与阈值 θ_j、r_h
8　　 end for
9 until 达到停止条件

需要注意的是，反向传播算法的目标是最小化训练集 D 上的累积误差：

$$E = \frac{1}{N} \sum_{k=1}^N E_k \tag{5.24}$$

在前述的标准反向传播算法中，每次仅针对一个训练样本来更新连接权值和阈值，即更新规则是针对单个 E_k 推导得到的。如果推导出基于累积误差最小化的更新规则，就得到了累积误差反向传播算法，即累积反向传播算法。一般来说，

标准反向传播算法每次更新只针对单个样本，参数更新得非常频繁，而且对不同样本进行更新的效果可能出现"抵消"现象。因此，为了达到同样的累积误差极小点，标准反向传播算法往往需要进行更多次的迭代。累积反向传播算法直接针对累积误差最小化，在读取整个训练集 D 一遍后才对参数进行更新，参数更新的频率低得多。但在很多任务中，累积误差下降到一定程度之后，进一步下降会非常缓慢，这时标准反向传播算法往往会更快地获得较优的解，尤其是在训练集 D 非常大时。

5.2.2 前馈多层神经网络

在 5.2.1 节以三层全连接的前馈神经网络为例介绍了反向传播算法。本节利用矩阵运算的方式给出更为一般的前馈多层神经网络的数学表达式。

设有一个 L 层的前馈全连接神经网络，本节用第 m 层表征其中的任意一层。第 m 层的任意一个神经元都与第 $m-1$ 层的每一个神经元加权连接。$x_j^{(m)}$ 表示第 m 层的第 j 个神经元值，$x_i^{(m-1)}$ 表示第 $m-1$ 层的第 i 个神经元，$\omega_{ij}^{(m)}$ 表示第 m 层的第 j 个神经元与第 $m-1$ 层的第 i 个神经元的连接权值，$\theta_j^{(m)}$ 表示第 m 层的第 j 个神经元的阈值，q 表示第 m 层的神经元个数，d 表示第 $m-1$ 层的神经元个数，则第 m 层的第 j 个神经元值为

$$x_j^{(m)} = f^{(m)}\left(\sum_{i=1}^{d} x_i^{(m-1)} \cdot \omega_{ij}^{(m)} + \theta_j^{(m)}\right), \quad j = 1, 2, \cdots, q \tag{5.25}$$

式中，$f^{(m)}$ 表示第 m 层的激活函数。

令

$$\beta_j^{(m)} = \sum_{i=1}^{d} x_i^{(m-1)} \cdot \omega_{ij}^{(m)}, \quad j = 1, 2, \cdots, q \tag{5.26}$$

它代表第 m 层第 j 个神经元接收到的输入，可用行向量与矩阵相乘的形式来表达：

$$\boldsymbol{W}^{(m)} = \begin{bmatrix} \omega_{11}^{(m)} & \omega_{12}^{(m)} & \cdots & \omega_{1q}^{(m)} \\ \omega_{21}^{(m)} & \omega_{22}^{(m)} & \cdots & \omega_{2q}^{(m)} \\ \vdots & \vdots & & \vdots \\ \omega_{d1}^{(m)} & \omega_{d2}^{(m)} & \cdots & \omega_{dq}^{(m)} \end{bmatrix} \tag{5.27}$$

$$\boldsymbol{x}^{(m-1)} = \left[x_1^{(m-1)}, x_2^{(m-1)}, \cdots, x_d^{(m-1)} \right] \tag{5.28}$$

$$\boldsymbol{\beta}^{(m)}=\left[\beta_1^{(m)},\beta_2^{(m)},\cdots,\beta_q^{(m)}\right] \tag{5.29}$$

$$\boldsymbol{\beta}^{(m)}=\boldsymbol{x}^{(m-1)}\boldsymbol{W}^{(m)} \tag{5.30}$$

式中，T 代表向量或矩阵的转置。由式(5.28)可见，某层中所有与上层神经元连接的权值参数构成了一个矩阵，这个矩阵后面简称为 $\boldsymbol{W}$ 矩阵。

令 $\boldsymbol{\theta}^{(m)}=\left[\theta_1^{(m)},\theta_2^{(m)},\cdots,\theta_q^{(m)}\right]$，则得到

$$\boldsymbol{x}^{(m)}=f^{(m)}\left(\boldsymbol{x}^{(m-1)}\boldsymbol{W}^{(m)}+\boldsymbol{\theta}^{(m)}\right) \tag{5.31}$$

逐层传递，可以得到神经网络的链式数学表达公式：

$$\hat{\boldsymbol{y}}=\boldsymbol{x}^{(L)}=f^{(L)}\left(\boldsymbol{W}^{(L)}f^{(L-1)}\left(\cdots\boldsymbol{W}^{(2)}\boldsymbol{f}^{(1)}\left(\boldsymbol{W}^{(1)}\boldsymbol{x}^{(0)}+\boldsymbol{\theta}^{(1)}\right)+\boldsymbol{\theta}^{(2)}\cdots\right)+\boldsymbol{\theta}^{(L)}\right) \tag{5.32}$$

式中，$\boldsymbol{x}^{(L)}$ 为神经网络最后一层(第 L 层)，作为输出也可记为 $\hat{\boldsymbol{y}}$；$\boldsymbol{x}^{(0)}$ 为神经网络的输入层，也可记为 $\boldsymbol{x}$，由此神经网络简记为 $\hat{\boldsymbol{y}}=F(\boldsymbol{x})$。当有深层的网络结构时，这种网络也称为深层神经网络，其训练过程称为深度学习。对应深层神经网络的第 m 层输出 $\boldsymbol{x}^{(m)}$，可以看作原始特征向量 $\boldsymbol{x}$ 转换到高维空间的特征向量，这个过程称为特征提取，$\boldsymbol{x}^{(m)}$ 也称为第 m 层特征向量或者特征图(feature map)。

无论是传统的机器学习算法，还是深度学习算法，都要对输入数据 $\boldsymbol{x}$ 进行预处理，使得训练算法的效率有很大提高，主要有三种常用的数据预处理方法，如表 5.1 所示。

表 5.1 三种常用的数据预处理方法

零均值	$\boldsymbol{x}-E(\boldsymbol{x})$	所有样本减去总体数据的平均值，适用于各维度分布相同的数据
缩放	$\dfrac{\boldsymbol{x}}{a}\in[0,1]$或$\dfrac{\boldsymbol{x}}{a}\in[-1,1]$	将不同维度差异较大的数据缩放到统一的尺度以利用模型处理
归一化	$\dfrac{\boldsymbol{x}-E(\boldsymbol{x})}{\sigma(\boldsymbol{x})}$	各维度数据减去各维度的均值后除以各维度的标准差

5.2.3 监督学习下的损失函数

1. 训练的基本概念

与支持向量机、逻辑回归等机器学习算法一样，神经网络的使用也分为训练与预测两个阶段。在训练阶段，需要人工准备神经网络的输入数据及对应的标签(即神经网络的期望输出)，形如 $(\boldsymbol{x}_k,\boldsymbol{y}_k)$，这种方式下的反向传播过程称为监督学

习。通过反向传播将得到训练好的神经网络模型。由此可见，神经网络的训练就是从数据中学习，其实就是通过不断修改网络中所有的权重矩阵 W 和阈值（也称为偏置）θ，使得神经网络的输出尽可能地逼近期望的输出。

在预测阶段，在新的测试数据上运行训练好的模型，可以得到分类或者回归的结果。确定神经网络结构后，输入层、隐层、输出层节点数、层与层之间的连接及神经元中使用的激活函数是固定不变的。权重矩阵 W 和阈值（也称为偏置）θ 可由训练得到，在预测时只需要将新的输入向量从神经网络的输入层送入，沿着网络逐层计算，直到数据流动到输出层并输出结果（一次前向传播），这就完成了一次预测并得到了分类结果或者回归结果。

进行神经网络训练时，一个关键步骤就是定义损失函数，也称为目标函数。衡量网络预测结果 $\hat{y}=F(x)$ 与期望值 y 之间差别的指标称为损失函数。损失函数值越小，表示神经网络的预测结果越接近于真实值。神经网络的训练就是调整权重矩阵 W 和阈值 θ 使得损失函数值尽可能小，在训练过程中，损失函数值逐渐收敛，当小于特定的值时停止训练，得到一组使神经网络拟合真实模型的权重矩阵 W 和阈值 θ。

对于一个神经网络 F，其权重矩阵 W 和阈值 θ 是用随机值来初始化的。给定一个样本 (x, y)，将 x 输入神经网络 F，经过一次前向传播，得到预测结果 $\hat{y}=F(x)$，计算损失 $\mathrm{loss}(\hat{y}, y)$，要使得神经网络的预测结果尽可能地接近真实值，就要使损失值尽可能小，于是神经网络的训练问题演化为一个优化问题：

$$\min_{W, \theta}\{\mathrm{loss}(F(x; W, \theta), y)\} \tag{5.33}$$

神经网络的应用包括分类和回归两种类型。分类问题是输出变量为有限个离散变量的预测问题，例如，判断手写邮编是不是数字 6，判断"是"与"不是"是一个二分类问题；判断一个动物是猫、狗还是其他是一个多分类问题。回归问题是输入变量与输出变量均为连续变量的预测问题，目的是找到最优拟合方法，例如，预测明天的股市指数就是一个大家都希望能够准确的回归问题。神经网络执行分类和回归任务时会使用不同的损失函数。前面在介绍反向传播训练算法时，是以回归任务为例，损失函数采用的是均方误差，还有很多类型的损失函数。下面从分类问题和回归问题两个角度来分别进行叙述。

2. 分类问题的损失函数

Logistic 损失函数是针对二分类问题的损失函数，因此对 $\hat{y}$ 来说，可以简单描述为一个输出 $\hat{y}$，它代表了一个类别成立的概率，而另一个类别成立的概率为 $1-\hat{y}$。仍然假设有 N 个训练样本，则 Logistic 损失函数为

$$\text{loss}(\hat{\boldsymbol{y}}, \boldsymbol{y}) = \prod_{i=1}^{N} \hat{y_i}^{y_i} \cdot (1 - \hat{y_i})^{1 - y_i} \tag{5.34}$$

式中，$\hat{y_i}$ 代表第 i 个样本的神经网络输出；y_i 代表第 i 个样本标签（即期望输出）。

负对数似然损失定义为

$$\text{loss}(\hat{\boldsymbol{y}}, \boldsymbol{y}) = -\sum_{i=1}^{N} \left[y_i \cdot \log \hat{y_i} + (1 - y_i) \cdot \log(1 - \hat{y_i}) \right] \tag{5.35}$$

它把 Logistic 损失函数代表的最大似然转换为负对数似然，从而得到负对数似然损失。需要说明的是，对数函数的底为 2 或 e 对求解最优参数没有影响，因此全书均不再标注对数函数的底。

把二分类问题扩展为多分类问题（即 M 个类别），负对数似然损失拓展为交叉熵损失，其定义如下：

$$\text{loss}(\hat{\boldsymbol{y}}, \boldsymbol{y}) = -\sum_{i=1}^{N} \sum_{j=1}^{M} y_{ij} \cdot \log \hat{y}_{ij} \tag{5.36}$$

3. 回归问题的损失函数

均方误差（mean squared error, MSE）是最常见的回归问题损失函数，也称为 L2 损失函数，其定义如下：

$$\text{loss}(\hat{\boldsymbol{y}}, \boldsymbol{y}) = \frac{1}{N} \sum_{i=1}^{N} (\hat{y_i} - y_i)^2 \tag{5.37}$$

平均绝对值误差（mean absolute error, MAE），也称为 L1 损失函数，其定义如下：

$$\text{loss}(\hat{\boldsymbol{y}}, \boldsymbol{y}) = \frac{1}{N} \sum_{i=1}^{N} |\hat{y_i} - y_i| \tag{5.38}$$

均方对数误差（mean squared log error, MSLE）损失函数定义如下：

$$\text{loss}(\hat{\boldsymbol{y}}, \boldsymbol{y}) = \frac{1}{N} \sum_{i=1}^{N} (\log \hat{y_i} - \log y_i)^2 \tag{5.39}$$

Huber 损失函数定义如下：

$$\text{Huber}(\hat{\boldsymbol{y}}, \boldsymbol{y}) = \begin{cases} \dfrac{1}{2}(\hat{y_i} - y_i)^2, & |\hat{y_i} - y_i| \leqslant \delta \\ \delta |\hat{y_i} - y_i| - \dfrac{1}{2}\delta, & \text{其他} \end{cases} \tag{5.40}$$

$$\text{loss}(\hat{\boldsymbol{y}}, \boldsymbol{y}) = \frac{1}{N} \sum_{i=1}^{N} \text{Huber}(\hat{y}_i - y_i) \tag{5.41}$$

Log-Cosh 损失函数定义如下：

$$\text{loss}(\hat{\boldsymbol{y}}, \boldsymbol{y}) = \frac{1}{N} \sum_{i=1}^{N} \log(\cosh(\hat{y}_i - y_i)) \tag{5.42}$$

L2 损失函数是使用最广泛的损失函数，在优化过程中更为稳定和准确，但是对局外点敏感。L1 损失函数会比较有效地惩罚局外点，但它的导数不连续，使得寻找最优解的过程低效。Huber 损失函数由 L2 损失函数与 L1 损失函数合成，当 δ 趋于 0 时，退化成 L1 损失函数，当 δ 趋于无穷时，退化为 L2 损失函数。δ 决定了模型处理局外点的行为，当残差大于 δ 时，使用 L1 损失函数，残差很小时则使用更为合适的 L2 损失函数来进行优化。Huber 损失函数克服了 L1 损失函数和 L2 损失函数的缺点，不仅可以保持函数具有连续的导数，同时可以利用 L2 损失函数梯度随误差减小的特性来得到更精确的最小值，也对局外点具有更高的鲁棒性。Huber 损失函数的良好表现得益于精心训练的超参数 δ。Log-Cosh 损失函数拥有 Huber 损失函数的所有优点，并且在每一个点都是二次可导的，这在很多机器学习模型中是十分必要的。

5.2.4 参数初始化与参数更新方法

1. 参数初始化

神经网络的优化是非凸的，权重的初始值会导致不同的结果和收敛速度。

1) 随机初始化

随机初始化即在 0 附近取随机值来初始化权重矩阵 $\boldsymbol{W}$，但是 0 附近通过正态采样或者均匀采样得到的权重将使得网络训练的收敛速度慢，甚至收敛失败。原因如下，首先将式 (5.23) 进行推广，得到一般的误差累积项回传 (反向传播) 式：

$$\boldsymbol{\delta}^l = (\boldsymbol{W}^{l+1} \boldsymbol{\delta}^{l+1}) \odot f'(\boldsymbol{z}^l) \tag{5.43}$$

式中，$\boldsymbol{W}^{l+1}$ 代表连接权重 (本层神经元和下一层) 矩阵；f' 代表激活函数的导数；$\boldsymbol{\delta}^{l+1}$ 代表下一层各个神经元累积误差构成的列向量；$\boldsymbol{z}^l$ 代表本层神经元净输入构成的列向量；$\odot$ 代表对应元素相乘运算。由式 (5.43) 可知，当 $\boldsymbol{\delta}^{l+1}$ 和 $\boldsymbol{W}$ 中元素取值较小时，可能导致 $\boldsymbol{\delta}^l$ 进一步减小，直至趋近于 0，极端情况就是梯度消失。第 l 层参数更新主要依靠对应层的 $\boldsymbol{\delta}^l$，它趋近于 0，将使得网络训练的收敛速度非常缓慢。

以包含五个隐层的神经网络为例，网络中每层有 100 个神经元，激活函数为 sigmoid，输出层采用交叉熵训练(假设为多分类问题)。从正态分布 $N(0,0.01)$ 中采样作为权重的初始值，统计每一层的净输入、权重、激活函数值和梯度的分布，其均处于一个狭窄的区间，并且梯度在网络的前几层基本为 0。这样前几层权重的更新将非常缓慢，在合理的时间内，它将无法有效学习。若将权重从正态分布 $N(0,1)$ 中采样，则梯度消失问题将得到一定的缓解，放大权重使得每层的梯度处于相似的区间，但此时净输入值的范围过宽，使得激活函数值基本处于二值状态，神经网络的能力也有所退化。

2) Xavier 初始化

Xavier 初始化由 Xavier Glorot 等提出，也称为 Glorot 初始化(Glorot et al., 2010)，这种初始化的目标是使得梯度、净输入值和激活函数值在所有层上相似，即保持所有层的方差相似。Xavier 初始化可以帮助减少梯度消失问题，使得梯度在神经网络中可以传递得更深，常与 sigmoid 激活函数和 tanh 激活函数搭配使用，是最为常用的神经网络权重初始化方法。

Xavier 初始化根据输入神经元和输出神经元的数量自动决定初始化的范围，定义参数所在层的输入维度为 $\mathrm{fan_{in}}$，输出维度为 $\mathrm{fan_{out}}$，则权重矩阵 W 可从标准差为 $\sigma=\sqrt{2/(\mathrm{fan_{in}}+\mathrm{fan_{out}})}$ 的正态分布中采样，即

$$W \sim N\left(0,\sqrt{2/(\mathrm{fan_{in}}+\mathrm{fan_{out}})}\right) \tag{5.44}$$

权重矩阵 W 也可从均匀分布 U 中采样，即

$$W \sim U\left(-\sqrt{6/(\mathrm{fan_{in}}+\mathrm{fan_{out}})},\sqrt{6/(\mathrm{fan_{in}}+\mathrm{fan_{out}})}\right) \tag{5.45}$$

3) He 初始化

He 初始化也称为 MSRA 初始化，由 He 等(2015)提出，是针对神经网络使用 ReLU 非线性激活函数时的权重初始化方案。ReLU 非线性激活函数使 50% 的净输入值(负值)变为 0，可认为移除了约 50% 的方差，因此需要加倍权重的方差以补偿这一点。权重矩阵 W 可以从标准差为 $\sigma=\sqrt{4/(\mathrm{fan_{in}}+\mathrm{fan_{out}})}$ 的正态分布中采样，即

$$W \sim N\left(0,\sqrt{4/(\mathrm{fan_{in}}+\mathrm{fan_{out}})}\right) \tag{5.46}$$

He 等还发现仅使用输入数量(扇入)或者扇出就足以达到类似的效果，权重矩阵 W 可以从标准差为 $\sigma=\sqrt{2/\mathrm{fan_{in}}}$ 的正态分布中采样，即

$$W \sim N\left(0, \sqrt{2/\text{fan}_{\text{in}}}\right) \tag{5.47}$$

若从均匀分布中采样，则有

$$W \sim U\left(-\sqrt{6/\text{fan}_{\text{in}}}, \sqrt{6/\text{fan}_{\text{in}}}\right) \tag{5.48}$$

2. 参数更新方法

1) BGD

前面介绍的累积反向传播算法使用梯度下降法来更新参数(权重和阈值)，每次参数的更新都使用了整个训练集的样本，这样的方式称为批量梯度下降(batch gradient descent, BGD)。批量梯度下降中所有的样本都参与到梯度的计算中，这样得到的梯度是一个标准梯度，易于得到全局最优解，总体迭代次数少。但是当训练集中的样本数目很多时，计算时间变长，收敛变慢，更无法应用于在线学习系统中。

2) SGD

在神经网络训练中，特别是后面的深度学习系统中更常使用的是随机梯度下降(stochastic gradient descent, SGD)，每次从训练集中随机采样一个样本计算损失函数和梯度，然后更新参数，如

$$\theta \leftarrow \theta - \eta \cdot \frac{\partial \text{loss}(\boldsymbol{x}^i, \boldsymbol{y}^i; \theta)}{\partial \theta} \tag{5.49}$$

更普遍的是，每次从训练集中随机采样 m 个样本组成一个小批量(mini-batch)来计算损失函数和梯度：

$$\theta \leftarrow \theta - \eta \cdot \frac{1}{m} \sum_{k=i}^{i+m} \frac{\partial \text{loss}(\boldsymbol{x}^i, \boldsymbol{y}^i; \theta)}{\partial \theta} \tag{5.50}$$

用小批量样本的梯度近似全体的梯度，这样的梯度并不能保证损失函数最快下降。因此，SGD 需要更多的迭代次数来趋近最优解，在这个过程中学习率 η 对算法的收敛有很大的影响，学习率 η 需要合理取值并随着训练的深入进行动态调整。

在 SGD 的一次迭代中只采样 m 个样本，可在内存中计算，也可动态地进行数据增强。

SGD 存在两个问题：①对于非凸函数，SGD 容易陷于局部极小值或者鞍点处。鞍点处的梯度为 0，而且通常被相同误差值的平面包围，小批量的随机采样会导致梯度有所不同，使得 SGD 在鞍点处振荡，而且在高维的情形下，鞍点附近的平坦区域可能非常大，这导致 SGD 算法很难脱离平坦区域。②SGD 对所有参数的

更新使用相同的学习率 η，在某些情况下，希望对出现频率不同的特征进行不同程度的更新。

3）动量

为了克服 SGD 的第一个问题，引入了动量(momentum)。动量是来自物理力学中的概念，在梯度上加入的这一项，可以使梯度在方向不变的维度上速度变大，方向有所改变的维度上的更新速度变小，这样可以加快收敛并减小振荡。

动量在 SGD 的基础上，保留了上一步的梯度，如

$$a_t = \mu a_{t-1} - \eta \cdot \frac{1}{m} \sum_{k=i}^{i+m} \frac{\partial \mathrm{loss}(\boldsymbol{x}^i, \boldsymbol{y}^i; \theta)}{\partial \theta}, \; \theta \leftarrow \theta - a_t \tag{5.51}$$

式中，μ 为动量因子，一般的经验值为 0.9；a_{t-1} 为上一次的参数修改量；a_t 为本次的参数修改量。

4）NAG

相比于动量只考虑历史梯度信息，Nesterov 加速梯度(Nesterov accelerated gradient, NAG)在动量的基础上引入了下一个位置的梯度。NAG 的表达式为

$$a_t = \mu a_{t-1} - \eta \cdot \frac{1}{m} \sum_{k=i}^{i+m} \frac{\partial \mathrm{loss}(\boldsymbol{x}^i, \boldsymbol{y}^i; \theta - \mu a_{t-1})}{\partial \theta}, \; \theta \leftarrow \theta - a_t \tag{5.52}$$

NAG 在计算梯度时用 $\theta - \mu a_{t-1}$ 来近似参数 θ 在下一次迭代中可能的取值。即在计算梯度时，不是在当前的参数 θ 而是在"未来"的参数 $\theta - \mu a_{t-1}$ 上。

5）Adagrad

Adagrad(adaptive gradient，自适应梯度)是一种自适应算法，可以根据参数更新的频率来调整它们更新的幅度，对低频的参数进行较大的更新，对高频的参数进行较小的更新。这种方法适用于一些数据分布不均匀的任务，可以更好地平衡参数更新的量，提升模型的能力。

Adagrad 在 SGD 的基础上引入了一个梯度的累积项：

$$G_{t,i} = \sum_{j=1}^{t} g_{j,i}^2 \tag{5.53}$$

$g_{t,i}$ 表示 t 时刻参数 θ_i 的梯度，其参数更新公式为

$$\theta_{t+1,i} \leftarrow \theta_{t,i} - \frac{\eta}{\sqrt{G_{t,i} + \varepsilon}} g_{t,i} \tag{5.54}$$

式中，ε 表示小实数，常取为 0.01。对于经常更新的参数 θ_i，其 $G_{t,i}$ 会累积较快，

以抵制学习率 η ；对于不常更新的参数 θ_j ，其 $G_{t,j}$ 的值较小，可以得到一个较大的学习率。然而，Adagrad 的问题在于分母会不断积累，导致学习率快速下降，最后变得很小，进而导致参数更新小而难以趋于最优解。

6) RMSProp

RMSProp (root mean square propagation) 是对 Adagrad 的一种改进，它用滑动平均的方法来解决 Adagrad 中学习率急剧下降的问题。首先定义

$$G_{t,i} = E(g_i^2) \tag{5.55}$$

它代表历史梯度在某个时间窗口内的平方均值，将 $G_{t,i}$ 按一定比例衰减，即

$$G_{t,i} = \gamma G_{t-1,i} + (1-\gamma)g_{t,i}^2 \tag{5.56}$$

对式 (5.56) 两边开根号，即用均方根 (root mean squared, RMS) 来记录：

$$\mathrm{RMS}\left[g_i^2\right]_t = \sqrt{G_{t,i}+\varepsilon} \tag{5.57}$$

参数更新公式为

$$\theta_{t+1,i} \leftarrow \theta_{t,i} - \frac{\eta}{\mathrm{RMS}[g_i^2]_t} g_{t,i} \tag{5.58}$$

建议设定平衡因子 γ 为 0.9，学习率 η 为 0.001。

7) Adadelta

Adadelta 也是对 Adagrad 的改进。Adadelta 的提出者发现 RMSProp 更新增量"单位"不一致，因此对参数的变化量也计算了均方根：

$$\mathrm{RMS}[\Delta\theta_i]_t = \sqrt{E[\Delta\theta_i^2]_t + \varepsilon} \tag{5.59}$$

将其作为分子，使得增量"单位"一致，即

$$\Delta\theta_{t,i} = -\frac{\mathrm{RMS}[\Delta\theta_i]_{t-1}}{\mathrm{RMS}[g_i^2]_t} g_{t,i} \tag{5.60}$$

其参数更新公式为

$$\theta_{t+1,i} = \theta_{t,i}+\Delta\theta_{t,i} \tag{5.61}$$

8) Adam

Adam (adaptive moment estimation, 自适应矩估计) 结合了基于动量的优化方

法与基于自适应学习率的优化方法,它保存了过去梯度的指数衰减平均值(梯度的一阶矩),将其作为动量与过去梯度的平方的指数衰减评价值(梯度的二阶矩)来构造学习率自适应因子。

$$m_{t,i} = \gamma_1 m_{t-1,i} + (1-\gamma_1)g_{t,i} \tag{5.62}$$

$$v_{t,i} = \gamma_2 v_{t-1,i} + (1-\gamma_2)g_{t,i}^2 \tag{5.63}$$

并对梯度的一阶矩和二阶矩进行偏差校正:

$$\hat{m}_{t,i} = \frac{m_{t,i}}{1-\gamma_1^t} \tag{5.64}$$

$$\hat{v}_{t,i} = \frac{v_{t,i}}{1-\gamma_2^t} \tag{5.65}$$

其参数更新公式为

$$\theta_{t+1,i} = \theta_{t,i} - \frac{\eta}{\sqrt{\hat{v}_{t,i}} + \varepsilon}\hat{m}_{t,i} \tag{5.66}$$

超参数的建议值为 γ_1=0.9 、 γ_2=0.999 、 ε=1×10⁻⁸ 。

9) AdaMax

AdaMax 是对 Adam 的改进,使用梯度的无穷矩来构造学习率的自适应因子,动量依然为梯度的一阶矩。

$$m_{t,i} = \gamma_1 m_{t-1,i} + (1-\gamma_1)g_{t,i} \tag{5.67}$$

$$v_{t,i} = \lim_{p\to\infty}\left[\gamma_2^p v_{t-1,i} + (1-\gamma_2^p)\left|g_{t,i}\right|^p\right]^{1/p} = \max(\gamma_2 v_{t-1,i}, \left|g_{t,i}\right|) \tag{5.68}$$

$$\hat{m}_{t,i} = \frac{m_{t,i}}{1-\gamma_1^t} \tag{5.69}$$

此时无穷矩不是有偏的,无须校正,其参数更新公式为

$$\theta_{t+1,i} = \theta_{t,i} - \frac{\eta}{v_{t,i}+\varepsilon}\hat{m}_{t,i} \tag{5.70}$$

超参数的建议值为 γ_1=0.9 、 γ_2=0.999 、 η=0.002 。

10) Nadam

Nadam 在 Adam 的基础上结合了 NAG，与 AdaMax 不同，Nadam 修改了梯度的一阶矩，梯度的二阶矩不变。其参数更新公式为

$$\theta_{t+1,i}=\theta_{t,i}-\frac{\eta}{\sqrt{\hat{v}_{t,i}}+\varepsilon}\left[\gamma_1\hat{m}_{t,i}+\frac{(1-\gamma_1)g_{t,i}}{1-\gamma_1^t}\right] \tag{5.71}$$

5.3　卷积神经网络及其反向传播

5.3.1　卷积神经网络结构

1. 全连接层的缺点

前面主要使用全连接层堆叠的方式来构造前馈深层神经网络，前一层的神经元与后一层的神经元全部连接，这种连接方式有以下两个问题。

首先，使用全连接层的前馈神经网络模型需要大量的参数。以 640×480 的灰度图像作为输入为例，输入层有 $640\times480=307200$ 个神经元，设网络有三个隐层，每个隐层有 100 个神经元，则需要 $640\times480\times100+100\times100+100\times100=3.074\times10^7$ 个连接权重参数。

其次，输入数据的形状被"忽略"了，所有输入到全连接层的数据被拉平成一维数据，在输入彩色图像时，输入数据将是在高、宽、通道方向上的三通道矩阵数据，这个形状的数据中包含重要的空间信息。一般来说，空间上邻近像素数值相近，各通道之间的像素值也有密切的关系，而相距较远的像素之间关联性较小，上述三维形状中可能含有值得提取的本质模式。若作为全连接层的输入，图像将被平整成一维数据，一个像素值是一个神经元，通道间以及相邻像素间的关联被破坏，无法有效利用上述与形状相关的信息。

卷积层是卷积神经网络的核心部分，卷积层对输入的多通道矩阵数据直接进行卷积，输出卷积后的多通道特征图。卷积层使神经网络共享权重和局部感知，有效减少了参数数量，并利用了形状信息。

2. 卷积层处理

1) 卷积运算过程

卷积(convolution)是分析数学中的一种运算方式。在信号处理或图像处理中，经常使用一维卷积或二维卷积。先来看一维卷积，图 5.5 给出了一维卷积示例。其中，$X=[x_1,x_2,\cdots,x_n]$ 是输入信号，$W=[w_1,w_2,\cdots,w_n]$ 是卷积核(也称为滤波器)，

随着卷积核[-1,0,1]滑过输入信号，对应位置的元素相乘并计算出的总和(也称为乘加运算)作为当前窗口位置的输出，一般情况下卷积核的长度 n 远小于输入序列长度。输入信号与卷积核的一维卷积操作可以写为

$$y_i = \sum_{k=1}^{n} w_k x_{i+k-1} \tag{5.72}$$

也可写为 $\boldsymbol{Y} = \boldsymbol{W} \otimes \boldsymbol{X}$，$\otimes$ 代表卷积运算。

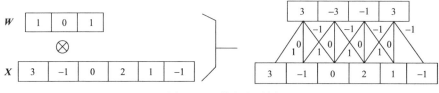

图 5.5　一维卷积示例

相比于一维卷积，二维卷积在两个维度上以一定的间隔滑动二维滤波窗口，并在窗口内进行乘加运算，如图 5.6 所示。这里是一个(4,4)的输入，卷积核的大

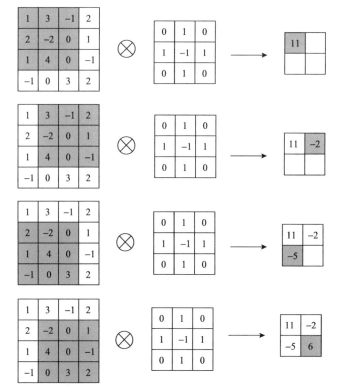

图 5.6　二维卷积示例

小是(3,3)，输出大小是(2,2)。当卷积核窗口滑过输入时，卷积核与窗口内(图中阴影部分)的输入元素做乘加运算，并将结果保存到输出对应的位置，在卷积核滑过所有位置后二维卷积操作完成。

对于输入信号 X 与卷积核 W 的二维卷积操作 $Y = W \otimes X$，有

$$y_{i,j} = \sum_{u=1}^{h} \sum_{v=1}^{w} w_{u,v} x_{i+u-1, j+v-1} \tag{5.73}$$

2) 填充和步长

在对输入数据进行卷积操作之前，有时需要向输入数据周围补充一些固定的常数，这个操作称为填充(padding)。如图 5.7 所示，zero_padding=1 的操作使大小为(4,4)的输入数据周围填充了幅度为 1 的常数 0。输入大小为(4,4)的数据在 zero_padding=1 的操作后变为(6,6)，再经过(3,3)的卷积后输出大小为(4,4)的数据。填充的目的主要是调整输出数据的大小，输入大小(4,4)经过(3,3)的卷积后输出大小为(2,2)的数据，经过 zero_padding=1 的操作再卷积，输出大小为(4,4)，使得输入数据的形状与输出数据的形状保持不变。

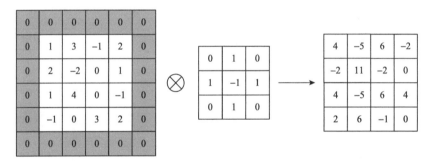

图 5.7　填充 0

步长(stride)是指卷积核窗口滑动的位置间隔。如图 5.8 所示，输入大小为(5,5)的数据，以步长 2 进行卷积，输出特征图的大小为(2,2)。综上，填充和步长都会改变卷积输出数据的大小。

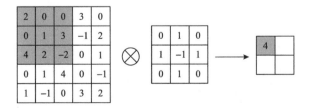

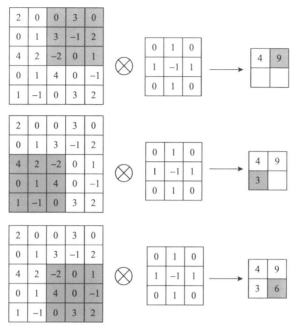

图 5.8　步长为 2 的卷积

设输入特征图的大小为 (H, W)，卷积核的大小为 (h, w)，填充为 p，步长为 s，则卷积输出大小为

$$\mathrm{OH} = \frac{H + 2p - h}{s} + 1 \tag{5.74}$$

$$\mathrm{OW} = \frac{W + 2p - w}{s} + 1 \tag{5.75}$$

当步长 s 为 1、填充 $p = (w-1)/2$ 时，为 same 卷积。当步长为 1、填充 $p = w-1$ 时，为 full 卷积。当步长为 1、填充 $p = 0$ 时，为 valid 卷积。

3）三维卷积与多卷积核

输入到卷积层的特征图（或者原始图像）是三维数据，不仅有高、宽两个维度，还有通道维度，因此输入特征图和卷积核都用三维数组表示，按照通道（Channel，简写为 C）、高（Height，简写为 H）、宽（Width，简写为 W）的形状书写。在卷积层的三维卷积操作中，输入特征图形状为 (C, H, W)，卷积核形状为 (KC, KH, KW)，C 与 KC 相等，因此在通道维度上无须滑动。

一个卷积核输出一幅特征图，即输出了通道数为 1 的特征图。假设使用了 KN 个不同的卷积核，将产生 KN 张特征图，输出数据的形状为 (KN, OH, OW)。三维

卷积可表达为

$$y_{n,i,j} = \sum_{l=1}^{C} \sum_{u=1}^{KH} \sum_{v=1}^{KW} w_{n,l,u,v} x_{l,i+u-1,j+v-1} \tag{5.76}$$

式中，$n = 1, 2, \cdots, KN$；$i = 1, 2, \cdots, OH$；$j = 1, 2, \cdots, OW$。可以认为，卷积核又增加了一个度，成为四维数据，这个四维数据的形状为 (KN, C, KH, KW)，第一维的大小决定了输出数据的通道数，第二维的大小由输入数据的通道数决定，卷积核中参数的数量为 $KN \times C \times KH \times KW$。

4）卷积层中的偏置

卷积层中也有偏置，且每个输出通道存在一个偏置（即前述的神经元阈值），因此偏置第一维的长度等于输出特征图的通道数，其形状为 $(KN, 1, 1)$。在卷积操作完成后，偏置 b 与卷积的输出特征图相加，即

$$y_{n,i,j} = \sum_{l=1}^{C} \sum_{u=1}^{KH} \sum_{v=1}^{KW} w_{n,l,u,v} x_{l,i+u-1,j+v-1} + b_n \tag{5.77}$$

上述输出的特征图同样可以经过激活函数加以处理，这里不再详述。

在训练神经网络时，为了加快运算速度，通常使用 mini-batch 样本，假设其样本的个数为 N，卷积神经网络在输入特征图与输出特征图上再增加一维，使得网络能够与全连接前馈网络一样，一次能对数据进行批处理。例如，N 个输入被打包成一个输入张量 (N, C, H, W)，KN 个卷积核分别作用于输入张量中的 N 张特征图 (C, H, W)，最后输出 N 个特征图打包的输出张量 (N, KN, OH, OW)。

综上可见，卷积层采用了权值共享，即卷积核在滑过整个输入图像/特征图时，卷积核的参数是固定不变的。当输出同一通道的特征图时，卷积核是共享的，这样可以极大地减少参数。需要注意的是，权值只是对同一通道的神经元共享，多组卷积核提取不同的特征，不同通道之间权值（权重）是不共享的。此外，偏置是对同一输出通道的所有神经元都是共享的。

卷积层还具有局部感知的特性。卷积操作关注的是局部数据（如像素），一个神经元只与卷积核滑过的局部区域像素相连，而全连接层中一个神经元的感受野覆盖了全部输入。卷积层的这种局部连接方式保留了输入数据原有的空间联系，并且卷积神经网络中每一层的输入特征图或者卷积核的大小是不同的，在不同层有不同的感知范围。随着网络的加深，每个神经元的感受野逐步增大，对图像特征的提取也从局部到整体。这种局部连接保证了学习后的卷积核能对局部的输入特征有最强的响应。

3. 池化层和归一化层

1) 池化层处理

池化层 (pooling layer) 也称为子采样层，该层的作用是对网络中的特征进行选择，降低特征数量，从而减少参数数量和计算开销。池化操作独立作用在特征图的每个通道上，以减小所有特征图的尺寸。如图 5.9 所示，一个滑窗大小为 2×2、步长为 2 的池化操作，将 $(128,112,112)$ 的特征图池化为 $(128,56,56)$ 的特征图。池化层降低了特征维的宽度和高度，也能起到防止过拟合的作用。

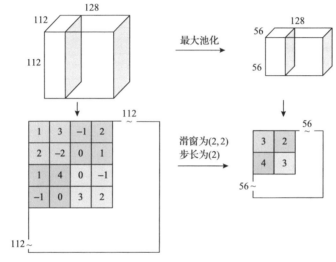

图 5.9　池化操作

设池化层的输入特征图 $\boldsymbol{X}$ 为 $C\times H\times W$ 维，输出特征图 $\boldsymbol{Y}$ 为 $C\times OH\times OW$ 维，对于每一个通道上的特征图 $\boldsymbol{X}_c$，池化 (pooling) 是将滑窗中所有的值下采样到一个值。最常见的池化操作为最大池化 (max pooling)，池化时取滑窗内所有神经元的最大值，表达式为

$$y_{c,i,j}=\max_{u\in[1,h],v\in[1,w]}\{x_{c,i+u-1,j+v-1}\} \tag{5.78}$$

还有一种池化称为平均池化 (average pooling)，池化时取滑窗内所有神经元的平均值，表达式为

$$y_{c,i,j}=\operatorname*{average}_{u\in[1,h],v\in[1,w]}\{x_{c,i+u-1,j+v-1}\} \tag{5.79}$$

最常见的池化层使用大小为 2×2、步长为 2 的滑窗操作，有时窗口尺寸为 3，更大的窗口尺寸会急剧减少特征的数量，造成过多的信息损失。

2)归一化层处理

批归一化(batch normalization, BN)层是由 Google 公司的 DeepMind 团队提出的在深层神经网络各层之间进行数据批归一化的算法，以解决深层神经网络内部协方差偏移问题，使网络训练过程中各层梯度的变化趋于稳定，并使网络在训练时能更快地收敛。内部协方差偏移是由于深层神经网络中每层的输入在不断变化，每层的参数需要不断更新以适应输入的新分布。批归一化就是将各层的数据强制拉回均值为 0、方差为 1 的正态分布，使得各层的分布一致，训练过程也随之平衡。

批归一化的具体过程如算法 5.2 所示，首先是求数据的均值和方差，由此进行归一化，然后对归一化后的数据进行一定的缩放和平移。这是因为归一化后数据服从均值为 0、方差为 1 的正态分布，此时一些激活函数(如 sigmoid)的线性区减少了非线性，导致网络表达能力下降，因此增加两个参数 γ 和 β，用于调节缩放和平移的程度。这两个参数通过学习得到，用来对归一化的数据进行逆变换，在一定程度上增强了表达能力。当 $\gamma = \sqrt{\sigma_B^2 + \varepsilon}$、$\beta = \gamma\mu_B / \sqrt{\sigma_B^2 + \varepsilon}$ 时，$y_i = x_i$，归一化后的数据恢复为原始数据。

算法 5.2　批归一化算法

输入：每个 min-batch 中某维数据 x 的值 $\{x_i \mid i = 1, 2, \cdots, N\}$

　　　参数 γ, β

输出：批归一化结果值 $\{y_i = \mathrm{BN}_{\gamma,\beta}(x_i)\}$

过程：

1　计算均值 $\mu_B \leftarrow \dfrac{1}{N} \sum\limits_{i=1}^{N} x_i$

2　计算方差 $\sigma_B^2 \leftarrow \dfrac{1}{N} \sum\limits_{i=1}^{N} (x_i - \mu_B)^2$

3　计算归一化数据 $\hat{x}_i \leftarrow \dfrac{x_i - \mu_B}{\sqrt{\sigma_B^2 + \varepsilon}}$

4　进行缩放和平移 $y_i = \gamma \hat{x}_i + \beta \equiv \mathrm{BN}_{\gamma,\beta}(x_i)$

此外，批归一化的作用还体现在能够减小训练时每层梯度的变化幅度，使得梯度稳定在合适的变化范围内，降低了梯度对参数的尺度与初始值的依赖，降低了调参的难度，并且批归一化可以使网络在训练时使用更大的学习率。

批归一化在训练与推断时关于均值与方差的计算是有区别的。批归一化在训练时可根据 mini-batch 个样本内的数据来统计均值和方差，但在推理过程中，希望输出仅与输入相关，并且输入只有一个实例，无法计算 mini-batch 个样本的均值和方差。可以用从全体训练样本中获得的统计量来代替 mini-batch 个样本的均值和方差的统计量。全局的均值和方差可以通过 mini-batch 个小样本的均值和方差来估计。

$$E[x] \leftarrow E_B[\mu_B] \tag{5.80}$$

$$\mathrm{Var}[x] \leftarrow \frac{m}{m-1} E_B[\sigma_B^2] \tag{5.81}$$

在实际使用中，批归一化算法一般作为独立的层灵活嵌入深层神经网络的各层之间。在与卷积层结合时，批归一化层一般位于卷积层与激活函数之间。批归一化层的效果显著，在先进的神经网络架构中得到广泛应用。批归一化算法也存在一些问题：①当 mini-batch 太小时，作用不明显；②不利于像素级生成任务；③对循环神经网络等动态网络作用不大；④训练与推断时统计量不一致。

针对批归一化的这些问题，人们提出了层归一化、实例归一化和组归一化等方案。

层归一化在单个训练样本中计算一层中所有神经元响应的均值和方差，然后对这些响应进行归一化操作，这样层归一化在训练和推断时执行完全相同的计算，不存在统计量不一致的问题。并且，层归一化在每个时间步骤分别计算归一化统计量，这也更适用于循环神经网络等动态结构，在稳定循环网络中的隐状态方面非常有效。

实例归一化进一步缩小了归一化统计量的计算范围，对一层特征的某一通道计算均值和方差，然后对此通道的特征进行归一化操作，重复操作直至此层所有通道完成归一化。

组归一化作为层归一化和实例归一化的折中方案，对一层特征图在通道维度上进行分组，计算组内所有特征的均值和方差，然后对此组特征进行归一化操作，重复操作直到所有组完成归一化。组归一化在 mini-batch 比较小时的作用比批归一化明显。图 5.10 对以上归一化方法的计算进行总结，将尺寸为 (N, C, H, W) 的特征图中最后两个维度级联成一维以便观察，图中深色部分表示不同归一化方法计算统计量时所选取的不同特征。

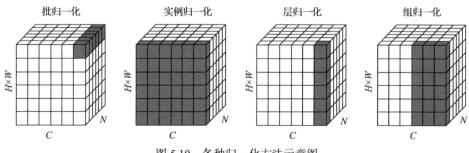

图 5.10　各种归一化方法示意图

4. 卷积神经网络输出与用途

在卷积神经网络中，神经网络的输出更加灵活，其用途也非常灵活和丰富。卷积神经网络可以多次堆叠卷积层、池化层、批归一化层，最后是一个全连接层或多个全连接层，全连接层神经元用于输出。这种卷积神经网络主要进行传统的分类和回归。

卷积神经网络更为重要的用途是进行具有空间信息意义的预测。卷积神经网络中的卷积采用了局部连接，卷积层和池化层特征图的每个位置都具有一定的空间信息，特征图每个位置的数据都可用于预测局部空间对应的类别概率（分类问题）或者预测以此局部空间为基准的数值取值（回归问题）。这种情况下，卷积神经网络甚至不再采用全连接层，而将某个卷积层的特征图直接作为输出，甚至多个卷积层的特征图均可以作为输出。例如，目标检测算法通常采用这种输出方式，具体可参考相关文献（涂铭等，2022）。5.3.2 节叙述卷积神经网络的训练（参数学习）时，仍以传统分类用途为出发点，其他用途和传统用途在训练时没有大的差别。

5.3.2　卷积神经网络中的反向传播

在卷积神经网络中，参数为卷积核中的权重及偏置，也通过误差反向传播算法进行学习。在全连接前馈神经网络中，每一层的误差累积项在网络中反向传播，参数修正所需的梯度主要通过每一层的误差累积项来计算。在卷积神经网络中，需要分别计算卷积层和池化层的误差累积项，然后进一步计算各层参数的梯度。

1. 求池化层到上一层的反向传播误差累积项

首先，已知池化层的误差累积项 δ^{l+1}，求上一层（第 l 层）的误差累积项 δ^l。在前向传播中，一般会用 Max 函数或者 Average 函数对输入进行池化操作，池化操作时滑窗的位置是已知的。在反向传播中，需要先把 δ^{l+1} 所有特征图的大小还原成池化操作之前的大小，然后分配误差。若使用的是最大值池化，则把 δ^{l+1} 中特征图的各个值放在池化前最大值的位置。如果使用的是平均池化，则特征图中的各个值平均分配到所有位置，这个过程一般称为上采样，如图 5.11 所示。

由以上操作得到的误差累积项 δ^l 的计算公式为

$$\delta^{(l)} = \frac{\partial \mathrm{loss}}{\partial \mathbf{Z}^{(l)}} = \mathrm{upsample}(\delta^{(l+1)}) \odot f'(\mathbf{Z}^{(l)}) \tag{5.82}$$

式中，$\mathbf{Z}^{(l)}$ 为第 l 层（如卷积层）神经元的净输入；$\odot$ 为对应元素相乘；$f'(\mathbf{Z}^{(l)})$ 为激活函数导数在净输入下的值。

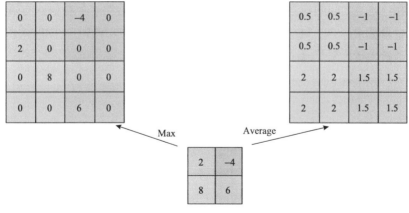

图 5.11　上采样操作

2. 求卷积层到上一层的反向传播误差累积项

已知卷积层的误差累积项 $\boldsymbol{\delta}^{l+1}$，求上一层(第 l 层)的误差累积项 $\boldsymbol{\delta}^l$。假设上一层(第 l 层，如池化层)输出 C 个通道，即有 C 张特征图，第 $l+1$ 层(为卷积层)有 KN 个卷积核，输出 KN 张特征图。对第 l 层中每个通道特征图的误差累积项来说，第 $l+1$ 层所有特征图的误差累积项 $\boldsymbol{\delta}^{l+1}$ 与第 $l+1$ 层卷积核的转置卷积是其重要组成部分。下面是第 l 层第 i 个通道误差累积项的计算方法：

$$\boldsymbol{\delta}^{(l,i)}=\left[\sum_{j=1}^{KN}\mathrm{rot}180(\boldsymbol{W}_{j,i}^{(l+1)})\otimes\boldsymbol{\delta}^{(l+1,j)}\right]\odot f'(\boldsymbol{Z}_i^{(l)}) \tag{5.83}$$

式中，$\boldsymbol{W}_{j,i}^{(l+1)}$ 代表第 $l+1$ 层(卷积层)的第 j 个卷积核的第 i 个通道参数矩阵；rot180 代表将其旋转 $180°$(即左右翻转后上下翻转)；$\boldsymbol{Z}_i^{(l)}$ 代表第 l 层第 i 通道的神经元净输入。$\boldsymbol{W}_{j,i}^{(l+1)}$ 旋转后与上一层第 j 个通道的误差累积项矩阵 $\boldsymbol{\delta}^{(l+1,j)}$ 进行全(full)卷积操作，然后，对 KN 个卷积核进行上述卷积操作，将得到的误差累积项特征图的对应元素进行求和，最后将求和后的误差累积项矩阵(对应第 l 层第 i 个通道)元素与第 l 层对应位置净输入的激活函数导数值相乘。

3. 求各层权重偏置的梯度

前面分别给出从池化层求出卷积层的误差累积项、从卷积层求出池化层的误差累积项的公式。池化层是没有权重的，也就没有权重的导数。现在进行卷积层权重和偏置项的求导，即求对权重和偏置参数的梯度值。

假设现在需要求第 $l-1$ 层(输出)的第 i 个通道 $\boldsymbol{X}_i^{(l-1)}$，与第 l 层(卷积层)的第

j 个(输出)通道之间的权重和偏置的导数，即对第 l 层的第 j 个卷积核的第 i 个通道的权重参数求导，已知本卷积层的误差累积项 $\boldsymbol{\delta}^l$ (已经由第 1 个问题求出)和本卷积层的输入 $\boldsymbol{X}^{(l-1)}$ ，则计算公式如下：

$$\frac{\partial \text{loss}}{\partial \boldsymbol{w}_{j,i}^{(l)}} = \boldsymbol{X}_i^{(l-1)} \otimes \boldsymbol{\delta}_j^{(l)} \tag{5.84}$$

需要说明的是，这里 $\otimes$ 为 0 填充的 valid 卷积； $\boldsymbol{\delta}_j^{(l)}$ 代表误差累积项的第 j 个通道； $\boldsymbol{X}_i^{(l-1)}$ 代表卷积层输入的第 i 个通道。

对第 l 层(卷积层)的第 j 个(输出)通道之间的偏置求导数，计算公式如下：

$$\frac{\partial \text{loss}}{\partial b_j^{(l)}} = \sum_{u,v=1}^{\text{OH,OW}} \delta_{j,u,v}^{(l)} \tag{5.85}$$

式中，第 l 层误差累积项第 j 个通道 $\boldsymbol{\delta}_j^{(l)}$ 有 $\text{OH} \times \text{OW}$ 个元素，每个元素记为 $\delta_{j,u,v}^{(l)}$ 。

例如，如果第 l 层输入的第 i 个通道矩阵大小为 4×4 ，如图 5.12(a)所示，第 $l+1$ 层第 j 个(输出)通道的误差累积项矩阵大小为 3×3 ，如图 5.12(b)所示。$\boldsymbol{W}_{j,i}^{(l)}$ 的大小为 2×2 ，因此 $\boldsymbol{W}_{j,i}^{(l)}$ 导数的大小也为 2×2 ，且其结果如图 5.13 所示。此时偏置值 $b_j^{(l)}$ 的导数为 1.2，将区域的误差累积项相加即可。

16	2	3	13
5	11	10	8
9	7	6	2
4	14	15	1

(a)

0.8	0.1	−0.6
0.3	0.5	0.7
−0.4	0	−0.2

(b)

图 5.12　输入通道数据与输出通道误差累积项

16	2	3	13
5	11	10	8
9	7	6	2
4	14	15	1

$*$

0.8	0.1	−0.6
0.3	0.5	0.7
−0.4	0	−0.2

=

20.4	2.8
4.9	12.7

图 5.13　输入通道数据与输出通道误差累积项的 valid 卷积

$$\frac{\partial \mathrm{loss}}{\partial b_j^{(l)}} = 0.8 + 0.1 - 0.6 + 0.3 + 0.5 + 0.7 - 0.4 - 0.2 = 1.2 \tag{5.86}$$

因为 $b_j^{(l)}$ 对 $\boldsymbol{\delta}_j^{(l)}$ 中的每个节点都有贡献，所以按照多项式的求导规则(和的导数等于导数的和)容易得到。

5.4　神经网络在决策策略建模中的应用

5.4.1　拟合状态价值函数与直接生成动作

1. 神经网络用于拟合状态动作价值函数

第 4 章叙述了强化学习生成决策策略时，决策策略主要依据状态价值函数和状态动作价值函数。在一般情况下，上述状态价值函数或状态动作价值函数可采用表格进行存储，但当状态或状态-动作对无限多时，第 4 章采用最简单的线性函数来近似状态价值函数和状态动作价值函数，但线性函数近似复杂函数的能力有限。近些年，神经网络特别是深层神经网络发展迅速，能很好地拟合复杂的状态动作价值函数和状态价值函数。

可以将当前状态 s 作为神经网络的输入，也可以将之前多个时刻的状态处理综合后作为神经网络的输入。设计深层神经网络结构，令神经网络的输出神经元对应当前状态 s 使用动作后(再接着使用本策略)的累积奖励值，这种网络称为状态动作价值网络。假定上述状态动作价值网络已经训练好，依据该网络的输出，可选择最大效用期望值的动作，这就是决策策略。因此，状态动作价值网络间接建模了复杂的、难以直接描述的策略知识。状态动作价值网络参数的训练方法最为著名的就是深度 Q 学习算法及其改进，它将奖励作为环境反馈，迭代求解状态动作价值网络的参数，属于基于状态价值函数的强化学习。有关深度 Q 学习算法，将在第 6 章结合游戏决策实例进行讲述，本章首先关注神经网络直接建模决策策略。

2. 神经网络用于直接生成动作

使用状态 s 作为深层神经网络的输入，在离散动作空间下，令神经网络的输出神经元对应离散动作概率值；在连续动作空间下，令神经网络的输出神经元直接对应连续动作取值，这样的网络称为策略网络。基于策略网络，在不同状态下就能生成该策略下的序列动作。策略网络就是决策策略知识的数学模型，表达了复杂状态到动作间的映射。下面叙述策略网络参数的训练，这类训练统称为基于策略的强化学习。

仍然假定虚拟环境为单智能体马尔可夫决策环境，智能体在环境中探索一定状态下一定动作的奖励。以离散动作空间为例，采集输入状态、策略网络输出值、奖励值构成样本，用多个样本估计累积效用期望值，按最大化效用期望值原则来训练策略网络。求解最大期望效用下策略网络各个参数的导数，按梯度方向修正策略网络参数，这种强化学习算法也称为策略梯度法，也属于无模型强化学习。

在环境中执行策略网络建模的策略，获得如下轨迹：

$$\tau = \langle s_0, a_0, r_0, s_1, a_1, r_1, \cdots, s_T, a_T, r_T \rangle \tag{5.87}$$

式中，s_0 代表第一个状态；a_0 代表在第一个状态下策略选择的动作；r_0 代表获得的奖励，$s_i, a_i, r_i (i=1,2,\cdots,T)$ 依此类推。训练策略网络必须设立目标函数，本节的目标函数是轨迹 τ 的累积奖励期望，也就是环境历史的效用期望值，该值越大，策略下的决策越好。设轨迹 τ 的累积奖励为 $R(\tau)$，轨迹的累积奖励期望可以表示为

$$U(\theta) = \sum_{\tau} P(\tau;\theta) R(\tau) \tag{5.88}$$

式中，θ 代表策略网络中的参数；$P(\tau;\theta)$ 代表在该策略下轨迹发生的概率，目标函数就是式 (5.88)。

有了目标函数 $U(\theta)$，对参数 θ 求梯度（梯度是目标函数对策略网络中各个参数的偏导数）：

$$\begin{aligned} \nabla_{\theta} U(\theta) &= \nabla_{\theta} \sum_{\tau} P(\tau;\theta) R(\tau) = \sum_{\tau} \nabla_{\theta} P(\tau;\theta) R(\tau) \\ &= \sum_{\tau} P(\tau;\theta) \frac{\nabla_{\theta} P(\tau;\theta) R(\tau)}{P(\tau;\theta)} \\ &= \sum_{\tau} P(\tau;\theta) \nabla_{\theta} \log P(\tau;\theta) R(\tau) \end{aligned} \tag{5.89}$$

优化策略主要根据上述梯度，按一定步长修正策略网络参数 θ。

在实际过程中，有 m 条轨迹数据，那么策略的梯度可以用 m 条轨迹的经验值平均来估计：

$$\nabla_{\theta} U(\theta) \approx \hat{g} = \frac{1}{m} \sum_{i=1}^{m} \nabla_{\theta} \log P(\tau;\theta) R(\tau) \tag{5.90}$$

式中，$P(\tau;\theta)$ 为 $\tau = \langle s_0, a_0, r_0, s_1, a_1, r_1, \cdots, s_T, a_T, r_T \rangle$ 发生的概率。由状态的马尔可夫特性可得

$$P(\tau;\theta) = P(s_0) \cdot P(a_0 \mid s_0;\theta) \cdot P(s_1 \mid s_0, a_0) \cdot P(a_1 \mid s_1;\theta) \cdot P(s_2 \mid s_1, a_1) \cdots \tag{5.91}$$

也就是

$$P(\tau;\theta)=P(s_0)\prod_{t=0}^{T}P(a_t\mid s_t;\theta)\cdot P(s_{t+1}\mid s_t,a_t) \tag{5.92}$$

状态转移概率 $P(s_{t+1}\mid s_t,a_t)$ 和先验概率 $P(s_0)$ 与当前策略参数没有关系，而 $P(a_t\mid s_t;\theta)$ 由策略参数确定。这样，策略梯度公式可以简化为

$$\nabla_\theta U(\theta)\approx\hat g=\frac{1}{m}\sum_{i=1}^{m}\left[\sum_{t=0}^{T}\nabla_\theta\log P(a_t^{(i)}\mid s_t^{(i)};\theta)\right]R(\tau^i) \tag{5.93}$$

式中，$P(a_t^{(i)}\mid s_t^{(i)};\theta)$ 代表在策略下根据状态选择动作 $a_t^{(i)}$ 的概率，如前所述，也记作 $\pi(a_t^{(i)}\mid s_t^{(i)})$，用它代替式(5.93)中的 $P(a_t^{(i)}\mid s_t^{(i)};\theta)$，可得

$$\nabla_\theta U(\theta)\approx\hat g=\frac{1}{m}\sum_{i=1}^{m}\left[\sum_{t=0}^{T}\nabla_\theta\log\pi(a_t^{(i)}\mid s_t^{(i)})\right]R(\tau^i) \tag{5.94}$$

式(5.94)又可写为

$$\nabla_\theta U(\theta)\approx\hat g=\frac{1}{m}\sum_{i=1}^{m}\sum_{t=0}^{T}\nabla_\theta\log\pi(a_t^{(i)}\mid s_t^{(i)})R(\tau^i) \tag{5.95}$$

式中，$R(\tau^i)$ 代表第 i 条轨迹得到的累积奖励(历史环境的效用)：

$$R(\tau^i)=\sum_{t=0}^{T}\gamma^t r_t^{(i)} \tag{5.96}$$

在式(5.95)中，每个动作相关项 $\nabla_\theta\log\pi(a_t^{(i)}\mid s_t^{(i)})$ 都乘以 $R(\tau^i)$，然而当前动作其实与过去的奖励没有关系，因此每个动作相关项只需要乘以该状态以后的累积奖励，最终的梯度公式可写为

$$\nabla_\theta U(\theta)\approx\hat g\approx\frac{1}{m}\sum_{i=1}^{m}\sum_{t=0}^{T}\nabla_\theta\log\pi(a_t^{(i)}\mid s_t^{(i)})\left(\sum_{k=t}^{T}\gamma^{k-t} r_k^{(i)}\right) \tag{5.97}$$

5.4.2　策略网络的训练

1. 策略网络的基本结构

综上，策略网络的输入是环境中的状态，现实环境中的状态可能是一个高维

的向量，还有可能包括地图等矩阵型数据。针对向量型输入数据，策略网络可以采用全连接对其进行深层次运算；针对矩阵型输入数据，策略网络可以采用卷积、池化等对其进行深层次运算。

策略网络的输出根据动作空间情况来确定。在实际问题中，有些动作空间是离散值的集合，例如，围棋中落子动作对应有限离散的棋盘格位置，也有连续取值动作空间的情形，例如，自动驾驶的方向和速度的取值在一定的连续区间内。针对离散动作情况，可以设计输出神经元与离散动作一一对应，动作空间 A 中有几个动作，就有几个输出神经元，每个输出神经元代表采用该动作的概率；针对连续动作，可以直接用输出神经元对应连续动作值，在探索时，可以用输出神经元值作为连续动作的均值，在已知方差或者由另一个神经元输出方差条件下，在用上述条件确定的高斯分布下随机采样动作，即采用高斯策略获取动作。

由于目标是使期望奖励取得最大，策略网络参数修正的公式为

$$\theta \leftarrow \theta - \eta \cdot (-\nabla_\theta U(\theta)) \tag{5.98}$$

即沿着梯度的方向进行更新，而不是最小化损失函数时的负梯度方向。在实施时，每次要从训练集中随机取 mini-batch 个样本来计算梯度。下面着重讲述在强化学习中如何获取策略网络训练的样本，以及如何根据样本具体计算目标函数 $U(\theta)$ 或者直接计算梯度 $\nabla_\theta U(\theta)$。仍然以离散取值动作和连续取值动作两种情况分别叙述。

2. 离散取值动作下策略网络的样本获取与训练

探索的过程就是获取样本的过程。针对离散取值动作，可以进行 Softmax 探索。从初始状态开始，向策略网络输入当前环境状态，用当前网络权重参数(最开始采用随机赋值参数)计算网络输出，得到各个动作的概率，依据各个动作的概率随机选择动作，若各个动作的概率相当，则每个动作都有可能被选中，若某个动作的概率显著高于其他动作，则该动作被选中的可能性显著增大(但仍有可能未被选中)。将选中的动作作用于环境，观察获得的奖励 $r_t^{(i)}$，再进行探索、记录，直至定长轨迹生成(或者进入终止状态而得到一条轨迹)。在一条轨迹下，重新计算每个状态开始的 γ 折扣累积奖励：

$$R(t) = \sum_{k=t}^{T} \gamma^{k-t} r_k^{(i)}, \quad t = 0, 1, 2, \cdots, T \tag{5.99}$$

式中，T 为轨迹的长度。最终得到一条轨迹对应的 $T+1$ 个样本数据，每个样本数据对应策略网络的输入状态量、策略网络应输出动作、累积奖励值，将它们记为三元素 $(s_t, a_t, R(t))$，其中 $a_t \in \{0, 1, 2, \cdots, d-1\}$，$d$ 为动作空间中动作的个数。

根据这些数据，首先将 s_t 代入神经网络，神经网络输出值代表各个动作的实际概率。根据样本标签 a_t，神经网络的理想输出是第 a_t 个神经元输出为 1，其余输出为 0，计算实际概率与理想概率的交叉熵，得到 $-\log\pi(a_t^{(i)}\mid s_t^{(i)})$，交叉熵乘以 $R(t)$ 得到的函数称为损失函数，该函数与原期望最大的目标函数相比多了一个负号。求解损失函数对参数的梯度，直接对应了 $-\nabla_\theta U(\theta)$。

3. 连续取值动作下策略网络的样本获取与训练

针对连续取值动作，从初始状态开始，向策略网络输入当前环境状态，用当前网络权重参数(最开始采用随机赋值参数)计算网络输出，得到连续取值动作的均值和方差(针对每个连续动作网络，可设计输出均值和方差两个回归量)，根据由均值和方差确定的高斯分布，采样得到连续动作值用于环境探索，观察动作值作用于环境获得的奖励，再进行探索、记录，直至轨迹生成(或者进入终止状态而得到一条轨迹)。在一条轨迹下，同样重新计算每个状态开始的折扣累积奖励，最终得到一条轨迹对应的 $T+1$ 个样本数据，各个时刻策略网络的输入状态量、策略网络对应的连续动作值、累积奖励值记为 $(s_t,a_t,R(t))$，其中 a_t 为动作值。

根据这些数据，首先将 s_t 代入神经网络，由神经网络输出值得到动作的均值 u_t 和方差 σ_t，将 a_t 代入高斯分布公式，得到

$$\pi(a_t\mid s_t)=\frac{1}{\sqrt{2\pi}}\mathrm{e}^{-\frac{(a_t-u_t)^2}{\sigma_t^2}} \tag{5.100}$$

$\pi(a_t\mid s_t)$ 求对数后乘以 $-R(t)$，得到损失函数，由损失函数对参数求梯度值，直接对应了 $-\nabla_\theta U(\theta)$，再利用式(5.98)更新策略网络的参数。

5.4.3　Actor-Critic 方法

1. Actor-Critic 方法的基本思想

前面在求解策略网络的目标函数中引入了期望效应值 $R(\tau^i)$：

$$\nabla_\theta U(\theta)\approx\hat{g}=\frac{1}{m}\sum_{i=1}^{m}\sum_{t=0}^{T}\nabla_\theta\log\pi(a_t^{(i)}\mid s_t^{(i)})\left(\sum_{k=t}^{T}\gamma^{k-t}r_k^{(i)}\right) \tag{5.101}$$

采用了经验轨迹的累积奖励来估计从当前状态开始使用策略而得到的期望效应值 $R(\tau^i)$，本质上就是状态价值函数，虽然为无偏估计，但估计的方差较大，带来了较大的噪声。

Actor-Critic(翻译为演员-评论家)方法在使用策略网络(这里将策略网络称为演员 Actor)选择动作的同时，还使用另一个神经网络估计状态价值函数，这个神

经网络称为评论家 Critic，记为 $V(s_t;w)$，其中 w 代表网络中的参数，$V(s_t;w)$ 代表从状态开始使用当前策略得到的期望效应。此外，为了进一步减小方差，在 Actor-Critic 方法中采用了如下策略梯度：

$$\nabla_\theta U(\theta) \approx \frac{1}{mT}\sum_{i=1}^{m}\sum_{t=0}^{T}\nabla_\theta \log \pi(a_t^{(i)}\mid s_t^{(i)})\big(\hat{Q}_t - V(s_t;w)\big) \qquad (5.102)$$

式中，$\hat{Q}_t$ 为当前估计的状态价值函数，其表达式为

$$\hat{Q}_t = \left(\sum_{k=t}^{T-1}\gamma^{k-t}r_k\right) + \gamma^{T-t}V(s_T;w) \qquad (5.103)$$

式 (5.103) 比式 (5.101) 中的期望效应值多了 $\gamma^{T-t}V(s_T;w)$，更为准确。$\hat{Q}_t$ 也可以采用时间差分法估计得到，其表达式为

$$\hat{Q}_t = r_t + \gamma V(s_{t+1};w) \qquad (5.104)$$

式中，在状态 s_t 下实施策略得到奖励 r，然后状态转为 s_{t+1}。这样，Critic 网络更加准确地指导策略更新(求策略网络参数的梯度)，进而带来了更好的求解效果。这种方法兼有基于价值函数和基于策略梯度方法的特点，Actor 负责更新策略，Critic 负责更新状态价值函数。

2. 网络的设计与训练

Actor 网络的设计与 5.4.1 节策略网络相同，这里阐述 Critic 网络的设计。Critic 网络的输入是状态，中间层根据输入情况可以采用卷积层、池化层、全连接层等，输出只有一个神经元，其值代表输入状态下采用 Actor 策略的累积期望值。为了使 Critic 网络的输出反映使用 Actor 策略后的累积奖励，Critic 网络也可以以 Actor 网络中的某层数据为输入，再以当前状态为输入，这两种输入级联后，再加上卷积层、池化层、全连接层，得到一个神经元的输出。

获取样本的过程就是 Actor 网络探索的过程。针对离散取值动作，进行 Softmax 探索；针对连续取值动作，进行高斯分布采样得到探索到的连续动作值，与 5.4.2 节相同。动作作用于环境，观察获得的奖励 $r_t(t=0,1,2,\cdots,T)$ 形成定长轨迹(或者进入终止状态而得到一条轨迹)。

首先，在当前 Critic 网络参数(初始参数随机给定)下，用轨迹中的最后一个状态 s_T 作为 Critic 网络的输入，计算网络输出 $V(s_T;w)$。然后，重新计算在此轨迹下每个状态开始的 γ 折扣累积奖励：

$$\hat{Q}_t = \sum_{k=t}^{T-1} \gamma^{k-t} r_k + \gamma^{T-t} V(s_T; w), \quad t = 0, 1, 2, \cdots, T \tag{5.105}$$

最终得到一条轨迹对应的 $T+1$ 个样本数据，每个样本数据对应策略网络的输入状态量、策略网络应输出动作、累积奖励值，将它们记为三元素 $(s_t, a_t, \hat{Q}(t))$。

若为离散动作，则 $a_t \in \{0, 1, 2, \cdots, d-1\}$，$d$ 为动作空间 A 中动作的个数，Actor 网络第 a_t 个(经过 Softmax 处理后)神经元输出值为 $\pi(a_t | s_t)$；若为连续取值动作，则将 a_t 作为均值代入高斯分布公式，得到 $\pi(a_t | s_t)$。最终，由式(5.106)计算梯度：

$$\nabla_\theta U(\theta) \approx \frac{1}{mT} \sum_{i=1}^{m} \sum_{t=0}^{T} \nabla_\theta \log \pi(a_t^{(i)} | s_t^{(i)}) \left(\hat{Q}_t - V(s_t; w) \right) \tag{5.106}$$

用式(5.98)更新 Actor 网络的参数。

Critic 网络参数更新的目标函数为

$$\frac{1}{mT} \sum_{i=1}^{m} \sum_{t=0}^{T} \left(\hat{Q}_t - V(s_t; w) \right)^2 \tag{5.107}$$

对此目标函数求 Critic 网络参数的偏导数，记为

$$\nabla_w \left[\frac{1}{mT} \sum_{i=1}^{m} \sum_{t=0}^{T} \left(\hat{Q}_t - V(s_t; w) \right)^2 \right] \tag{5.108}$$

更新 Critic 网络参数：

$$w \leftarrow w - \eta \cdot \nabla_w \left[\frac{1}{mT} \sum_{i=1}^{m} \sum_{t=0}^{T} \left(\hat{Q}_t - V(s_t; w) \right)^2 \right] \tag{5.109}$$

神经科学针对决策有著名的系统一和系统二理论：常用的无意识的系统一依赖情感记忆和经验迅速做出判断，类似于直觉，但系统一也很容易产生错觉；有意识的系统二，通过调动注意力来分析和解决问题并作出决定，它比较慢，不容易出错，能够通过分析因果进行推理，但是调用该系统需要极高的成本，理性人都是通过刻意训练达到运用系统二的绝佳策略。把著名的系统一和系统二的思想放到决策策略的学习角度来看，系统一是能够快速响应的本能决策系统，对应无模型的强化学习，而系统二是能够精细计算、计划和想象的决策系统，对应有模型的强化学习。此外，还需要一个脑模块对最终无论是来自系统一还是系统二的行为结构进行评估，查看它是否达到预期，该部分模型称为批评者，这与本节的 Actor-Critic 方法比较类似。

第6章 简单游戏中的智能决策技术

前面从理论上分析了智能体针对确定环境下问题搜索的推理决策方法，以及不确定环境下策略生成的强化学习算法。本章讨论网格世界类游戏和"雅达利"(Atari)游戏场景下智能决策的具体技术及 Python 语言实现。网格世界类游戏和"雅达利"游戏一般是单智能体随机不确定环境的实例，智能体初始时完全不具有策略知识，它需要从随机选择动作开始，通过强化学习使神经网络拟合状态动作价值函数，从而学习随机环境的特点，得到序列决策的策略。需要指出的是，目前深度强化学习大多局限于有即时奖励和简单游戏的场景，在奖励十分稀疏的场景下，单纯的深度强化学习显得力不从心。

6.1 OpenAI Gym 与虚拟环境

OpenAI Gym 是一款用于研发强化学习的工具包，提供了各类虚拟环境及统一的 Python 语言使用接口。Gym 0.13.1 版本提供了 154 个环境，包括：①经典控制问题环境，支持简单几何体运动控制策略的学习，其状态空间和动作空间比较小；②网格世界类游戏，将智能体限制在 $n \times n$ 格子的空间内，环境状态和动作空间相对较小；③ "雅达利"游戏环境，共 63 个 20 世纪经典游戏平台上的游戏，状态空间和动作空间较大，智能决策难度各异；④棋盘游戏虚拟环境等。图 6.1 展示了两款典型"雅达利"游戏画面，左侧为大蜜蜂，右侧为打砖块(Breakout)。

(a) 大蜜蜂   (b) 打砖块

图 6.1 "雅达利"游戏画面

在 Gym 中环境对应 Env 类，包含以下成员。

（1）action_space：Env 的成员变量，根据它可以得到有关动作空间的信息以及实施随机动作。

（2）observation_space：Env 的成员变量，根据它可以得到有关状态空间的信息。

（3）reset()：Env 的成员函数，用于将环境重置到初始状态，它可以是整数数值，代表状态的索引；也可以是 numpy 向量或矩阵，由虚拟环境对应的游戏决定。

（4）step()：Env 的成员函数，用于执行智能体的动作，并返回动作的结果，包括下一个状态、立即奖励以及本局（episode，也称为片段）是否结束的标记等。

（5）render()：Env 的成员函数，用于渲染环境，将环境可视化显示。

下列 Python 代码给出基本的虚拟环境用法：

```
import gym
env = gym.make('Breakout-v4')
total_reward = 0.0
total_steps = 0
state = env.reset()
while True:
    action = env.action_space.sample()
    obs, reward, done, _ = env.step(action)
    total_reward + = reward
    total_step += 1
    if done:
        break
```

首先安装 Gym，在 Python 语言中用 import gym 加载 Gym 库，创建虚拟环境，获得环境对象，用字符串“Breakout-v4”作为参数创建了第 4 版打砖块游戏的环境对象，返回给对象 env。

env.action_space.sample()采用随机采样方式获得打砖块动作空间中的动作 action，作为 env.step 的输入，作用于环境，返回下一个状态、立即奖励和本局（episode）结束与否的标记。后面的两个语句统计本局的累积奖励以及持续的总步数。重复上述过程，直至本局游戏结束。

6.2　表格 Q 学习与网格世界游戏决策

6.2.1　游戏环境与 Q 学习实现

湖面溜冰（FrozenLake）是一个网格世界类游戏，智能体可以朝 4 个方向移动：

上、下、左、右，采取向边界外移动的动作也是合法的，只是智能体的状态不发生改变。假设智能体在 4×4 网格中总是在左上角开始，在某些固定的单元格中有洞，它的目标是到达网格的右下角，如图 6.2 所示。由于网格都是结冰的湖面，智能体执行的动作不总如预期。例如，如果希望智能体向左移动，则它约有 33.3% 的概率确实向左移动，约有 33.3%的概率会停在目标单元格的上面，约有 33.3% 的概率会停在目标单元格的下面。因此，这个环境具有随机不确定性。在游戏中，如果智能体掉入洞中，游戏结束且奖励为 0，如果智能体到达右下角单元格，则获得 1.0 的奖励并结束，每次游戏结束都称为一个 episode，可以理解为一局游戏。

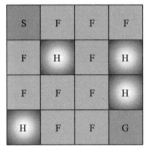

S: 起点
F: 冰面
H: 冰洞
G: 目标

图 6.2　湖面溜冰 4×4 游戏示意图

在湖面溜冰环境中，游戏的当前状态 state 是离散的，代表了智能体在网格中的当前位置，用 0～15 的数字来表征，对应其处于 4×4 网格中的某一个，代码中也称为 observation。动作空间也是离散的，用 0～3 的数字对应上、下、左、右四个方向。第 4 章中讲述了 Q 学习算法中决策任务在有限状态空间和动作空间上进行，状态和动作用一个编号来指代，状态动作价值函数可以用表格来存储和使用。因此，游戏的智能决策策略可以通过 Q 学习算法实现，下面使用 Python 语言来叙述通过 Q 学习算法来实现决策策略，并将状态动作价值函数值 $Q(s,a)$ 简记为 Q 值。

```
import gym
import numpy as np
import random as rd
#注册游戏环境
env = gym.make('FrozenLake4x4-v0')
#定义 Q 值表，初始值设为 0
Q = np.zeros([env.observation_space.n,env.action_space.n])
#设置学习参数
learningRate = 0.85
discountFactor = 0.95
```

```
#定义一个数组，用于保存每一回合得到的奖励
rewardList = []
train()
test()
print("Final Q-Table Values: ")
print(Q)
print("Success rate: " + str(sum(rewardList)/len(rewardList)))
```

上述代码首先导入所需要的 Gym 包和 numpy 数值运算包，注册游戏环境，传入的参数是要注册的游戏名称，这里注册的是"FrozenLake4x4-v0"游戏。然后定义 Q 值表，其中"env.observation_space.n"和"env.action_space.n"分别是"FrozenLake4x4-v0"这个游戏的状态空间和动作空间，其值分别为 16 和 4，所以该 Q 值表的大小为 16×4，Q 值表初始值设为 0，对应于算法 4.11 中的 $Q(s,a)=0$。

设置学习参数，"learningRate"和"discountFactor"分别是 Q 学习算法中更新 Q 值公式中的学习率和折扣因子，对应算法 4.11 第 6 行的 α 和 γ，而 rewardList 数组用于统计成功到达目标的局数，在伪码中没有出现。

Q 学习算法的核心是 train() 函数。

```
def train():
    for i_episodes in range(20000):
        #重置游戏环境
        s = env.reset()
        i = 0
        # 学习 Q-Table
        while i < 2000:
            i += 1
            #使用带探索( ε 贪心)的策略选择动作
            a = epsilon_greedy(Q, s, i_episodes)
            #执行动作，并得到新的环境状态、奖励等
            observation, reward, done, info = env.step(a)
            a_plus = np.argmax(Q[observation, :])
            #更新 Q值表
            Q[s, a] =(1-learningRate)* Q[s, a]+ learningRate *(reward +
                    discountFactor * Q[observation, a_plus])
            s = observation
            if done:
```

```
                break
    def epsilon_greedy(q_table, s, num_episodes):
        rand_num = rd.randint(0, 20000)
        if rand_num > num_episodes:
            #随机选择一个动作
            action = rd.randint(0, 3)
        else:
            #选择一个最优的动作
            action = np.argmax(q_table[s, :])
      return action
```

train()函数包括两个循环，内层 while 循环对应算法 4.11 中 for $t = 1, 2, \cdots$ do 部分，这里认为 2000 步前都会结束一局游戏，完成 Q 值表的学习。其中，epsilon_greedy()函数对应 ε 贪心算法探索，得到动作 a。随后对代码中 Q 值表更新进行了如下调整：

$$
\begin{aligned}
Q(s,a) &= Q(s,a) + \alpha[r + \gamma Q(s',a') - Q(s,a)] \\
&= (1-\alpha)Q(s,a) + \alpha[r + \gamma Q(s',a')]
\end{aligned}
\tag{6.1}
$$

env.step(a)返回的 reward 就是式(6.1)中的 r，而 s' 对应执行动作 a 后的新 observation。动作 a_plus 通过 Q 值表取最大 Q 值的动作，而非由 ε 贪心算法得到，a_plus 对应 a'，也就是进行了异策略学习。

train()函数的外层 for 循环在算法 4.11 中没有出现。它是进行 20000 局游戏，也就是在 20000 个 episode 下进行 Q 学习，学习到的策略知识存储在 Q 值表中。

6.2.2 湖面溜冰游戏决策

湖面溜冰游戏决策体现在 test()函数中，通过 $a = $np.argmax$(Q[s, :])$语句取 Q 值表中最大值的动作传给 env.step()函数，这里动作只有向左、向右、向上、向下四种，np.argmax 取出动作的编号(0～3)正是对应了四种动作之一。test()函数还使用数组 "rewardList" 来保存每局得到的累积奖励。由于只有在智能体到达目标位置后才会得到奖励值 1，其余状态的奖励值均为 0，所以在所有局都结束后，将"rewardList" 数组的元素值相加，其值即为所有成功到达目标位置的局数，用该值除以 "rewardList" 数组的长度就可以得到成功率。

```
    def test():
        for i_episodes in range(100):
            #重置游戏环境
```

```
s = env.reset()
i = 0
total_reward = 0
while i < 500:
    i += 1
    #选择一个动作
    a = np.argmax(Q[s, :])
    #执行动作,并得到新的环境状态、奖励等
    observation, reward, done, info = env.step(a)
    #可视化游戏画面(重绘一帧画面)
    env.render()
    #计算当前回合的总奖励值
    total_reward += reward
    s = observation
    if done:
        break
rewardList.append(total_reward)
```

6.3　DQN 与打砖块游戏决策

6.3.1　打砖块游戏环境

"雅达利(Atari)"打砖块游戏如图 6.1(b)所示,它通过挡板反弹小球,小球碰到砖块后会击碎砖块得分,消灭砖块后(过关后),又会重新绘制砖块,并且缩短挡板长度及加快小球运动速度。对智能体而言,它需要根据游戏画面(环境状态)不断决策挡板(球拍)向左移动、向右移动、不移动。打砖块游戏是一种较为综合的虚拟环境,具有延续、动态和一定的随机性特点,对于智能体学会决策乃至高水平决策有一定的挑战。

创建打砖块游戏环境对象 env 时有以下重要函数:

(1)env.reset,重置环境,返回一个随机的初始状态 state。

(2)env.step(action),用于将动作 action 作用于环境。打砖块游戏的动作是挡板向左移动、向右移动、不移动之一。输入 action 给 env,env 根据这个动作进入下一个状态。它的返回值有四个,state 是进入的新状态,reward 是采取这个动作得到的奖励,done 是当前游戏是否结束,info 是其他信息。reward 是在某种环境状态下执行动作后的奖励。执行动作后,可能游戏结束(小球没有被挡板反弹),

也可能挡板反弹了小球，并且在若干帧后小球击中砖块得 1 分。打砖块游戏非常符合状态动作价值函数描述的场景：在某种环境状态下，执行某种挡板动作，并且后续状态延续现有动作策略，得到累积奖励。

打砖块游戏以获得高得分为目标，目标状态是不确定的，结束状态是小球掉落或消完所有砖块通关。在打砖块游戏中，环境状态 state 由 (h, w, c) 维的 uint8 张量表征，h 和 w 为画面高方向和宽方向的像素数，c 为每个像素的数据数，对于彩色图就是 3。状态在物理上对应某一帧游戏画面，反映了当前砖块的位置、小球的位置以及挡板的位置。打砖块游戏中状态个数相较于第 2 章的"北京"问题、6.2 节的湖面溜冰游戏显著增大，这使得构建状态到动作的映射（即策略）难度增大。在打砖块游戏中往往要根据观察多帧状态决策采取何种动作，人类也是如此，这使得策略学习难度相对更大。

在如此海量的状态量下，按 6.2 节 Q 值表实施 Q 学习将会很困难。因此，出现了深层神经网络拟合 Q 值表的强化学习。DeepMind 团队于 2013 年提出了第一个 Deep Q-Network（Mnih et al., 2013），简称 DQN，在 2015 年改进为双网络的 DQN 算法（Mnih et al., 2015）。DQN 算法通过结合 Q 学习、经验回放机制以及卷积神经网络等技术，有效解决了深度学习与强化学习融合过程中出现的问题，实现了深度学习与强化学习的深层次融合。DQN 取得了巨大成功，在很多"雅达利"（Atari）游戏方面超越了人类水平。

6.3.2 DQN 算法过程

1. DQN 算法的核心思想

下面从神经网络近似 Q 值、求解网络两个方面叙述 DQN 算法的核心思想。DQN 算法中的 Q 值是指 $Q(s, a)$，也就是状态动作价值函数。神经网络通过其参数 θ 使得状态动作价值函数 $Q(s, a | \theta)$ 逼近最优状态动作值，记为 $Q^*(s, a)$：

$$Q(s, a | \theta) \approx Q^*(s, a) \tag{6.2}$$

深度学习能够自动提取数据中的抽象特征，当强化学习任务的状态空间高维连续时，使用深度学习较为合适。从高维的状态空间数据中学习状态动作价值，DQN 算法使用了卷积神经网络，该网络就是第 5 章所述的状态动作价值网络，它输出特定状态 s 下有限个数（如向左移动、向右移动、不移动等有限离散动作）的策略累积价值，智能体选择价值最大的动作 a 作为输出。上述过程的思想与 Q 学习算法一致。

如何更新状态动作价值网络中的连接权重参数，深度学习训练神经网络有着固定的输入数据 x 和输出标签 y。基于强化学习记录状态 s、动作 a 或奖励 r，DQN

算法中引入目标函数、目标网络、经验回放机制三大核心技术，使得其能够较好地学习强化学习任务的状态动作价值函数，进而为智能体提供行动策略。

1）目标函数

DQN 算法中卷积神经网络的作用是对高维且连续状态下的 $Q(s,a)$ 进行近似。但是，在使用卷积神经网络学习 $Q(s,a)$ 的近似之前，需要先确定网络的优化目标，随后才能使用已有的参数学习算法（如随机梯度下降法等）更新模型的权重参数，获得近似状态动作价值函数。

DQN 算法通过 Q 学习算法构建网络可优化的损失函数。Q 学习算法的状态动作价值函数的更新公式为

$$Q^*(s,a) = Q(s,a) + \alpha \left[\underbrace{r + \gamma \max_{a'} Q(s',a') - Q(s,a)}_{\text{Target}} \right] \tag{6.3}$$

依据式（6.3）定义 DQN 算法的损失函数为

$$L(\theta) = E[(\text{Target}Q - Q(s,a \mid \theta))^2] \tag{6.4}$$

式中，θ 为卷积神经网络模型的权重参数。目标 Q 值，即 $\text{Target}Q$ 为

$$\text{Target}Q = r + \gamma \max_{a'} Q(s',a' \mid \theta) \tag{6.5}$$

DQN 算法中的损失函数基于 Q 学习算法的更新公式确定，因此式（6.3）与式（6.4）意义相同，都是基于当前 Q 值（亦称预测 Q 值）来逼近目标 Q 值。在获得 DQN 算法的损失函数后，可直接采用梯度下降法对卷积神经网络模型损失函数 $L(\theta)$ 的权重参数 θ 进行求解。

2）目标网络

由式（6.3）可知，在原始的 Q 学习算法中，预测 Q 值和目标 Q 值使用了相同的参数模型。当预测 Q 值增大时，目标 Q 值也会随之增大，这在一定程度上增加了模型振荡发散的可能性。

为了解决该问题，DQN 算法使用旧的网络参数 θ^- 来评估一个经验样本中下一时间步的状态 Q 值，且只在离散的多步间隔上更新旧的网络参数 θ^-，为待拟合的网络提供了一个稳定的训练目标，并给予充足的训练时间，从而使得估计误差得到更好的控制。

双网络 DQN 算法使用两个卷积神经网络进行学习：预测网络 $Q(s,a \mid \theta_i)$ 用来评估当前状态动作价值函数，目标网络 $Q(s,a \mid \theta_i^-)$ 用以产生式（6.5）中的目标 Q 值 $\text{Target}Q$。算法根据式（6.4）的损失函数更新预测网络中的参数 θ，每经过 N 轮迭

代，就将预测网络的参数 θ 赋值给目标网络中的参数 θ^-。

引入目标网络，使得一段时间内目标 Q 值保持不变，并在一定程度上降低了预测 Q 值和目标 Q 值的相关性，使得训练时损失值振荡发散的可能性降低，从而提高了算法的稳定性。

3）经验回放机制

在深度学习中，输入的样本数据之间独立同分布。在强化学习中，样本间往往是强关联、非静态的，如果直接使用关联的数据进行深层神经网络训练，那么会导致模型难收敛、损失值持续波动等问题。

基于此，DQN 算法引入经验回放机制：把每一时间步智能体和环境交互得到的经验样本数据存储到经验池中，当需要进行网络训练时，从经验池中随机抽取小批量的数据进行训练。通过引入经验回放机制，一方面，可以较容易地对奖励数据进行备份；另一方面，小批量随机样本采样有助于去除样本间的相关性和依赖性，减小函数近似后进行状态动作价值函数估计时出现的偏差，进而解决数据相关性及非静态分布等问题，使得网络模型更容易收敛。

DQN 算法保存大量历史经验样本数据，每个经验样本数据以五元组 (s, a, r, s', T) 的形式进行存储，分别表示智能体在状态 s 下执行动作 a，到达新的状态 s'，并获得相应的奖励 r。其中，T 为布尔值类型，用于判断新的状态 s' 是否为终止状态。

环境每执行完一步，智能体就把执行该步所获得的经验信息存储在经验池（内存块）中。执行数步之后（例如，使用 4 个时间步长作为预测网络的更新频次），智能体从经验池中随机抽取小批量经验样本数据。基于抽样的经验样本数据，通过式(6.4)更新 Q 值。经验回放机制有效去除了样本间的相关性和依赖性，使得深层神经网络模型能够很好地学习出强化学习任务中的状态动作价值函数。

4）卷积神经网络

前面叙述了 DQN 三大核心技术，卷积神经网络贯穿其中。DQN 算法中卷积神经网络的输入为连续游戏帧画面数据，经过卷积层后接 ReLU 非线性激活函数。经过多次上述卷积层和 ReLU 非线性激活函数后，对最后一层卷积层产生的特征向量进行一维拉伸，作为下层全连接层的输入。同样，经过多个全连接层后，输出层的神经元个数为智能体可执行的动作，在打砖块游戏中只有向左移动、向右移动和不移动，对应三个输出神经元。

需要特别注意的有两点：一是 $Q(s, a | \theta)$ 将 s 和 a 都作为 Q 的自变量，但若卷积神经网络在拟合 Q 值时也将动作作为输入，则每次只能计算出一个动作的 Q 值，多个动作，就需要计算多次，效率低下。因此，将动作 a 与神经元输出一一对应，利用卷积神经网络的骨干层运算一次得到所有输出的 Q 值。二是卷积神经网络的输入为近期 4 帧历史游戏画面，不是 1 帧画面，目的是感知游戏环境的

动态性。

DQN 算法中采用 5 层(不包括输入层)卷积神经网络，每层包含可训练的权重参数和偏置参数，当然根据问题的需要也可以选用更深层次的卷积神经网络架构。

(1)输入层：近期 4 帧历史游戏画面，如 84×84×4 的张量。这里使用 4 帧数据是为了使智能体决策时能够充分观察到环境的动态变化。这与网格世界的湖面溜冰游戏存在显著不同，它只是使用了当前环境状态(即智能体所在的位置)进行决策。这说明，随着游戏越来越复杂，智能体决策依赖的信息越来越多。

(2)Layer 1(卷积层)：使用 32 个大小为 8×8 的卷积核，上下步长为 4，对输入的图像张量进行卷积操作，卷积后得到的特征图尺寸为(84−8)/4+1=20。因此，产生 32 张大小为 20×20 的特征图，即输出 20×20×32 大小的特征张量。

(3)Layer 2(卷积层)：使用 64 个大小为 4×4 的卷积核，上下步长为 2，对输入的特征张量(Layer 1 的输出)进行卷积操作，卷积后得到的特征图尺寸为(20−4)/2+1=9。因此，产生 64 张大小为 9×9 的特征图，即输出 9×9×64 大小的特征张量。

(4)Layer 3(卷积层)：使用 64 个大小为 3×3 的卷积核，上下步长为 1，对输入的特征张量(Layer 2 的输出)进行卷积操作，卷积后得到的特征图尺寸为(9−3)/1+1=7。最后产生 64 张大小为 7×7 的特征图，即输出 7×7×64 大小的特征张量。值得注意的是，为了避免下采样操作导致游戏帧的信息丢失，上述 3 层卷积层均没有使用池化层对输入的特征图进行更高维度的特征抽取，而是直接使用卷积层后接卷积层。

(5)Layer 4(全连接层)：该层主要对 Layer 3 卷积层产生的特征向量进行拉伸，每一个像素代表一个神经元。Layer 3 卷积层得到的特征张量为 7×7×64，共 3136 个神经元作为输入，最后使用全连接操作输出 512 个神经元。

(6)输出层：该层与 Layer 4 层进行全连接操作，输出神经元的个数为"雅达利(Atari)"游戏的动作数。

2. 2013 版 DQN 算法流程

2013 版 DQN 算法流程见算法 6.1。首先，初始化经验池 D，其容量为 N(即可存储 N 个历史样本)，用作历史经验回放。然后，算法主架构中有两个循环操作：第一个循环操作主要负责经验轨迹(即一局游戏 Episode)，这里设执行的游戏 Episode 总数为 M，即智能体最大执行游戏次数为 M 次；第二个循环操作主要负责迭代单次经验轨迹的时间步数 t，其中 T 为终止时间步。DQN 算法的核心流程主要集中在第二个循环(即迭代单次经验轨迹时间步数)中。

在第二个循环中，首先以概率 ε 随机选择智能体需要执行的动作 a_t，或者通过网络输出最大 Q 值对应的动作作为智能体需要执行的动作 a_t；智能体执行动作

a_t，获得环境反馈的奖励 r_t 和下一时间步的游戏帧 x_{t+1}（即状态）；基于新的状态 $s_{t+1}=s_t,x_{t+1}$，根据 $\phi_{t+1}=\phi(s_{t+1})$ 计算下一时间步（step）的固定序列游戏帧 ϕ_{t+1}，将其作为 Q 网络的输入，维数为 84×84×4，其中 4 是指将连续 4 帧堆叠起来。然后，将获得的状态转换参数 $(\phi_t、a_t、r_t、\phi_{t+1})$ 存入经验池 D 中，智能体随机从经验池 D 中取出小批量状态信息，计算每一个状态的目标值，智能体通过执行动作后的奖励 r_j 来更新 Q 值作为 Q 学习算法的目标值。最后，基于小批量采样样本，采用随机梯度下降法更新 Q 网络权重参数 θ。

算法 6.1　2013 版 DQN 算法流程

输入：训练前的 Q 网络

输出：训练后的 Q 网络

过程：

1　初始化经验池 D，存储经验样本的最大值为 N

2　初始化 Q 网络权重参数 θ

3　for 经验轨迹从 1 到 M

4　　　初始化状态 $s_1=\{x_1\}$，并计算输入序列 $\phi_1=\phi(s_1)$

5　　　for 单次经验轨迹时间步从 $t=1$ 到 T

6　　　　　if rand()$<\varepsilon$ then　　　　//在[0,1]中生成随机数

7　　　　　　　随机选择动作 a_t

8　　　　　else

9　　　　　　　根据 $a_t=\max\limits_a Q(\phi(s_1),a,\theta)$ 选择动作

10　　　　　end if

11　　　　执行动作 a_t，获得奖励 r_t 和状态图像帧 x_{t+1}

12　　　　设 $s_{t+1}=s_t,x_{t+1}$，并计算下一时间步的输入序列 $\phi_{t+1}=\phi(s_{t+1})$

13　　　　存储经验样本 $(\phi_t、a_t、r_t、\phi_{t+1})$ 到经验池 D 中

14　　　　从经验池 D 中随机采样小批量的存储样本 $(\phi_j、a_j、r_j、\phi_{j+1})$

15　　　　设 $Y_j=\begin{cases}r_j, & \text{当前状态为结束状态 }\phi_{j+1}\\ r_j+\gamma\max\limits_{a'}Q(\phi_{j+1},a',\theta), & \text{当前状态为非结束状态}\end{cases}$

16　　　　计算损失函数 $(Y_j-Q(\phi_j,a_j,\theta))^2$ 的梯度：

$$\nabla_{\theta_i}L_i(\theta_i)=E[(r_j+\gamma\max\limits_{a'}Q(\phi_{j+1},a',\theta_{i-1})-Q(\phi_j,a,\theta_i))\nabla_{\theta_i}Q(\phi_j,a,\theta_i)]$$

　　　　利用梯度下降法计算网络模型参数 θ

17　　end for

18 end for

3. 2015 版双网络 DQN 算法流程

2015 版双网络 DQN 算法流程如算法 6.2 所示。由算法 6.1 和算法 6.2 的对比可知，两个版本的 DQN 算法都使用了经验池，主要区别在于 2015 版双网络 DQN 算法中增加了目标网络，通过双网络结构极大地提高了 DQN 算法的稳定性。

使用一个卷积神经网络模型 $Q(s,a,\theta)$ 表示预测网络，用来评估当前状态动作价值函数；使用另一个卷积神经网络模型 $\hat{Q}(s,a,\theta^-)$ 表示目标网络，用于目标 Q 值 TargetQ。根据损失函数更新目标网络的参数，经过每 C 轮迭代，就将预测网络模型的相关参数复制给目标网络。

新的 DQN 算法引入目标网络后，使得一段时间内的目标 Q 值保持不变，在一定程度上降低了当前 Q 值和目标 Q 值的相关性，提高了算法的稳定性。

算法 6.2　2015 版双网络 DQN 算法流程

输入：训练前的预测网络 $Q(s,a,\theta)$
　　　　训练前的目标网络 $\hat{Q}(s,a,\theta^-)$
输出：训练后的预测网络 $Q(s,a,\theta)$
过程：

1　初始化经验池 D，存储经验样本的最大值为 N

2　预测网络 $Q(s,a,\theta)$ 的初始化权重参数为 θ

3　目标网络 $\hat{Q}(s,a,\theta^-)$ 的权重参数为 $\theta^-=\theta$

4　for 经验轨迹从 1 到 M

5　　初始化状态 $s_1=\{x_1\}$，并计算输入序列 $\phi_1=\phi(s_1)$

6　　for 单次经验轨迹时间步从 $t=1$ 到 T

7　　　　if rand() $< \varepsilon$ then　　　　//在 [0,1] 中生成随机数

8　　　　　　随机选择动作 a_t

9　　　　else

10　　　　　根据式 $a_t=\max\limits_{a}Q(\phi(s_1),a,\theta)$ 选择动作

11　　　　end if

12　　　执行动作 a_t，获得奖励 r_t 和状态图像帧 x_{t+1}

13　　　设 $s_{t+1}=\{s_t,x_{t+1}\}$，并计算下一时间步的输入序列 $\phi_{t+1}=\phi(s_{t+1})$

14　　　存储经验样本 $(\phi_t,a_t,r_t,\phi_{t+1})$ 到经验池 D 中

15　　　从经验池 D 中随机采样小批量的存储样本 $(\phi_j,a_j,r_j,\phi_{j+1})$

16　　　设 $y_j=\begin{cases} r_j, & \text{经验轨迹终止在时间步 } j+1 \\ r_j+\gamma\max\limits_{a'}\hat{Q}(\phi_{j+1},a',\theta^-), & \text{非结束状态} \end{cases}$

17　　　　　　计算损失函数 $(y_j - Q(\phi_j, a_j, \theta))^2$ 的梯度，使用梯度下降法计算网络模型参数 θ

18　　　　　　每隔 C 步重设 $\hat{Q} = Q$

19　　　　end for

20　end for

6.3.3　DQN 核心代码

下面给出 2015 版双网络 DQN 算法的代码。在 Python 语言实现中，DQNAgent 类是核心，代表了整个用于决策的智能体。DQNAgent 类的成员 evaluate_net 和 target_net 分别对应了预测网络和目标网络。预测网络和目标网络均为 5 层结构的卷积神经网络，采用 84×84×4 的张量作为输入，输出为 3 个神经元，对应当前态势下 3 种动作各自的累积价值。预测网络和目标网络在 DQNAgent 类_init_构造函数中通过调用 build_network 函数创建，神经网络结构和参数在 build_network 函数中得到体现，参数初始时赋予随机数值，通过多轮 episode 训练得到优化，最终对应了理性决策知识。

DQNAgent 类的 get_next_state 成员函数用于生成神经网络输入需要的 84×84×4 张量。它以上一步的 84×84×4 张量（记为 state）和当前游戏帧画面 observation 为函数参数。函数体首先将当前游戏帧画面缩放到 84×84 大小，并将 RGB 彩色图转换为灰度图，然后将其与上一步张量中的后三帧数据拼成新的 84×84×4 张量。若为游戏刚开始，则将第一帧 observation 缩放为 84×84 后重复 3 次，得到 84×84×4 张量返回。

DQNAgent 类的 decide 成员函数以 84×84×4 张量为输入参数，使用预测网络 evaluate_net 输出各动作的 Q 值，并利用 ε 贪心算法确定要探索的动作。

DQNAgent 类的 Learn 成员函数，以前述动作 action 作用于环境获得的即时奖励 reward、到达新状态 next_state（84×84×4 张量）、旧状态 state（84×84×4 张量）、游戏本局结束标志 done 为输入，核心功能是对预测网络和目标网络参数进行适时更新。Learn 成员函数首先将输入的参数组成样本 $(\phi_t、a_t、r_t、\phi_{t+1})$ 交由 DQNAgent 类的 replayer 成员管理，它代表了经验池。replayer 成员为 DQNReplayer 类型，后面将对其进行描述。然后，根据当前步数 step 决定是否随机采样小批量的样本，调用 self.evaluate_net.fit 函数对预测网络进行反向传播训练；根据网络更新频率 self.target_network_update_freq 决定是否调用 DQNAgent 类的 update_target_network 函数对目标网络 self.target_net 进行更新。该方式和深层神经网络中的常用方式（每一个时间步执行一次梯度下降法）不同。DQN 算法采取这种方式进行更新，一方面是为了提升网络模型的训练速度，另一方面使得经验池中的采样数据与当前策略的状态分布更加相似。

```
class DQNAgent:
    def _init_(self, env, input_shape, learning_rate=0.00025,
        load_path=None, gamma=0.99,
        replay_memory_size=1000000, batch_size=32,
        replay_start_size=0,
        epsilon=1., epsilon_decrease_rate=9e-7, min_epsilon=0.1,
        random_initial_steps=0,
        clip_reward=True, rescale_state=True,
        update_freq=1, target_network_update_freq= 1):


        self.action_n = env.action_space.n
        self.gamma = gamma
        # 经验回放参数
        self.replay_memory_size = replay_memory_size
        self.replay_start_size = replay_start_size
        self.batch_size = batch_size
        self.replayer = DQNReplayer(replay_memory_size)
        # 图像输入参数
        self.img_shape = (input_shape[-1], input_shape[-2])
        self.img_stack = input_shape[-3]
        # 探索参数
        self.epsilon = epsilon
        self.epsilon_decrease_rate = epsilon_decrease_rate
        self.min_epsilon = min_epsilon
        self.random_initial_steps = random_initial_steps
        self.clip_reward = clip_reward
        self.rescale_state = rescale_state
        self.update_freq = update_freq
        self.target_network_update_freq = target_network_update_freq


        # 评估网络
        self.evaluate_net = self.build_network(
            input_shape=input_shape, output_size=self.action_n,
            conv_activation=tf.nn.relu,
```

```
        fc_hidden_sizes=[512, ], fc_activation=tf.nn. relu,
        learning_rate=learning_rate, load_path=load_ path)
    self.evaluate_net.summary() # 输出网络结构
    # 目标网络
    self.target_net = self.build_network(
        input_shape=input_shape, output_size=self. action_n,
        conv_activation=tf.nn.relu,
        fc_hidden_sizes=[512, ], fc_activation=tf.nn. relu,)
    self.update_target_network()
    # 初始化计数值
    self.step = 0
    self.fit_count = 0


def build_network(self, input_shape, output_size, conv_
    activation,fc_hidden_sizes, fc_activation, output_activation=
    None,learning_rate=0.001, load_path=None):
    # 网络输入格式：（样本，通道，行，列）
    model = keras.models.Sequential()
    # tf 要求从(样本，通道，行，列)改为(样本，行，列，通道)
    model.add(keras.layers.Permute((2,3,1), input_shape=
            input_shape))
    # 卷积层
    model.add(keras.layers.Conv2D(32, 8, strides=4,
            activation=conv_ activation))
    model.add(keras.layers.Conv2D(64, 4, strides=2,
            activation=conv_ activation))
    model.add(keras.layers.Conv2D(64, 3, strides=1,
            activation=conv_ activation))
    model.add(keras.layers.Flatten())
    # 全连接层
    for hidden_size in fc_hidden_sizes:
        model.add(keras.layers.Dense(hidden_size,
                activation=fc_ activation))
    model.add(keras.layers.Dense(output_size,
```

```
            activation=output_ activation))
        if load_path is not None:
            logging.info('载入网络权重 {}.'.format(load_ path))
                model.load_weights(load_path)
        try: # tf2
            optimizer = keras.optimizers.RMSProp(learning_ rate,
                0.95,momentum=0.95, epsilon=0.01)
        except: # tf1
            optimizer = tf.train.RMSPropOptimizer(learning_ rate,
                0.95,momentum=0.95, epsilon=0.01)
        model.compile(loss=keras.losses.mse, optimizer= optimizer)
        return model


    def get_next_state(self, state=None, observation=None):
        img = Image.fromarray(observation, 'RGB')
        img = img.resize(self.img_shape).convert('L') # 改大小,变灰度
        img = np.asarray(img.getdata(), dtype=np.uint8).reshape(img.
            size[1], img.size [0]) # 转成 np.array


        # 堆叠图像
        if state is None:
            next_state = np.array([img, ] * self.img_stack) # 初始化
        else:
            next_state = np.append(state[1:], [img, ], axis=0)
        return next_state


    def decide(self, state, test=False, step=None):
        if step is not None and step < self.random_initial_steps:
            epsilon = 1.
        elif test:
            epsilon = 0.05
        else:
            epsilon = self.epsilon
        if np.random.rand() < epsilon:
```

```
            action = np.random.choice(self.action_n)
        else:
            if self.rescale_state:
                state = state / 128. - 1.
            q_values = self.evaluate_net.predict(state[np.
                newaxis])[0]
            action = np.argmax(q_values)
        return action


    def learn(self, state, action, reward, next_state, done):
        self.replayer.store(state, action, reward, next_state,
            done)
        self.step += 1
        if self.step % self.update_freq == 0 and self.replayer.
            count >= self.replay_start_size:
            states, actions, rewards, next_states, dones =
                    self.replayer.sample(self.batch_size)
            # 回放
            if sclf.rescale_state:
                states = states / 128. - 1.
                next_states = next_states / 128. - 1.
            if self.clip_reward:
                rewards = np.clip(rewards, -1., 1.)
            next_qs = self.target_net.predict(next_states)
            next_max_qs = next_qs.max(axis=-1)
            targets = self.evaluate_net.predict(states)
            targets[range(self.batch_size), actions]= rewards +
                self.gamma * next_max_qs *(1. - dones)
            h = self.evaluate_net.fit(states, targets, verbose=0)
            self.fit_count += 1

            if self.fit_count % 100 == 0:
                logging.info('训练{}, 回合{}, 存储大小{}, 损失{}'
                    .format(self.fit_count, self.epsilon,
                    self.replayer.count, h.history['loss'][0]))
            if self.fit_count % self.target_network_update_ freq
```

```
                == 0:
                    self.update_target_network()
        # 更新 epsilon 的值：线性下降
        if self.step >= self.replay_start_size:
            self.epsilon = max(self.epsilon - self.epsilon_
                decrease_rate,self.min_epsilon)


    def update_target_network(self): # 更新目标网络
        self.target_net.set_weights(self.evaluate_net.get_
            weights())
        logging.info('目标网络已更新')


    def save_network(self, path): # 保存网络
        dirname = os.path.dirname(save_path)
        if not os.path.exists(dirname):
            os.makedirs(dirname)
            logging.info('创建文件夹{}'.format(dirname))
        self.evaluate_net.save_weights(path)
        logging.info('网络权重已保存{}'.format(path))
```

DQNReplayer 类用于管理经验池。该类的成员 memory 即为经验池，成员函数 store 向经验池 self.i 指示位置处增加样本 (ϕ_t、a_t、r_t、ϕ_{t+1})。当达到 memory 最大容量时，经验池采用循环增加样本的模式，从头开始覆盖已有的样本。类成员 count 用于记录经验池未满时的有效取样区域。取样函数就是类成员函数 sample，成员函数 sample 用于从 memory 中随机取出 (即采样) 小批量的样本，作为返回值返回。

```
class DQNReplayer:
    def _init_(self, capacity):
        self.memory = pd.DataFrame(index=range(capacity),
            columns=['observation', 'action', 'reward','next_
            observation', 'done'])
        self.i = 0
        self.count = 0
        self.capacity = capacity


    def store(self, *args):
```

```
        self.memory.loc[self.i] = args
        self.i = (self.i + 1) % self.capacity
        self.count = min(self.count + 1, self.capacity)


    def sample(self, size):
        indices = np.random.choice(self.count, size=size)
        return tuple(np.stack(self.memory.loc[indices, field])
            for field in self.memory.columns)
```

6.3.4　打砖块游戏智能体的实现

有了 DQNReplayer 类和 DQNAgent 类的实现后，就可以定义类的对象，编码实现智能体的训练过程。在训练之前，首先定义超参数。表 6.1 为打砖块游戏智能体的主要超参数列表，具体赋值情况见代码。

表 6.1　打砖块游戏智能体的主要超参数列表

超参数	值	备注
batch_size	32	小批量采样样本个数
replay_memory_size	1000000	经验池大小，即能容纳的样本个数
input_shape	(4, 84, 84)	神经网络的输入张量大小
replay_start_size	50000	开始训练前的经验池的样本个数
gamma	0.99	Q 学习更新的衰减系数
learning_rate	0.00025	损失函数的学习率
epsilon	1	ε 贪心算法的初始探索率
min_epsilon	0.1	ε 贪心算法的最终探索率
epsilon_decrease	9×10^{-7}	探索率减小速度
update_freq	4	预测网络的更新频率
target_network_update_freq	10000	目标网络的更新频率
random_initial_steps	30	每个 episode 开始时的随机步数
frames	50000000	整个算法的总训练步数/帧数

```
import os
import sys
import time
```

```
import itertools
import logging
import numpy as np
np.random.seed(0)
import pandas as pd
import gym
import tensorflow as tf
from tensorflow import keras
from PIL import Image
import matplotlib.pyplot as plt


render = False
load_path = None
save_path = './output/' + env.unwrapped.spec.id + '-' +
    time.strftime('%Y%m%d-%H%M%S') + '/model.h5'
input_shape = (4, 84, 84) # 输入张量大小
batch_size = 32
replay_memory_size = 1000000
target_network_update_freq = 10000
gamma = 0.99
update_freq = 4
learning_rate = 0.00025
epsilon = 1
min_epsilon = 0.1
epsilon_decrease = 9e-7
replay_start_size = 50000
random_initial_steps = 30
frames = 50000000
test_freq = 50000
test_episodes = 100
env_spec_id = 'BreakoutDeterministic-v4'
```

这里打砖块游戏的虚拟环境为 BreakoutDeterministic-v4，Breakout 代表打砖块，v4 表示只执行 agent 给出的 action，不会重复之前的 action；带有 v0 的 env 表示会有 25%的概率执行上一个 action；带有 Deterministic 的 env 表示固定跳 4 帧。

定义完超参数后，下面是打砖块游戏智能体的训练过程。首先，创建

DQNAgent 类的实例对象 agent。然后，开始双循环，外层 for 循环代表进行一局一局游戏获得 episode 片段。内层 for 循环在某一局内，agent.decide 不断使用 ε 贪心算法进行探索以获得动作 action，放入环境中执行，得到新的观察 observation、即时奖励 reward、结束标志 done；将上一次 state 的 84×84×4 张量与 observation 作为参数，调用函数 agent.get_next_state 产生新的 84×84×4 张量 next_state；将 state、action、reward、next_state 作为参数，调用 agent.learn 函数进行训练。

```
logging.basicConfig(stream=sys.stdout, level=logging.DEBUG,
        format='%(asctime)s [%(levelname)s] %(message)s')
env = gym.make(env_spec_id)
print('观测空间 = {}'.format(env.observation_space))
print('动作空间 = {}'.format(env.action_space))
print('回合最大步数 = {}'.format(env._max_episode_steps))
env.seed(0)
agent = DQNAgent(env, input_shape=input_shape, batch_size=batch_
    size,replay_memory_size=replay_memory_size,learning_rate=
    learning_rate, gamma=gamma,epsilon=epsilon, epsilon_decrease_
    rate=epsilon_decrease,min_epsilon=min_epsilon, random_initial_
    steps= random_initial_steps,load_path=load_path, update_freq=
    update_freq,target_network_update_freq=target_network_update_
    freq)
logging.info("训练开始")
frame = 0
max_mean_episode_reward = float("-inf")
for episode in itertools.count():
    observation = env.reset()
    episode_reward = 0
    state = agent.get_next_state(None, observation)
    for step in itertools.count():
        if render:
            env.render()
        frame += 1
        action = agent.decide(state, step=step)
        observation, reward, done, _ = env.step(action)
        next_state = agent.get_next_state(state, observation)
```

```
            episode_reward += reward
            agent.learn(state, action, reward, next_state, done)

            # 验证
            if frame % test_freq == 0 or
                (done and (frame + 1) % test_freq == 0):
                test_episode_rewards = test(env=env,agent=
                    agent, episodes=test_episodes, render=render)
                if max_mean_episode_reward < np.mean(test_episode_
                    rewards):
                    max_mean_episode_reward = np.mean(test_episode
                        _rewards)
                    agent.save_network(save_path)
                    path = save_path[:-2] + str(agent.fit_count) +
                        '.h5'
                    agent.save_network(path)
            if done:
                step += 1
                frame += 1
                break
            state = next_state
        logging.info("回合 {}, 步数 {}, 奖励 {}, 总步数 {}".format(
            episode, step, episode_reward, frame))
        if frame > frames:
            break
    test_agent = DQNAgent(env, input_shape=input_shape, load_path=save_
        path)
    test_episode_rewards = test(env, test_agent, episodes=test_episodes)
    print('平均回合奖励 = {}'.format(np.mean(test_episode_rewards)))
```

　　在打砖块游戏中,训练需要较长时间,下面分析该过程。最开始建立了预测网络,对应智能体的大脑。网络前端接收屏幕传来的图像,网络后端只有三个输出节点,分别代表向左移动、向右移动和不移动。预测网络的内部参数是随机初始化的,网络末端的 Q 值也基本是随机的,该智能体大脑里面一片混沌,它不会根据眼前的画面做出判断,只会随机地移动屏幕最下方的球拍。

　　打开游戏开始运行。小球开始从上方掉下来。球拍几乎不可能接到小球。每次小球掉落之后游戏结束，但马上又重新开始。在这个过程中，屏幕图像源源不断地从预测网络的前端传进来，通过无数随机权重的神经网络，连接到最后端的三个输出节点上。大脑在做出随机动作的同时也在不停地学习。由于根本没有获得奖励，大脑只是单纯地将 $n+1$ 帧的图像对应的 3 个 Q 值作为第 n 帧图像的学习目标，此时的学习也是盲目的。用随机初始化的网络随机地生成一些数据来训练，得到的结果也必然是一片混乱。所以，在这个阶段，预测网络没有学习到任何有意义的内容。小球偶尔也会落在球拍上反弹回去，击中球拍并不会获得奖励，所以预测网络仍然没有什么进步。

当小球向上击中一个砖块时，游戏给出 1 分作为奖励。从这时开始，"训练"才真正变得有意义。在小球击中砖块的瞬间，砖块消失不见。由于神经网络接收的是 4 帧连续的图像，其实际上是一个小动画，记录了砖块消失的过程。在这一帧发生的训练，其输入样本用的是上一帧的 4 幅图像（小球马上要击中砖块），而输出样本是击中砖块后的图像通过网络所生成的 3 个 Q 值再加上刚才得到的 1 分。

这一帧的训练意义非比寻常，它告诉智能体大脑：在小球马上要击中砖块这样一种状态下，不论你做出什么动作，都会得到比随机水平高出 1 分的奖励。这一过程不断重复，当大脑经历过多次击中砖块的瞬间时，它脑中的卷积核就会试图找出这些画面中有哪些共同点。终于，当击中过足够多次砖块之后，大脑终于明白，这些画面的共同点是：画面的某处都存在一个相同的 pattern——小球和砖块非常接近且小球正在向砖块飞去，"大脑"终于明白了这一件事。

以后的每帧图像，它都会在图像中寻找这样的 pattern，如果找到了，就会在输出端的 3 个动作节点给出 3 个比平时高一点的 Q 值。这时，大脑并没有将得分和动作联系在一起。这 3 个动作对它来说价值没有什么区别，它仍然是随机地给出一些动作。大脑也会发现击中砖块前两帧的图像会导致前一帧的图像。在小球接近砖块的过程中，算法会不断地把下一帧的 Q 值拿过来作为前一帧图像的结果来训练。渐渐地，大脑会认为所有小球飞向砖块的图像都应该对应较高的 Q 值，也就是说，这些状态都是有利的。下一步，大脑会继续领悟：是小球与球拍的碰撞导致了小球向上运动，并有很大可能是飞向砖块。因此，小球与球拍的碰撞是有利的。

目前，大脑还是没有搞清楚这 3 个动作到底有什么区别。游戏继续，大脑继续随机地发出动作。有时候，小球会贴着球拍的边缘掉下去。只有在这个时候，才能体现出动作带来的好处。例如，当小球落到球拍左边缘时，如果这时碰巧发出了一个向左的动作，那么就会引发碰撞，否则小球就会跌落下去。在引发碰撞的情况下，大脑会把碰撞的 Q 值（比较高）赋给向左移动这个动作。向右移动和不移动这两个动作得到的只是小球落下去的 Q 值（比较低）。

　　久而久之，大脑就会明白当小球将要从左边略过球拍时，向左移动的动作比较有利；当小球将要从右边略过球拍时，向右移动的动作比较有利。这样推广开来，大脑就会慢慢地找出合适的策略，越玩越好，逐渐达到完美的程度。

　　从代码上看，智能体大脑的决策过程可体现在 test() 函数中。当调用 agent.decide() 函数时，指定参数 test=True，使得决策时取 Q 值表中最大值的动作传给 env.step() 函数，在环境中执行。test() 函数的其余部分进行 test_episodes 参数指定的局数游戏，统计每局的奖励情况，以及这些局的平均奖励、最小奖励、最高奖励等信息。

```python
def test(env, agent, episodes=100, render=False, verbose=True):
    steps, episode_rewards = [], []
    for episode in range(episodes):
        episode_reward = 0
        observation = env.reset()
        state = agent.get_next_state(None, observation)
        for step in itertools.count():
            if render:
                env.render()
            action = agent.decide(state, test=True, step=step)
            observation, reward, done, info = env.step(action)
            state = agent.get_next_state(state, observation)
            episode_reward += reward
            if done:
                break
        step += 1
        steps.append(step)
        episode_rewards.append(episode_reward)
        logging.info('[测试] 回合 {}: 步骤 {}, 奖励 {}, 步数 {}'
                .format(episode, step, episode_reward, np.sum(steps)))
    if verbose:
        logging.info('[测试小结] 步数: 平均 = {}, 最小 = {}, 最大 = {}.'
                .format(np.mean(steps), np.min(steps), np.max(steps)))
        logging.info('[测试小结] 奖励: 平均 = {}, 最小 = {}, 最大 = {}'
                .format(np.mean(episode_rewards), np. min(episode_
                rewards), np. max(episode_rewards)))
```

```
        return episode_rewards
test_agent = DQNAgent(env, input_shape=input_shape, load_path=save_
    path)

test_episode_rewards = test(env, test_agent, episodes=test_episodes)
print('平均回合奖励 = {}'.format(np.mean(test_episode_rewards)))
```

第 7 章　完全信息下的棋类智能决策技术

　　棋盘游戏是人类智慧的结晶,自古以来就有着广泛的爱好者群体。人工智能研究者前赴后继地投身到不同棋盘游戏算法的开发中,将各种方法综合应用,形成多种技术解决方案,编写出的程序不断与顶尖人类高手进行决策对抗,自主性不断提升,使人们看到了通用人工智能的曙光。本章智能体所处的环境为第 4 章所言的多智能体博弈不确定环境,但需要说明的是,还限定于完全信息的棋类对弈环境,如围棋和五子棋等,即对弈双方智能体可以看到所有的行动,而不包括西洋陆军棋为代表的非完全信息“暗棋类”。在完全信息棋类对弈中,存在白方和黑方,显然白方对应了一个智能体,黑方对应了一个智能体,这两个智能体相互竞争对抗,属于多智能体零和博弈学习问题。黑方智能体与白方智能体的动作体系、决策方式可以完全相同,也就是说黑方、白方是同构智能体。在智能体策略学习时,不需要区分黑方智能体策略、白方智能体策略,一方智能体能力的提高意味着双方智能体决策策略的同步升级。从理论上说,可以使用最小最大树搜索解决所有完全信息棋类智能体推理决策问题。例如,1997 年 IBM 公司的“深蓝”程序就在与人类国际象棋的对抗中取得了巨大成功。但在复杂的棋盘游戏中,如围棋,每步走子行动的空间较大,且要经历多步,使用最小最大树搜索推理实际上是不可行的,使用第 6 章所述的 DQN 算法训练智能体也很艰难。棋盘游戏一局持续时间长,只在最后能够反馈输赢,这种特点就是奖励长延时、奖励稀疏。从 2016 年开始,通过综合运用自我博弈强化学习、蒙特卡罗树搜索、深层神经网络等多种手段,以围棋为代表的棋类智能决策才彻底突破。除了状态空间表征、深层神经网络结构、蒙特卡罗树等推理结构还需要人类设计外,当前已经可以通过在虚拟棋盘游戏环境中进行自我博弈,从零知识开始学习到超强的棋类决策知识,具备了智能决策的雏形。本章以完全信息棋盘游戏为背景着重阐述这种技术及其实现。

7.1　AlphaZero 算法原理

7.1.1　基本思路

　　2016 年初,DeepMind 团队的 AlphaGo 智能体战胜了韩国棋手李世石,一举成名。但从技术角度来看,AlphaGo 还需要人类棋谱来进行监督学习。2017 年 10 月,

Nature 上发表了 AlphaGo Zero 算法，摆脱了对人类棋谱的依赖，完全通过自我博弈，从零开始学习，这也是它名字中 Zero 的由来。两个月后，DeepMind 团队再次公开更加通用的 AlphaZero，其征服了围棋、国际象棋和日本将棋等棋盘游戏。

　　棋盘游戏具有典型的博弈不确定性，在进行决策时需要考虑对手的后续决策，决策比较复杂。本章首先分析围棋的特点以及 AlphaZero 的设计思路，后续为了简单，在介绍 AlphaZero 的实现代码时，以五子棋为例。围棋使用方形格状棋盘及黑白二色圆形棋子进行对弈，棋盘上有纵横各 19 条直线将棋盘分成 361 个交叉点，棋子走在交叉点上，双方交替走子，落子后不能移动，以围地多者为胜。双方可以相互吃子(提子)，只要己方棋子将对方某一片紧邻的棋子周围围住，就可以将对方这片棋子吃掉。综上，棋盘天然具有矩阵的特性，棋盘状态的形式化表征相对容易。

　　不像象棋、军棋那样盘面上的棋子越走越少，围棋是越走越多。对弈从开局到中局变化都很大，中局往往是一着不慎，满盘皆输；收尾阶段，棋盘上总体棋子越来越多，变化相对变少。由此可见，单时间点的棋盘落子状态往往已经不能为决策者提供足够的信息，需要将连续多个时间点的棋盘落子情况作为推理决策的依据。在围棋中，棋盘加上黑白双方的走子顺序也称为棋谱或者棋局，如图 7.1 所示，它能记录一局棋从开始到结束的过程，是人类决策的依据或者训练人类学习围棋的重要资料。

　　依据形式化表达的棋局，可得到每一步落子的环境状态，智能体根据环境状态和对手接下来可能的落子进行决策。AlphaZero 智能体的精妙之处在于，蒙特卡罗树搜索模拟对手走子，充分体现了"手下一着子，心想三步棋"的能力。蒙特卡罗树搜索借助了估值网络和策略网络，这与第 5 章 Actor-Critic 类似，估值网络用于给出对当前棋局胜率的估计，策略网络用于给出在当前棋局下各个位置落子的初始概率。基于这种初始概率以及胜率估值，多次使用 UCB(upper confidence bound, 上置信界)策略进行模拟走子，以树的形式进行博弈探索/搜索，并且在树搜索中不一定需要随机模拟到终局，有效提升了搜索效率，解决了组合爆炸的问题。固定次数的搜索完成后，返回当前状态下的最终落子概率，并按概率最大走子。这种自我博弈搜索，模仿人类并超越了人类进行快速、深入的推理与评估。

　　AlphaZero 从零开始对策略网络和估值网络进行训练，完全没有依赖人类对抗的数据。也就是说，从完全随机初始化的神经网络开始，仅在自我博弈中通过蒙特卡罗树搜索推理生成策略网络的监督学习样本，通过终局结果得到估值网络的监督训练样本。在最小均方误差下调整策略价值网络的权重参数，使得策略网络和估值网络得以训练。这种训练方法回避了传统强化学习中的奖励稀疏问题，例如，只有到最后棋局才知道输赢(奖励)，对解决建模动作奖励难、无法得到准确策略累积奖励(期望效用)问题有很好的借鉴意义。

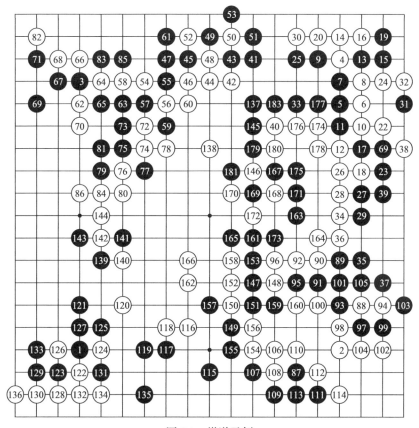

图 7.1　棋谱示例

AlphaZero 综合了搜索推理、神经网络推理两类方法的优点，有效解决了多步搜索下状态空间组合爆炸问题和神经网络训练需要人为标注产生样本数据的问题。

7.1.2　蒙特卡罗树搜索基础

蒙特卡罗树搜索，就是利用蒙特卡罗(模拟)方式进行博弈树搜索。AlphaZero 进行蒙特卡罗树搜索时，每个节点决策采用了 UCB 策略，使得探索与利用达到了较好的平衡。下面首先介绍 UCB 策略和基于 UCB 策略的 UCT(upper confidence bound apply to tree, 树的置信度上限)搜索算法的基本思想。

1. UCB 策略

与 4.2.3 节中 ε 贪心算法和 Softmax 算法类似，UCB 策略也是一种探索策略。ε 贪心算法虽然能有效地促使智能体进行探索，但通过这种随机机制来选择动作进行探索的做法很可能不是最优的，ε 贪心算法没有将每个动作被探索的次数纳入考虑。直观上，执行一个动作后所得奖励的样本少，那么对这个动作的奖励估计会不准确，例如，可能存在一个给出更好奖励期望值的动作，但因为智能体对其探索次数少而认为其奖励期望值小。因此，需要对探索次数少或几乎没有被探索过的动作赋予更高的优先级，另外，简单地去尝试探索次数少的动作也未必合理，因为只需要少量的探索次数，就能够得到方差较小的动作奖励期望值估计。UCB 策略根据不确定度和已获得的奖励期望值，综合进行探索。

在 UCB 策略中，一般优先探索奖励估计值不确定度高的动作，不确定度通过置信上界来评价；同时兼顾动作的奖励估计值(即奖励期望)大小，若估计值极端偏小，则没有必要优先探索。UCB 策略的公式如下：

$$A = \arg\max_a \left[Q(a) + c\sqrt{\frac{\ln n}{N(a)}} \right] \tag{7.1}$$

式中，n 表示探索中所有动作的总次数；$N(a)$ 为动作 a 的次数；$Q(a)$ 为动作 a 的价值(期望奖励估计值)。该式的第一项用于偏向奖励期望值高的动作，第二项代表不确定性，它是置信区间的上界。

2. UCT 搜索算法的基础

有了 UCB 探索公式，关键是如何根据当前数据估计 $Q(a)$。UCT 搜索算法是估计 $Q(a)$ 并实施探索的算法，它是一个经典的树搜索算法，AlphaZero 的蒙特卡罗树搜索就是在 UCT 搜索算法基础上进行改进得到的。

UCT 搜索算法以需要做出决策的某个博弈状态为根节点，循环执行 4 个步骤，来扩展建立前向搜索树，在树的节点保存统计信息 $N(a)$ 以及 $Q(a)$，直至达到预设的终止条件。最后，根据搜索树中保存的统计信息做出行动决策。

下面是 UCT 搜索算法执行 1 次循环所包含的 4 个步骤。

(1)选择：从根节点出发，根据当前已经获知的统计信息，沿着建立的搜索树往下选择分支节点，直到遇到未完全展开的节点(非终止节点，且有未访问过的子节点)。选择分支节点的策略是 UCB 策略，即选择使式(7.2)值最大的子节点：

$$x_{\text{child}} + c\sqrt{\frac{\ln n_{\text{parent}}}{n_{\text{child}}}} \tag{7.2}$$

式中，x_{child} 表示从父节点的视角出发选择当前子节点的胜率(估计)；n_{child} 表示子节点的访问次数；n_{parent} 表示父节点的访问次数，等于其所有子节点的访问次数之和；c 是一个参数，用来控制探索与利用之间的平衡，c 越大，越偏向于探索，c 越小，越偏向于利用。每一次分支选择会充分利用已经获得的统计信息去搜索更有潜力的分支，同时也会给访问次数较少的节点一些探索的机会，避免错过更好的选择。

(2)扩展：在到达未完全展开的节点时，从该节点未被访问过的子节点中选择一个，加到搜索树中。

(3)模拟：从上一步扩展的子节点开始，使用缺省策略进行快速对弈，直到游戏结束，得到一个胜负结果。最常用的缺省策略就是随机模拟，也就是从可行的动作中随机选择一个。

(4)反向传播：根据上一步模拟得到的胜负结果，沿着从根节点到该叶节点的对应路径反向传播更新路径上每个节点的统计值。

假设循环执行上述 4 个步骤一定次数之后达到了预设的终止条件，这时已经建立了一棵搜索树，它在某些更具有胜率的部分会搜索得比较深，而在某些部分会搜索得比较浅。最终的决策方法是：一般情况下选择根节点处访问次数最多的子节点对应的分支动作。

综上，在做出一步决策后，选择的节点会成为对手下一步的博弈初始状态，一旦在该状态下做出决策，就可以从对手决策所到达的博弈状态对应的节点开始，再次进行蒙特卡罗树搜索。

下面举例说明，假设正在进行一局对弈，已方执白子。首先，在初始状态下，只有一个根节点，该节点的所有子节点都还没有被访问过，根节点就是一个未完全展开的节点，直接进入扩展步骤，在根节点的子节点中选择一个，并从选择的子节点出发进行随机模拟，直到分出胜负。假设结果是白子胜，根据这个结果反向传播更新节点的统计值，得到如图 7.2～图 7.7 所示的搜索树。图 7.2 中子节点的 1/1 表示根节点(白子)选择了该节点 1 次，并且(白子)最终获胜一次，所以 1 也对应了选择步骤中 UCB 公式中的 x_{child} 胜率，即从父节点一方(白子)的视角出发选择该节点后胜率的估计。对于根节点，只记录其被访问的次数。

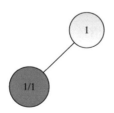

图 7.2　UCT 搜索算法执行 1 次循环

假设在根节点对应的初始状态下一共有 3 个选择，则在 UCT 搜索算法执行 3 次循环之后，这 3 个选择对应的子节点会被展开，进行模拟，并反向传播更新统计值。假设在展开另外 2 个子节点时，模拟得到的最终结果都是黑方胜，UCT 搜索算法执行 3 次循环后得到的搜索树如图 7.3 所示。

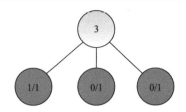

图 7.3　UCT 搜索算法执行 3 次循环

继续执行 UCT 搜索算法，进行 7 次循环后，搜索树展开成如图 7.4 所示。现在进行第 8 次循环，首先进入选择步骤，对于根节点的 3 个子节点，标注为 2/3、1/3 和 0/1，并假设 $c=1$，分别计算其 UCB 值：

(1) 2/3 节点对应的 UCB 值为 $\dfrac{2}{3}+\sqrt{\dfrac{\ln 7}{3}}=1.472$。

(2) 1/3 节点对应的 UCB 值为 $\dfrac{1}{3}+\sqrt{\dfrac{\ln 7}{3}}=1.139$。

(3) 0/1 节点对应的 UCB 值为 $\dfrac{0}{1}+\sqrt{\dfrac{\ln 7}{1}}=1.395$。

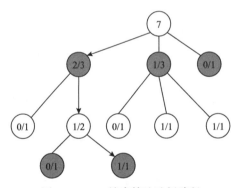

图 7.4　UCT 搜索算法选择路径

因为 2/3 子节点对应的 UCB 值最大，所以在根节点处选择 2/3 节点对应的分支。类似地，对于后面的分支选择，也分别计算每个子节点对应的 UCB 值并选择 UCB 值最大的子节点，得到如图 7.4 箭头所示的选择路径，从根节点直到未完全展开的节点 1/1。到达未完全展开的节点 1/1 之后，进行第 2 步，（模拟黑子）对该节点进行扩展，在搜索树中增加了一个暂时没有统计信息的 0/0 叶节点，如图 7.5 所示。然后，从该叶节点出发，进行随机模拟，可到游戏结束分出胜负。假设模拟的最终结果是黑子获胜，那么从黑子 1/1 节点的视角出发，刚刚扩展出来的 0/0 叶节点的值将被更新为 1/1，如图 7.6 所示。最后，根据上一步模拟得到的胜负结果，沿着路径的反方向，从叶节点开始反向传播，更新路径上每一个节点的统计值，如图 7.7 所示。执行完反向传播步骤之后，就完成了 UCT 搜索算法

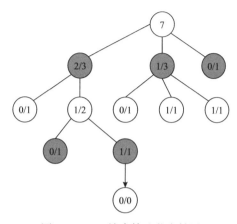

图 7.5 UCT 搜索算法节点扩展

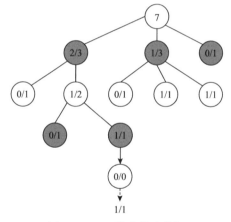

图 7.6 UCT 搜索算法模拟

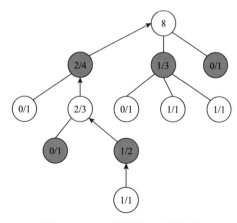

图 7.7 UCT 搜索算法反向传播

的第 8 次循环。在实际应用中，取决于具体情况，UCT 搜索算法一般需要执行几千、几万甚至更多次循环，才能获得一定的效果。

7.1.3　自我博弈与神经网络设计

1. 自我博弈

设有某棋盘状态 s_t，AlphaZero 在训练过程中和训练完毕的实际对弈，在其落子前都先进行 UCT 搜索。UCT 搜索要进行 800 次循环，以构建搜索树。完成 800 次循环后，根据根节点（对应状态 s_t）下各个分支访问频次获得状态 s_t 的落子概率，即落子策略 π_t。AlphaZero 每一步实际走子都是根据落子概率 π_t 确定的。

在训练时，AlphaZero 从初始空白棋盘对应的状态 s_1 开始用上述方法和自己下棋，该过程也称为自我博弈（self-play）。经历棋盘状态 s_2，s_3，…直到结束状态 s_T。在到达结束状态 s_T 后，根据游戏规则得到这一局自我博弈的结果，为–1、0、1 三个值之一，分别对应输、平和赢。这样对于自我博弈的每一步 $t = 1, 2, \cdots, T$，都保存一个三元组 (s_t, π_t, z_t)，这就是训练神经网络用的样本，其中 s_t 和 z_t 是从每一步的当前 player 的视角来表示的。具体来讲，在状态 s_t 中有 2 个二值矩阵分别表示两个 player 的棋子位置，第 1 个二值矩阵表示当前 player 的棋子位置，第 2 个二值矩阵表示对手 player 的棋子位置。这样，第 1 个二值矩阵会交替表示黑子和白子的位置，取决于在状态 s_t 下谁是当前 player。z_t 也类似，若状态 s_t 下当前 player 是这一局自我博弈最后的胜者，则 $z_t = 1$，若是最后的败者，则 $z_t = -1$，若最后是平局，则 $z_t = 0$。

由前所述，采用 UCT 搜索是一个关键环节。AlphaZero 中的 UCT 搜索算法是基础 UCT 搜索算法的改进算法。它固定 800 次循环/搜索，本质是建立并维护一棵搜索树，树的每个节点（边）中保存用于决策一个状态 s 下该如何选择动作 a 的信息，这些信息包括访问次数 $N(s, a)$、总行动价值 $W(s, a)$、平均行动价值 $Q(s, a)$ 和在状态 s 下选择 a 的先验概率 $P(s, a)$。一次搜索中包含选择、扩展评估、回传三个步骤，称为一个 playout。重复上述 playout，逐渐建立一棵树，直到 800 次循环结束。然后根据树中存储的统计信息得到落子的概率分布 π，进入 play 步骤。

下面详述上述四个步骤。

1）选择

选择阶段从根节点开始，根节点物理意义上对应当前要走子的状态 s_t。从根节点沿着树一路往下选择，遇到叶节点（不是终局）后终止。在每次选择时，根据当前节点中现有的统计信息，选择 $Q + U$ 值最大的分支，其中 Q 就是平均行动价值 $Q(s, a)$，U 是置信上限，公式如下：

$$U(s,a) = c_{\text{puct}} P(s,a) \frac{\sqrt{\sum_b N(s,b)}}{1 + N(s,a)} \tag{7.3}$$

参数 c_{puct} 控制探索和利用之间的平衡。这种选择策略最开始会偏向于具有高先验概率和低访问次数的动作，后来会逐渐偏向于具有高行动价值的动作。相较于前面介绍的 UCT 搜索算法，对式(7.2)进行了修正，还在置信上限 U 的计算中融入了先验概率 $P(s,a)$，这是策略价值网络的输出，使得蒙特卡罗算法一开始就能将搜索集中在更加有潜力的分支上，从而提高了搜索效率。

2)扩展评估

当选择到某叶节点时，设状态为 s_L，可调用策略价值网络 f_θ，得到 $(\boldsymbol{p},v) = f_\theta(s_L)$，即返回向量 $\boldsymbol{p}$ 和当前状态的评分 v，其中 $\boldsymbol{p}$ 是当前状态下每个动作 a 对应概率构成的向量。根据当前状态的评分 v，这里 AlphaZero 不再使用随机模拟到终局来评估叶节点，而是使用策略价值网络输出的状态评分。当然，若已经到达终局，则直接用终局的赢、平、输给出叶子的状态评分 1、0、−1。根据动作概率向量 $\boldsymbol{p} = (p_a \mid a \in A)$ 可得出所有动作对应的先验概率，这时可直接扩展所有动作为新的分支，而不再是随机地扩展一个分支。每个分支存储的信息初始化为 $N(s_L,a)=0$、$W(s_L,a) = 0$、$Q(s_L,a) = 0$、$P(s_L,a) = p_a$。

3)回传

在扩展评估阶段完成后，将第 2 步叶节点对应的状态评分 v 一直回传到根节点，并更新路径上的每个节点保存的统计信息，如

$$N(s_t,a_t)=N(s_t,a_t)+1 \tag{7.4}$$

$$W(s_t,a_t)=W(s_t,a_t)+v_t \tag{7.5}$$

$$Q(s_t,a_t)=\frac{W(s_t,a_t)}{N(s_t,a_t)} \tag{7.6}$$

注意，这里状态评分用的符号是 v_t，它需要根据当前更新节点对应的视角和叶节点对应视角的异同，决定 v_t 是正值还是负值。若视角相异，则对 v 进行取反，因为一个状态如果对当前节点来说很好，那么对其上一层节点来说就很差，两者是对手关系。

4)play

在重复执行前三步一定次数(AlphaZero 中设置为 800 次循环)后，根据节点每一个分支的访问次数来计算得到每一个可行落子的概率分布：

$$\pi(a \mid s) = \frac{N(s,a)^{\frac{1}{\tau}}}{\sum_b N(s,b)^{\frac{1}{\tau}}} \tag{7.7}$$

式中，τ 为控制探索程度的参数。当 $\tau = 1$ 时，落子概率正比于每个落子对应的分支被访问的次数；当 $\tau \to 0$ 时，只有访问次数最多的落子对应的概率为 1，其他可行的落子概率为 0。在 AlphaZero 中，每一个自我博弈的前 30 步 τ 取 1，之后 $\tau \to 0$。

　　前面讲述了 AlphaZero 的 UCT 搜索过程，最终得到当前状态下不同位置的落子概率 π。在进行自我博弈时，将根据落子概率 π 采样得到一个具体的落子动作并执行。这种选择动作的方式和随机策略梯度方法中的方式是一致的，这种按概率随机采样的方式本身带有一定的随机性，起到了充分探索不同状态和落子的作用。在自我博弈 30 步之后，参数 $\tau \to 0$，这时 AlphaZero 使用了另一种方式进行探索，它在蒙特卡罗树搜索的节点 s 处给每个动作 a 的先验概率加上了 Dirichlet 噪声，即

$$P(s,a) = (1-\varepsilon)P_a + \varepsilon\eta \tag{7.8}$$

式中，$\eta \sim \text{Dir}(0.03)$ 是参数为 0.03 的 Dirichlet 噪声，$\varepsilon = 0.25$，这个噪声使得所有落子都有被尝试的可能，从而达到了探索的效果。

　　2. 策略价值网络的设计与训练

　　AlphaZero 的策略价值网络就是在给定状态 s 的情况下，返回每一个可行动作的概率 p（策略部分）及该状态评分 v（价值部分）的神经网络模型。

　　AlphaZero 中共使用 17 个 19×19 的二值特征平面来描述状态 s，其中前 16 个特征平面描述了最近 8 步双方 player 的棋子位置。具体第 1 个特征平面表示当前 player 在最近一步时所有己方棋子的位置，有棋子的位置为 1，其余位置全部为 0；第 2 个特征平面表示对手 player 在最近一步时所有棋子的位置，有对手 player 棋子的位置为 1，其余位置全部为 0；后面的 14 个特征平面以此类推，分别表示最近 2, 3, …, 8 步时双方的棋子位置情况。最后一个特征平面描述当前 player 对应的棋子颜色，若当前 player 执黑，则该特征平面所有位置为 1，若当前 player 执白，则该特征平面所有位置为 0。这 17 个特征平面堆叠在一起，构成 19×19×17 的三维矩阵，这就是策略价值网络的输入，即状态 s。

　　策略价值网络首先使状态 s 进入输入模块，如图 7.8 所示。它包括 256 个 3×3、步长为 1 的卷积核构成的卷积层，然后经过批归一化层和 ReLU 非线性激活函数输出。输出接着进行一连串残差模块，如图 7.9 所示。在每个残差模块内部，输入信号依次经过由 256 个 3×3、步长为 1 的卷积核构成的卷积层，批归一化层，ReLU 非线性激活函数，由 256 个 3×3、步长为 1 的卷积核构成的卷积层，批归一

化层，然后和输入部分的直连信号叠加，最后经过 ReLU 非线性激活函数输出。在 AlphaZero 中，有重复 19 次残差模块或重复 39 次残差模块两种版本。

图 7.8　AlphaZero 中策略价值网络输入模块

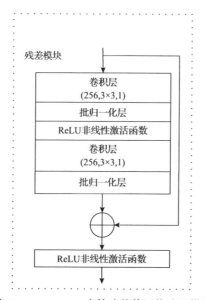

图 7.9　AlphaZero 中策略价值网络残差模块

经过一系列的残差模块之后，信号最后进入输出模块，如图 7.10 所示。输出模块分为策略输出和价值输出两部分，其中策略输出部分首先经过包含两个 1×1、步长为 1 的卷积核的卷积层，然后经过批归一化层和 ReLU 非线性激活函数，最后通过一个全连接层输出 362 维的向量，对应落子 19×19 棋盘上的每一个位置和放弃落子这 362 个动作的对数概率。价值输出部分首先经过包含 1 个 1×1、步长为 1 的卷积核的卷积层，然后经过批归一化层和 ReLU 非线性激活函数，接着是 256 个神经元的全连接层和 ReLU 非线性激活函数，最后是 1 个一维输出(1 个神经元)的全连接层，并使用 tanh 激活函数将最后的输出限制在[−1,1]，作为对状态的评估 v。

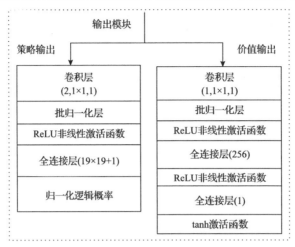

图 7.10　AlphaZero 中策略价值网络输出模块

策略价值网络中参数的训练需要有样本。前面已述，对于 AlphaZero 自我博弈中的每一步 t，都会保存一个三元组 (s_t, π_t, z_t)，其中，s_t 是当时的状态描述，π_t 是在该状态下蒙特卡罗树搜索返回的落子概率分布，z_t 是一局对抗最终的胜负结果。对于同一个状态 s_t，将其输入策略价值网络，则可以得到网络预测的当前状态下每个动作的概率 p_t，以及对于状态胜负的评估 v_t。上述三元组就是训练策略价值网络的样本，即期望输出。策略价值网络训练的目标就是使 p_t 更接近于 π_t，v_t 更接近于 z_t。策略价值网络的训练过程就是在上述数据集上最小化损失函数：

$$l = (z_t - v_t)^2 - \pi_t^T \log p_t + c\|\theta\|^2 \qquad (7.9)$$

式中，前两项对应上面提到的两个训练目标，第 3 项用于防止过度拟合的 L2 正则项，参数 c 用于控制正则化的程度。

综上，完全基于自我博弈来学习进化是 AlphaZero 的最大特点，它们脱离了对人类棋谱知识的依赖，完全从零开始，在短时间内达到了人类无法匹敌的程度。AlphaZero 的自我博弈学习基于强化学习中的策略迭代框架，它将卷积神经网络和蒙特卡罗树搜索相结合，实现了稳定的学习和快速的提升。

7.2　棋盘游戏环境实现

7.2.1　N 子棋走子

围棋对抗下的 AlphaZero 训练需要耗费较高的图形处理单元资源和时间，这里采用较为简单的棋盘游戏来描述 AlphaZero 的实现。棋盘游戏(board game)就是在棋盘上落子或移动棋子的游戏，如象棋、五子棋等。五子棋的规则是黑白两方轮流落子，以某方在特定方向上将 N 个棋子连成一条线为胜，这里 N 为 5，显然 N 可以再推广为其他数值；当棋盘已满、两方都没有达到连成一条线时，为和棋。下面构建 N 个棋子连线的 N 子棋游戏应用程序接口及其满足 Gym 规范的虚拟游戏环境，同时满足人类 Agent 和 AI 使用。

ConnectNGame 类是 N 子棋游戏的核心，名字中的 ConnectN 代表 N 子连线棋。该类构造函数 __init__ 以具体的 N 值和棋盘大小为输入参数，默认均为 3。在类实例初始化时，构造函数被调用，参数值被赋值给类成员变量 self.n 和 self.board_size，并生成 self.board_size 维度的二维数组赋值给成员变量 self.board，数组初值全部为 0，self.board 对应棋盘已有落子情况，若在 (r,c) 位置 PLAYER_A 落子，则使 self.board[r][c] 为 1，若 PLAYER_B 落子，则使 self.board[r][c] 为 -1；成员变量 self.remaining_pos_num 记录剩余能落子位置的个数，初值被赋给 self.board_size× self.board_size。构造函数还进行了其他赋初值的工作。

ConnectNGame 类的 move 函数用于在 (r,c) 的位置上走子。若 (r,c) 上没有棋子，则可以落子，修改 self.board 的对应位置标志位为当前走子方，并且在 self.action_stack 列表中增加 (r,c)，从而按顺序记录走子位置。走子后，判断这步走子是否会使走子方赢棋，若不会赢棋，则转换走子方为另一方。ConnectNGame 类的 get_avail_pos 函数用于获取合法的走子位置列表。这里的 move 函数相当于"雅达利 (Atari)"游戏环境中的 env.step (action)。下面是 ConnectNGame 类的代码实现，被存为 ConnectNGame.py 文件。

```python
from typing import List, Tuple
GameStatus = Tuple[Tuple[int, ···]]
Move2D = Tuple[int, int]
Pos = int
GameResult = int # 1: A wins; 0: Tie; -1: B wins
class ConnectNGame:
    PLAYER_A = 1
    PLAYER_B = -1
    AVAILABLE = 0
    RESULT_TIE = 0
    # RESULT_A_WIN = 1
    # RESULT_B_WIN = -1

    def _init_(self, n: int = 3, board_size: int = 3):
        assert n <= board_size
```

```
        self.n = n
        self.board_size = board_size
        self.board = [[ConnectNGame.AVAILABLE] * self.board_size
            for _ in range(self.board_size)]
        self.game_over = False
        self.game_result = None
        self.current_player = ConnectNGame.PLAYER_A
        self.remaining_pos_num = self.board_size * self.board_ size
        self.action_stack = []

def move(self, pos: Pos) -> GameResult:
    r, c = pos // self.board_size, pos % self.board_size
    return self._move_2d(r, c)

def _move_2d(self, r: int, c: int) -> GameResult:
    """
    :param r:
    :param c:
    :return: Nonc: game ongoing
    """
    assert self.board[r][c] == ConnectNGame.AVAILABLE
    self.board[r][c] = self.current_player
    self.action_stack.append((r, c))
    self.remaining_pos_num -= 1
    if self.check_win(r, c):
        self.game_over = True
        self.game_result = self.current_player
        return self.current_player
    if self.remaining_pos_num == 0:
        self.game_over = True
        self.game_result = ConnectNGame.RESULT_TIE
        return ConnectNGame.RESULT_TIE
    self.current_player *= -1

def undo(self):
```

```
        if len(self.action_stack) > 0:
            last_action = self.action_stack.pop()
            r, c = last_action
            self.board[r][c] = ConnectNGame.AVAILABLE
            self.current_player = ConnectNGame.PLAYER_A if
                len(self.action_stack) % 2 == 0 else ConnectNGame.
                PLAYER_B
            self.remaining_pos_num += 1
            self.game_over = False
            self.game_result = None
        else:
            raise Exception('No last_action')


    def check_win(self, r: int, c: int) -> bool:
        north = self.get_connected_num(r, c, -1, 0)
        south = self.get_connected_num(r, c, 1, 0)
        east = self.get_connected_num(r, c, 0, 1)
        west = self.get_connected_num(r, c, 0, -1)

        south_east = self.get_connected_num(r, c, 1, 1)
        north_west = self.get_connected_num(r, c, -1, -1)
        north_east = self.get_connected_num(r, c, -1, 1)
        south_west = self.get_connected_num(r, c, 1, -1)

        if(north + south + 1 >= self.n) or (east + west + 1 >=
                self.n) or (south_east + north_west + 1 >= self.n) or
                (north_east + south_west + 1 >= self.n):
            return True
        return False


    def get_connected_num(self, r: int, c: int, dr: int, dc: int)
        -> int:
        player = self.board[r][c]
        result = 0
        i = 1
```

```
        while True:
            new_r = r + dr * i
            new_c = c + dc * i
            if 0 <= new_r < self.board_size and 0 <= new_c < self.
                board_size:
                if self.board[new_r][new_c] == player:
                    result += 1
                else:
                    break
            else:
                break
            i += 1
        return result

    def get_status(self) -> GameStatus:
        return tuple([tuple(self.board[i]) for i in range(self.
            board_size)])

    def check_action(self, r: int, c: int) -> bool:
        return self.board[r][c] == ConnectNGame.AVAILABLE

    def reset(self):
        self.board = [[ConnectNGame.AVAILABLE] * self.board_size
            for _ in range(self.board_size)]
        self.game_over = False
        self.game_result = None
        self.current_player = ConnectNGame.PLAYER_A
        self.remaining_pos_num = self.board_size * self.board_
            size
        self.action_stack = []
```

7.2.2　棋盘环境

　　ConnectNGame 类用于 N 子连线棋盘面记录和走子，PyGameBoard 类用于游戏显示和人机交互。尽管 Python 有 Tkinter、PyQt 等跨平台图形用户界面类库用于桌面程序编程，但这些类库占用存储较大。PyGame 库具有代码少、开发快的优势，比较适合快速开发五子棋等棋盘游戏。PyGameBoard 通过 PyGame 库实现游戏显示和人机交互。首先，PyGameBoard 类的构造函数 _init_ 调用 PyGame.init() 实现 PyGame 库的初始化，成员函数 next_user_input 实现了等待人类玩家输入的逻辑，本质上是 PyGame.event.get() 循环检查 GUI 事件直到有合法的落子产生。PyGameBoard 类构造函数还传入 ConnectNGame 实例，人类玩家的界面输入将通过 ConnectNGame 类的 move 函数实现最终走子。PyGameBoard 通过 _render 函数刷新人机交互界面。PyGameBoard 类实现代码如下，它被存为 PyGameConnectN.py 文件。

```python
import sys
from typing import List, Tuple
import PyGame
from PyGame.event import Event
from ConnectNGame import ConnectNGame, Move2D, Pos, GameStatus
class PyGameBoard:
    def _init_(self, connect_n_game: ConnectNGame):
        self.connect_n_game = connect_n_game
        self.board_size = connect_n_game.board_size
        self.connect_num = connect_n_game.n
        self.grid_size = 40
        self.start_x, self.start_y = 30, 50
        self.edge_size = self.grid_size / 2
        self.action = None
        PyGame.init()
        window_size = max(300, self.grid_size * self.board_size + 80)
        self.screen = PyGame.display.set_mode((window_size,
            window_size))
        PyGame.display.set_caption(f"Connect-{self.connect_ num},
            {self.board_size}x{self.board_size}")
        self.clock = PyGame.time.Clock()
        self.font = PyGame.font.Font(PyGame.font.get_default_
            font(), 20)

    def next_user_input(self) -> Pos:
        self.action = None
```

```
        while not self.action:
            self.check_event()
            self._render()
            self.clock.tick(60)
        return self.action[0] * self.board_size + self.action[1]


    def check_event(self):
        for e in PyGame.event.get():
            if e.type == PyGame.QUIT:
                PyGame.quit()
                sys.exit(0)
            elif e.type == PyGame.MOUSEBUTTONDOWN:
                self._handle_user_input(e)


    def display(self, milli_sec=2000):
        # tick_num = sec * 1000
        while milli_sec >= 0:
            PyGame.event.get()
            self._render()
            passed = self.clock.tick(1)
            # print(tick_num)
            milli_sec -= passed


    # proxy methods
    def move(self, pos: Pos) -> int:
        # r, c = pos // self.board_size, pos % self.board_size
        return self.connect_n_game.move(pos)


    def is_game_over(self) -> bool:
        return self.connect_n_game.game_over


    def get_avail_pos(self) -> List[Pos]:
        return self.connect_n_game.get_avail_pos()


    def get_current_player(self) -> int:
        return self.connect_n_game.current_player
```

```python
def get_status(self) -> GameStatus:
    return self.connect_n_game.get_status()


def _render(self):
    self.screen.fill((255, 255, 255))
    # print(self.clock.get_fps())
    msg = None
    if self.connect_n_game.game_over:
        title = f"Game Over"
        PyGame.display.set_caption(title)
        if self.connect_n_game.game_result == ConnectNGame.
            RESULT_TIE:
            msg = 'Draw'
        else:
            msg = "{0} Win".format("Black" if self.connect_
                n_game.game_result == ConnectNGame.
                PLAYER_A else "White")
    else:
        PyGame.display.set_caption(f"Connect-{self.
            connect_num}, {self.board_size}x{self.
            board_size}")
        msg = "{0} Turn".format("Black" if self.connect_n_
            game.current_player == ConnectNGame.PLAYER_A
            else "White")
    self.screen.blit(self.font.render(msg, True, (0, 122, 255)),
        (self.grid_size * self.board_size + 30, 50))
    self._draw()
    PyGame.display.update()


def _handle_user_input(self, e: Event) -> Move2D:
    origin_x = self.start_x - self.edge_size
    origin_y = self.start_y - self.edge_size
    size = (self.board_size - 1) * self.grid_size +
        self.edge_size * 2
    pos = e.pos
```

```
        if origin_x <= pos[0] <= origin_x + size and origin_y <=
            pos[1] <= origin_y + size:
            if not self.connect_n_game.game_over:
                x = pos[0] - origin_x
                y = pos[1] - origin_y
                r = int(y // self.grid_size)
                c = int(x // self.grid_size)
                valid = self.connect_n_game.check_action(r, c)
                if valid:
                    self.action =(r, c)
                    return self.action


def _draw(self):
    screen = self.screen
    PyGame.draw.rect(screen, (192, 192, 192),[self.start_x
            - self.edge_size, self. start_y - self.edge_size,
            (self.board_size - 1) * self.grid_size + self.edge_
            size * 2,
            (self.board_size - 1) * self.grid_size + self.edge_
            size * 2], 0)
    for r in range(self.board_size):
        y = self.start_y + r * self.grid_size
        PyGame.draw.line(screen, (0, 0, 0), [self.start_x, y],
            [self.start_x + self.grid_size * (self.board_
            size - 1), y], 2)
    for c in range(self.board_size):
        x = self.start_x + c * self.grid_size
        PyGame.draw.line(screen, (0, 0, 0), [x, self. start_y],
            [x, self.start_y + self.grid_ size * (self.
            board_size - 1)], 2)
    for r in range(self.board_size):
        for c in range(self.board_size):
            piece = self.connect_n_game.board[r][c]
            if piece != ConnectNGame.AVAILABLE:
                if piece == ConnectNGame.PLAYER_A:
```

```
                    color = (0, 0, 0)
            else:
                    color = (255, 255, 255)
            x = self.start_x + c * self.grid_size
            y = self.start_y + r * self.grid_size
            PyGame.draw.circle(screen, color, [x,
                    y], self.grid_size // 2)
```

在 PyGameBoard 类的基础上，创建了 ConnectNGym(gym.Env)类。它是符合 Gym 规范的虚拟环境，也就是封装出 reset 成员函数、step 成员函数和 render 成员函数。ConnectNGym 类的实例用于创建环境对象 env。需要注意的是，reset 和 step 并没有返回 state，而是返回 ConnectNGame 类实例 self.PyGame_board. connect_n_game 的副本。ConnectNGym 类的实现代码如下，它被存为 ConnectNGym.py 文件。

```
import copy
import time
from typing import Tuple, List
import gym
from gym import spaces
from PyGameConnectN import PyGameBoard
from ConnectNGame import ConnectNGame, Pos
REWARD_A = 1
REWARD_B = -1
REWARD_TIE = 0
REWARD_NONE = None
class ConnectNGym(gym.Env):
    def _init_(self, board: PyGameBoard, is_gui=True, display_
        milli_ sec=2000):
        self.PyGame_board = board
        self.is_gui = is_gui
        self.display_milli_sec = display_milli_sec
        self.action_space = spaces.Discrete(board.board_size *
            board. board_size)
        self.observation_space = spaces.Discrete(board.board_
            size * board. board_size)
```

```
        self.seed()
        self.reset()

    def reset(self) -> ConnectNGame:
        self.PyGame_board.connect_n_game.reset()
        return copy.deepcopy(self.PyGame_board.connect_n_game)

    def step(self, action: Pos) -> Tuple[ConnectNGame,int,
        bool, None]:
        reward = REWARD_NONE
        result = self.PyGame_board.move(action)
        if self.PyGame_board.is_game_over():
            reward = result
        return copy.deepcopy(self.PyGame_board.connect_n_game),
            reward, not result is None, None

    def render(self, mode='human'):
        if not self.is_gui:
            self.PyGame_board.connect_n_game.draw_text()
            time.sleep(self.display_milli_sec / 1000)
        else:
            self.PyGame_board.display(milli_sec=self. Display
                _milli_sec)
```

7.3　AlphaZero 算法实现

7.3.1　自我博弈实现

　　AlphaZero 算法实现为 MCTSAlphaGoZeroPlayer 类，它实现了蒙特卡罗树搜索和自我博弈。其中，_init_ 构造函数初始化策略价值网络等。该类的 self_play_one_game 成员函数用于自我博弈，即交替扮演两方完成一局游戏，从而产生本局中的策略价值网络训练数据，包括每个 step 的策略价值网络输入、策略价值网络期望输出、这种输出下的终局输赢值，也就是前面所述的三元组 (s_t, π_t, z_t)。下面是 MCTSAlphaGoZeroPlayer 类的实现，它包括除了 _playout 函数（将在 7.3.2 节介绍）外的所有代码，这些代码被存为 MCTSAlphaGoZeroPlayer.py 文件。

```python
from typing import List, Tuple, Dict, Iterator, ClassVar, Any
import numpy as np
import copy
from nptyping import NDArray
from scipy.special import Softmax
from PyGameConnectN import PyGameBoard
from MCTSNode import TreeNode
from PolicyValueNetwork import PolicyValueNet, ActionProbs, \
    MoveWithProb, NetGameState, convert_game_state
from agent import BaseAgent
from ConnectNGame import ConnectNGame, GameStatus, Pos, GameResult
class MCTSAlphaGoZeroPlayer(BaseAgent):
    temperature: float = 1.0

    _policy_value_net: PolicyValueNet

    _playout_num: int

    _current_root: TreeNode

    _is_training: bool

    def_init_(self, policy_value_net: PolicyValueNet, playout_
        num = 1000, is_training=True):
        self._policy_value_net = policy_value_net
        self._playout_num = playout_num
        self._current_root = None
        self._is_training = is_training
        self.reset()


    def reset(self):
        """
        Releases all nodes in MCTS tree and resets root node.
        """
        self._current_root = TreeNode(None, 1.0)


    def self_ play_one_game(self, game: ConnectNGame)
            -> List[Tuple[NetGameState, ActionProbs, NDArray
            [(Any), np. float]]]:
        """
```

```
:param game:
:return:Sequence of(s, pi, z)of a complete game play.
"""
states: List[NetGameState] = []
probs: List[ActionProbs] = []
current_players: List[np.float] = []
while not game.game_over:
    move, move_probs = self._get_action(game)
    states.append(convert_game_state(game))
    probs.append(move_probs)
    current_players.append(game.current_player)
    game.move(move)
current_player_z = np.zeros(len(current_players))
current_player_z[np.array(current_players) == game.game_
    result] = 1.0
current_player_z[np.array(current_players) == -game.
    game_result] = -1.0
self.reset()
return list(zip(states, probs, current_player_z))
```

完成一局游戏依赖_get_action 成员函数确定走子动作以及生成每个可能走子动作的概率。这又是在_next_step_play_act_probs 成员函数得到走子概率的基础上实现的。_next_step_play_act_probs 成员函数首先使用_playout 函数在当前棋局下进行 self._playout_num 次选择、扩展评估、回传，也就是依据 UCB 策略从根节点开始选择子节点，从而模拟走子，最终根据根节点各个分支(动作)的访问次数确定可能走子动作的概率。可以看到_get_action、_next_step_play_act_probs 和_playout 成员函数均以 ConnectNGame 类实例 game 为参数，所有代码如下。

```
def_get_action(self, game: ConnectNGame) -> Tuple
    [MoveWithProb]:
    epsilon = 0.25
    avail_pos = game.get_avail_pos()
    move_probs: ActionProbs = np.zeros(game.board_size *
        game.board_ size)
```

```
        assert len(avail_pos) > 0

        # the pi defined in AlphaGo Zero paper
        acts, act_probs = self._next_step_play_act_probs(game)
        move_probs[list(acts)] = act_probs
        if self._is_training:
            # add Dirichlet Noise when training in favour of
              exploration
            p_ = (1-epsilon) * act_probs + epsilon * np.random.
              dirichlet (0.3 * np.ones(len(act_ probs)))
            move = np.random.choice(acts, p=p_)
            assert move in game.get_avail_pos()
        else:
            move = np.random.choice(acts, p=act_probs)
        self.reset()
        return move, move_probs


def _next_step_play_act_probs(self, game: ConnectNGame) ->
    Tuple[List[Pos], ActionProbs]:
    """
    For the given game status, run playouts number of timcs specified
        by self._ playout_num.
    Returns the action distribution according to AlphaGo Zero MCTS
        play formula.
    :param game:
    :return: actions and their probability
    """
    for n in range(self._playout_num):
        self._playout(copy.deepcopy(game))
    act_visits = [(act, node._visit_num) for act, node in self.
      _current_ root._children.items()]
    acts, visits = zip(*act_visits)
    act_probs = Softmax(1.0 / MCTSAlphaGoZeroPlayer. Temperature
      * np. log(np.array(visits) + 1e-10))
    return acts, act_probs
```

```
def get_action(self, board: PyGameBoard) -> Pos:
    return self._get_action(copy.deepcopy(board.connect_n_
        game))[0]
```

7.3.2 蒙特卡罗树搜索

MCTSAlphaGoZeroPlayer 类的_playout 成员函数进行了树的节点选择、扩展评估、回传更新三个步骤，它也被存储在 MCTSAlphaGoZeroPlayer.py 文件中。这个_playout 成员函数使用了 TreeNode 类来构造树的每个节点。树根在 MCTSAlphaGoZeroPlayer 类初始化时调用 self.reset()生成，在每次_get_action 函数结束时再次调用 self.reset()重置树根，也就是每个新的棋局都会对应全新的树根。树的节点选择使用了 TreeNode 类 select 函数，节点扩展对应了 TreeNode 类 expand 函数，评估直接使用策略价值网络输出的状态评分 leaf_value，此评分还用于回传更新，即 TreeNode 类 propagate_to_root 函数。在扩展前，使用策略价值网络前向运算_policy_value_net.policy_value_fn，得到各个落子的动作的先验概率。有关策略价值网络将在 7.3.3 节进行叙述。

```
class MCTSAlphaGoZeroPlayer(BaseAgent):
    ......
    def _playout(self, game: ConnectNGame):
        player_id = game.current_player
        node = self._current_root
        while True:
            if node.is_leaf():
                break
            act, node = node.select()
            game.move(act)
        # now game state is a leaf node in the tree, either a terminal
            node or an unexplored node
        act_and_probs: Iterator[MoveWithProb]
        act_and_probs, leaf_value = self._policy_value_net.
            policy_value_fn(game)
        if not game.game_over:
            for act, prob in act_and_probs:
                game.move(act)
```

```
                    child_node = node.expand(act, prob)
                    game.undo()
            else:
                # case where game ends, update actual leaf_value to root
                if game.game_result == ConnectNGame.RESULT_TIE:
                    leaf_value = ConnectNGame.RESULT_TIE
                else:
                    leaf_value = 1 if game.game_result == player_id else -1
                leaf_value = float(leaf_value)
        # Update leaf_value and propagate up to root node
        node.propagate_to_root(-leaf_value)
```

TreeNode 节点是蒙特卡罗树搜索的关键。它的成员变量 self._parent 用于记录父节点，成员变量 self._children 是一个字典，字典中键为落子动作，键值为落子形成的新节点。self._visit_num 用于记录本节点访问的次数，self._prior 用于记录本节点访问的先验概率，self._Q 用于记录本节点对应落子动作的平均价值 $Q(a)$，创建节点初始化为 0。self._prior 值就是在当前棋局下使用策略价值网络输出的对应落子概率值。TreeNode 类 select 函数用于节点选择，调用 get_puct 函数，实现了 UCB 策略计算。TreeNode 类 propagate_to_root 函数用于节点评分的回传更新，调用 _update 函数实现将本节点访问次数加 1 并赋予 self._visit_num，还计算本节点落子动作的平均价值 $Q(a)$，更新 self._Q，而 propagate_to_root 函数最后递归调用自己，并将 self._parent 指示的父节点作为参数。TreeNode 类的实现代码如下，它被存为 MCTSNode.py 文件。

```python
from typing import Tuple, Dict, ClassVar
import numpy as np
from ConnectNGame import Pos
class TreeNode:
    c_puct: ClassVar[int] = 5 # class-wise global param c_puct,
        exploration weight factor.
    _parent: TreeNode
    _children: Dict[int, TreeNode] # map from action to TreeNode
    _visit_num: int
    _Q: float  # Q value of the node, which is the mean action value.
    _prior: float
    def _init_(self, parent_node: TreeNode, prior: float):
```

```python
        self._parent = parent_node
        self._children = {}
        self._visit_num = 0
        self._Q = 0.0
        self._prior = prior

    def get_puct(self) -> float:
        U = (TreeNode.c_puct * self._prior * np.sqrt(self._parent._
            visit_num) / (1 + self._visit_num))
        return self._Q + U

    def expand(self, action: int, prob: np.float) -> TreeNode:
        child_node = TreeNode(self, prob)
        self._children[action] = child_node
        return child_node

    def select(self) -> Tuple[Pos, TreeNode]:
        return max(self._children.items(), key=lambda act_node:
            act_node[1].get_puct())

    def propagate_to_root(self, leaf_value: float):
        self._update(leaf_value)
        if self._parent:
            self._parent.propagate_to_root(-leaf_value)

    def _update(self, leaf_value: float):
        self._visit_num += 1
        # new Q is updated towards deviation from existing Q
        self._Q += 0.5 * (leaf_value - self._Q)

    def is_leaf(self) -> bool:
        return len(self._children) == 0
```

7.3.3 策略价值网络

TreeNode 节点在初始化时，需要以该节点对应动作的初始概率值为参数，该值是通过当前棋局下的策略价值网络输出得到的。本小节重点关注策略价值网络的输入、输出以及神经网络结构，首先介绍策略价值网络的输入。

在 DeepMind 团队的 AlphaGo Zero 算法中，共使用了 17 个二值特征平面来描述当前棋局状态，前 16 个特征平面描述了最近 8 步对应的双方 player 的棋子位置，最后一个特征平面描述当前 player 对应的棋子颜色(是先手还是后手)。这里对棋局状态的描述进行简化，N 子连线棋相对简单，棋子落子顺序的重要性较低，因此用单个平面来表征整个单方的已有落子情况。convert_game_state 函数实现了对当前棋局状态的描述。

先构造 4 个 game.board_size×game.board_size 矩阵，初值为 0，4 个矩阵构成的张量命名为 state_matrix。game.action_stack 列表按顺序存储了双方依次的落子位置 (r,c)，将其复制放入 np.array 阵列中，并重新命名为 actions。语句 actions[::2]代表从 actions 的第 0 个位置开始每间隔一个得到的子集，语句 actions[1::2]代表从 actions 的第 1 个位置开始每间隔一个得到的子集，这两个子集分别代表了两方已有的落子情况。对于第一个子集，将子集元素 (r,c) 作为矩阵 state_matrix[0]的索引，将对应位置置为 1；对于第二个子集，将子集元素 (r,c) 作为矩阵 state_matrix[1]的索引，将对应位置置为 1。actions[–1]代表最后一个落子的位置，将矩阵 state_matrix[2]的对应位置置为 1。矩阵 state_matrix[3]为全 1 或全 0，代表当前落子方的颜色。张量 state_matrix 代表当前的棋局，最终 state_matrix 作为策略价值网络的输入。

```python
from typing import Tuple, List, Iterator, Any
import torch
import torch.nn as nn
import torch.optim as optim
import torch.nn.functional as F
from nptyping import NDArray
from torch.autograd import Variable
import numpy as np
from ConnectNGame import ConnectNGame, Pos
ActionProbs = NDArray[(Any), np.float]
MoveWithProb = Tuple[Pos, ActionProbs]
NetGameState = NDArray[(4, Any, Any), np.int]


def convert_game_state(game: ConnectNGame) -> NetGameState:
    """
    Converts game state to type NetGameState as ndarray.
    :param game:
```

```
:return:
        Of shape 4 * board_size * board_size.
        [0] is current player positions.
        [1] is opponent positions.
        [2] is last move location.
        [3] is the color to play.
"""
state_matrix = np.zeros((4, game.board_size, game.board_size))
if game.action_stack:
        actions = np.array(game.action_stack)
        move_curr = actions[::2]
        move_oppo = actions[1::2]
        for move in move_curr:
            state_matrix[0][move] = 1.0
        for move in move_oppo:
            state_matrix[1][move] = 1.0
        # indicate the last move location
        state_matrix[2][actions[-1]] = 1.0
if len(game.action_stack) % 2 == 0:
        state_matrix[3][:, :] = 1.0 # indicate the colour to play
return state_matrix[:, ::-1, :]
```

综上，函数 convert_game_state 以 ConnectNGame 类的实例 game 为输入，从 game 记录的当前棋局中提取关键信息组成策略价值网络的输入张量。在 DeepMind 团队的 AlphaGoZero 中，策略价值网络由输入模块、19 或 39 个残差模块，以及策略输出和价值输出构成，整个神经网络的层数有 40 甚至 80 多层，本节对网络的深度（即结构）进行了简化。基于 PyTorch 库，Net 类构造函数 _init_ 中确定了策略价值网络的基本结构，它首先包括公共的 3 层卷积网络，分别使用 32、64 和 128 个 3×3 的卷积核，使用 ReLU 非线性激活函数；然后分成策略和价值两个输出。在策略输出部分，先使用 4 个 1×1 卷积核的卷积层，再接全连接层，输出神经元个数为 board_width×board_height，并对输出神经元使用 log_Softmax 非线性函数，取对数后的棋盘上每个位置的落子概率。在价值部分，先使用 2 个 1×1 卷积核的卷积层，再接一个 64 个神经元的全连接层，最后通过 1 维输出的全连接层，并使用 tanh 非线性函数直接输出[-1,1]的状态评分。下面是 Net 类的实现代码。

```python
class Net(nn.Module):
    """policy-value network module"""
    def _init_(self, board_width, board_height):
        super(Net, self)._init_()
        self.board_width = board_width
        self.board_height = board_height
        # common layers
        self.conv1 = nn.Conv2d(4, 32, kernel_size=3, padding=1)
        self.conv2 = nn.Conv2d(32, 64, kernel_size=3, padding=1)
        self.conv3 = nn.Conv2d(64, 128, kernel_size=3, padding=1)
        # action policy layers
        self.act_conv1 = nn.Conv2d(128, 4, kernel_size=1)
        self.act_fc1 = nn.Linear(4*board_width*board_height,
            board_width*board_height)
        # state value layers
        self.val_conv1 = nn.Conv2d(128, 2, kernel_size=1)
        self.val_fc1 = nn.Linear(2*board_width*board_height, 64)
        self.val_fc2 = nn.Linear(64, 1)

    def forward(self, state_input):
        # common layers
        x = F.relu(self.conv1(state_input))
        x = F.relu(self.conv2(x))
        x = F.relu(self.conv3(x))
        # action policy layers
        x_act = F.relu(self.act_conv1(x))
        x_act = x_act.view(-1, 4*self.board_width*self.board_
            height)
        x_act = F.log_Softmax(self.act_fc1(x_act), dim=0)
        # state value layers
        x_val = F.relu(self.val_conv1(x))
        x_val = x_val.view(-1, 2*self.board_width*self.board_
            height)
        x_val = F.relu(self.val_fc1(x_val))
        x_val = torch.tanh(self.val_fc2(x_val))
```

```
            return x_act, x_val
```

在定义好策略价值网络结构的基础上，接下来是 PolicyValueNet 类。该类的构造函数创建 Net 类的实例赋给成员变量 self.policy_value_net，还确定了神经网络参数优化器为 optim.Adam 以及一些参数值，并根据 model_file 参数来决定是否加载训练好的神经网络参数。该类的成员函数 policy_value_fn 用于在蒙特卡罗树搜索过程中评估当前状态下各个落子动作的概率和当前状态的评分。它以 ConnectNGame 类的实例为输入，通过 convert_game_state 函数获取当前棋局状态的张量，将其输入策略价值网络，得到输出。该类的成员函数 backward_step 用于更新策略价值网络的参数。该函数输入参数为 batch 个三元组 (s_t, π_t, z_t)，其中 $\{s_t | t = 1, 2, \cdots, \text{batch}\}$ 对应了 state_batch，$\{\pi_t | t = 1, 2, \cdots, \text{batch}\}$ 对应了 probs_batch，$\{z_t | t = 1, 2, \cdots, \text{batch}\}$ 对应了 value_batch。该函数中定义了目标函数，由两部分 loss 组成，policy_loss 是神经网络输出的落子概率与期望概率的交叉熵，value_loss 是神经网络输出的评分与蒙特卡罗树搜索得到的状态评分的 MSE。在有了输入三元组和 loss 后，进行反向传播和参数更新。

下面是 PolicyValueNet 类的实现代码，它与 convert_game_state 函数、Net 类的实现代码一起存储为 PolicyValueNetwork.py 文件。

```
class PolicyValueNet:
    def _init_(self, board_width: int, board_height: int, model_
        file=None, use_gpu=False):
        self.use_gpu = use_gpu
        self.board_width = board_width
        self.board_height = board_height
        self.l2_const = 1e-4 # coef of l2 penalty
        # the policy value net module
        if self.use_gpu:
            self.policy_value_net = Net(board_width, board_
                height).cuda()
        else:
            self.policy_value_net = Net(board_width, board_
                height)
        self.optimizer = optim.Adam(self.policy_value_net.
            parameters(), weight_decay=self.l2_const)

        if model_file:
```

```
            net_params = torch.load(model_file)
            self.policy_value_net.load_state_dict(net_params)

    def policy_value(self, state_batch: List[NetGameState]):
        """
        input: a batch of states
        output: a batch of action probabilities and state values
        """
        if self.use_gpu:
            state_batch = Variable(torch.FloatTensor(state_
                batch).cuda())
            log_act_probs,value=self.policy_value_net(state_
                batch)
            act_probs = np.exp(log_act_probs.data.cpu().
                numpy())
            return act_probs, value.data.cpu().numpy()
        else:
            state_batch = Variable(torch.FloatTensor(state_
                batch))
            log_act_probs,value=self.policy_value_net(state_
                batch)
            act_probs = np.exp(log_act_probs.data.numpy())
            return act_probs, value.data.numpy()

    def policy_value_fn(self, board: ConnectNGame) ->
       Tuple[Iterator[MoveWithProb], float]:
        """
        input: board
        output: a list of (action, probability) tuples for each
                available action and the score of the board state
        """
        avail_pos_list = board.get_avail_pos()
        game_state = convert_game_state(board)
        current_state = np.ascontiguousarray(game_state.reshape
                (-1, 4, self.board_width, self.board_height))
```

```
    if self.use_gpu:
        log_act_probs, value =
            self.policy_value_net(Variable(torch.from_
            numpy(current_state)).cuda().float())
        pos_probs = np.exp(log_act_probs.data.cpu().numpy
            ().flatten())
    else:
        log_act_probs, value =
            self.policy_value_net(Variable(torch.from_
            numpy(current_state)). float())
        pos_probs = np.exp(log_act_probs.data.numpy().
            flatten())
    value = float(value.data[0][0])
    return zip(avail_pos_list, pos_probs), value


def backward_step(self, state_batch: List[NetGameState],
    probs_batch: List[ActionProbs],value_batch: List[NDArray
    [(Any), np. float]], lr) -> Tuple[float, float]:
    if self.use_gpu:
        state_batch = Variable(torch.FloatTensor(state_
            batch).cuda())
        probs_batch = Variable(torch.FloatTensor(probs_
            batch).cuda())
        value_batch = Variable(torch.FloatTensor(value_
            batch).cuda())
    else:
        state_batch = Variable(torch.FloatTensor(state_
            batch))
        probs_batch = Variable(torch.FloatTensor(probs_
            batch))
        value_batch = Variable(torch.FloatTensor(value_
            batch))

    self.optimizer.zero_grad()
    for param_group in self.optimizer.param_groups:
```

```
                    param_group['lr'] = lr

        log_act_probs,value=self.policy_value_net(state_batch)
        # loss = (z - v)^2 - pi^T * log(p) + c||theta||^2
        # Note: the L2 penalty is incorporated in optimizer
        value_loss = F.mse_loss(value.view(-1), value_batch)
        policy_loss = -torch.mean(torch.sum(probs_batch * log_
                act_probs, 1))
        loss = value_loss + policy_loss
        # backward and optimize
        loss.backward()
        self.optimizer.step()
        # calc policy entropy, for monitoring only
        entropy = -torch.mean(torch.sum(torch.exp(log_act_probs)
                * log_act_probs, 1))
        return loss.item(), entropy.item()

    def get_policy_param(self):
        net_params = self.policy_value_net.state_dict()
        return net_params

    def save_model(self, model_file):
        """ save model params to file """
        net_params = self.get_policy_param() # get model params
        torch.save(net_params, model_file)
```

7.3.4　训练与决策

　　训练使用的目标函数在 PolicyValueNet 类的成员函数 backward_step 中定义，下面使用 PolicyValueNet 类的实例进行 N 子棋连线游戏的训练。以 train 函数为核心，它首先产生 ConnectNGame 类的实例 initial_game，PolicyValueNet 类的实例 policy_value_net，MCTSAlphaGoZeroPlayer 类的实例 alpha_go_zero_player，然后进入 for 循环，调用 alpha_go_zero_player.self_play_one_game 进行自我博弈，产生训练数据放入先进先出的缓冲队列 game_records 中，其最大训练数据个数为 args.buffer_size。每进行完一局自我博弈，就从缓冲队列中取出 args.batch_size 组训练数据 (s_t, π_t, z_t)，调用 update_policy 函数进行训练，该函数又调用

policy_value_net.backward_step 完成反向传播和参数更新。test_model 函数被 train 函数调用，用于测试更新的策略价值网络，并将其权重参数存储在 current_policy.model 文件中。

```python
import argparse
import copy
import logging
import random
from collections import deque
from typing import Tuple, List, Any
import numpy as np
import torch
from nptyping import NDArray
from ConnectNGame import ConnectNGame
from MCTSAlphaGoZeroPlayer import MCTSAlphaGoZeroPlayer
from MCTSRolloutPlayer import MCTSRolloutPlayer
from PolicyValueNetwork import PolicyValueNet, NetGameState,
    ActionProbs


def update_policy(batch: List[Tuple[NetGameState, ActionProbs,
    NDArray[(Any), np.float]]], policy_value_net: PolicyValueNet) ->
    Tuple [float, float]:
    state_batch = [data[0] for data in batch]
    probs_batch = [data[1] for data in batch]
    value_batch = [data[2] for data in batch]
    old_probs, old_v = policy_value_net.policy_value(state_batch)
    for i in range(args.epochs):
        loss, entropy = policy_value_net.backward_step(state_
            batch, probs_batch, value_batch, args.learning_rate)
        new_probs, new_v = policy_value_net.policy_value(state_
            batch)
        kl = np.mean(np.sum(old_probs * (np.log(old_probs + 1e-10)
            - np.log(new_probs + 1e-10)), axis=1))
        if kl > args.kl_targ * 4:
            # early stopping if D_KL diverges badly
```

```
            break
        logging.warning(f'loss:{loss}, entropy:{entropy}, kl:{kl:.
            5f}')
        return loss, entropy

def train():
    initial_game = ConnectNGame(board_size=args.board_size,
        n=args.n_in_row)
    game_records: deque[Tuple[NetGameState, ActionProbs, NDArray
        [(Any), np.float]]]
    game_records = deque(maxlen=args.buffer_size)

    policy_value_net = PolicyValueNet(args.board_size, args.board_
        size, use_gpu=args.use_cuda)
    alpha_go_zero_player = MCTSAlphaGoZeroPlayer(policy_value_
        net, playout_num=args.playout_num)
    for i in range(args.game_batch_num):
        game = copy.deepcopy(initial_game)
        one_game_records = alpha_go_zero_player.self_play_one_
            game(game)
        episode_len = len(one_game_records)
        game_records.extend(one_game_records)
        logging.warning(f'batch i:{i + 1}, episode_len:{episode_
            len}, records_total:{len(game_records)}')
        if len(game_records) <= args.batch_size:
            continue
        # training
        training_batch = random.sample(game_records, args.batch_
            size)
        loss, entropy = update_policy(training_batch, policy_
            value_net)

        if i % 50 == 0:
            test_model(policy_value_net)

def battle(initial_game: ConnectNGame, player1: BaseAgent, player2:
```

```
    BaseAgent, n_games=10) -> float:
      win_counts = defaultdict(int)
      board = PyGameBoard(connect_n_game=copy.deepcopy(initial_
          game))
      env = ConnectNGym(board, display_milli_sec=100)
      for i in range(n_games):
          winner = play(env, player1, player2, render=False)
          win_counts[winner] += 1
      logging.warning(f'first: win: {win_counts[1]}, lose: {win_
          counts[-1]}, tie:{win_counts[0]}')
      win_ratio = 1.0*(win_counts[1] + 0.5*win_counts[0]) / n_games
      logging.warning(f'total {win_counts}')


  def test_model(policy_value_net):
      initial_game = ConnectNGame(board_size=args.board_size,
          n=args.n_in_row)
      alphago_zero_player = MCTSAlphaGoZeroPlayer(policy_value_net,
          playout_num=args.playout_num)
      mcts_rollout_player = MCTSRolloutPlayer(playout_num=args.
          rollout_playout_num)
      win_ratio = battle(initial_game, alphago_zero_player, mcts_
          rollout_player, n_games=3)
      logging.warning(f'current self-play win_ratio:{win_ratio:.
          3f}')
      policy_value_net.save_model('./current_policy.model')
      if win_ratio > args.best_win_ratio:
          logging.warning(f'best policy {win_ratio:.3f}')
          best_win_ratio = win_ratio
          # update the best_policy
          policy_value_net.save_model('./best_policy.model')


  def logging_config():
      import logging.config
      import yaml
```

```
with open('../logging_config.yaml', 'r') as f:
        config = yaml.safe_load(f.read())
        logging.config.dictConfig(config)
```

在实现中，为了对比训练效果和进行模型存储，还创建了一个 MCTSRolloutPlayer 类，它存为 MCTSRolloutPlayer.py 文件。

```
from _future_ import annotations
from typing import List, Tuple, Dict, Iterator, ClassVar
import numpy as np
import copy
from PyGameConnectN import PyGameBoard
from MCTSNode import TreeNode
from agent import BaseAgent
from ConnectNGame import ConnectNGame, Pos, GameResult
from operator import itemgetter
from PolicyValueNetwork import MoveWithProb


class MCTSRolloutPlayer(BaseAgent):
    def _init_(self, playout_num=1000):
        self._playout_num = playout_num

    def get_action(self, board: PyGameBoard) -> Pos:
        game = copy.deepcopy(board.connect_n_game)
        node = TreeNode(None, 1.0)
        for n in range(self._playout_num):
            game_copy = copy.deepcopy(game)
            self._playout(game_copy, node)
        return max(node._children.items(), key=lambda act_node:
            act_node[1]._visit_num)[0]

    def _playout(self, game: ConnectNGame, node: TreeNode):
        """Run a single playout from the root to the leaf, getting
        a value at the leaf and propagating it back through its parents.
```

```
        State is modified in-place, so a copy must be provided.
        """
        while True:
            if node.is_leaf():
                break
            # Greedily select next move.
            action, node = node.select()
            game.move(action)


            # Evaluate the leaf using a network which outputs a list
                of (action, probability) tuples p and also a score
                v in [-1, 1] for the current player.
            action_and_probs, leaf_value = self.rollout_policy_
                value_fn(game)
            # Check for end of game.
            end, winner = game.game_over, game.game_result
            if not end:
                for action, prob in action_and_probs:
                    child_node = node.expand(action, prob)
            player = game.current_player
            result = self._rollout_simulate_to_end(game)
            if result == ConnectNGame.RESULT_TIE:
                leaf_value = float(ConnectNGame.RESULT_TIE)
            else:
                leaf_value = 1.0 if result == player else -1.0
            node.propagate_to_root(leaf_value)


    def_rollout_simulate_to_end(self, game: ConnectNGame)->
        GameResult:
        while True:
            end, result = game.game_over, game.game_result
            if end:
                break
            action_probs = self.rollout_policy_fn(game)
            max_action = max(action_probs, key=itemgetter(1))[0]
```

```
            game.move(max_action)
        return result

    def rollout_policy_fn(self, game: ConnectNGame) -> Iterator
        [MoveWithProb]:
        """a coarse, fast version of policy_fn used in the rollout
            phase."""
        # rollout randomly
        action_probs = np.random.rand(len(game.get_avail_pos()))
        return zip(game.get_avail_pos(), action_probs)

    def rollout_policy_value_fn(self, game: ConnectNGame) -> Tuple
        [Iterator[MoveWithProb], float]:
        """a function that takes in a state and outputs a list of
            (action, probability) tuples and a score for the state"""
        # return uniform probabilities and 0 score for pure MCTS
        move_list = game.get_avail_pos()
        action_probs = np.ones(len(move_list)) / len(move_list)
        return zip(move_list, action_probs), 0
```

　　下面是训练用的代码。parse_args()函数用于给出默认的超参数，例如，棋盘大小 board_size 默认为 5，N 子连线 n_in_row 值为 3，即连续 3 个棋子连成一线为获胜；learning_rate 为学习率，默认为 8×10^{-3}；playout_num 为训练时每次走子蒙特卡罗树搜索的次数，默认为 1000；rollout_playout_num 为测试时每次走子蒙特卡罗树搜索的次数，默认为 900；以及缓冲队列的大小 buffer_size，默认为 10000，当更新策略价值网络时，从缓冲队列中取出 batch_size=512 组训练数据 (s_t, π_t, z_t) 等。最终，主程序 main 中首先调用 parse_args() 函数和 train 函数，完成 game_batch_num 局自我博弈，进行训练和测试。训练用的代码存为 main.py 文件。

```
    def parse_args():
        parser = argparse.ArgumentParser("ConnectN_AlphaGo_Zero")
        parser.add_argument("--gpu", type=int, default=0)
        parser.add_argument("--board_size", type=int, default=5)
        parser.add_argument("--n_in_row", type=int, default=3)
        parser.add_argument("--learning_rate", type=float, default=
            8e-3)
```

```
parser.add_argument("--playout_num",type=int,default=1000) #
    num of simulations for each move
parser.add_argument("--rollout_playout_num", type=int,
    default=900) # num of simulations for each move
parser.add_argument("--buffer_size", type=int, default=10000)
parser.add_argument("--batch_size", type=int, default=512) #
    mini-batch size for training
parser.add_argument("--epochs", type=int, default=5) # num of
    train_steps for each update
parser.add_argument("--kl_targ", type=float, default=0.02)
parser.add_argument("--game_batch_num", type=int, default=
    3000)
parser.add_argument("--best_win_ratio", type=float, default=
    0.0)
args = parser.parse_args()
if args.gpu >= 0 and torch.cuda.is_available():
    args.use_cuda = True
    torch.cuda.device(args.gpu)
    logging.warning(f'using gpu device {args.gpu}')
else:
    args.use_cuda = False
    logging.warning(f'using cpu')
return args


if _name_ == "_main_":
    logging_config()
    args = parse_args()
    train()
```

　　下面是决策用的代码。首先定义人类决策 BaseAgent 类,其成员函数 get_action 从人机交互接口中获得人类的输入。定义全局 play_human_vs_ai 函数,产生 BaseAgent 类和 MCTSAlphaGoZeroPlayer 类的实例,作为参数传给全局函数 play。定义 play 函数,重置游戏环境,交替调用上述两个实例的 get_action 函数产生落子动作,其中 MCTSAlphaGoZeroPlayer 类实例使用训练好的神经网络参数文件 best_policy.model,通过策略价值网络输出落子概率和状态价值估值,再基于此进

行蒙特卡罗树搜索决策落子动作。最后，主程序创建游戏环境 env，使用 env.render
函数绘制游戏环境，调用 play_human_vs_ai 函数开始人机对弈。上述决策用的代
码被存为 play.py 文件。

```
import copy
from PolicyValueNetwork import PolicyValueNet
from MCTSAlphaGoZeroPlayer import MCTSAlphaGoZeroPlayer
from ConnectNGym import ConnectNGym
from PyGameConnectN import PyGameBoard
from ConnectNGame import ConnectNGame, Pos, GameResult

class BaseAgent:
    def _init_(self):
        pass

    def get_action(self, board: PyGameBoard) -> Pos:
        available_actions = board.get_avail_pos()
        return random.choice(available_actions)

class HumanAgent(BaseAgent):
    def _init_(self):
        pass
    def get_action(self, board: PyGameBoard) -> Pos:
        return board.next_user_input()

def play_human_vs_ai(env: ConnectNGym):
    policy_value_net = PolicyValueNet(board_width=3, board_height =3,
        model_file='./best_policy.model', use_gpu =args.use_cuda)
    mcts_player = MCTSAlphaGoZeroPlayer(policy_value_net,
        playout_num=1000)
    play(env, HumanAgent(), mcts_player)

def play(env: ConnectNGym, agent1: BaseAgent, agent2: BaseAgent,
    render=True) -> GameResult:
    agents = [agent1, agent2]
```

```
        env.reset()
        board = env.PyGame_board
        done = False
        agent_id = -1
        while not done:
            agent_id = (agent_id + 1) % 2
            agent = agents[agent_id]
            action = agent.get_action(board)
            _, reward, done, info = env.step(action)
            if render:
                env.render()
            if done:
                print(f'result={reward}')
                return reward


if _name_ == '_main_':
    board = PyGameBoard(connect_n_game=ConnectNGame(board_size=3,
        n=3))
    env = ConnectNGym(board)
    env.render(True)
    play_human_vs_ai(env)
```

第 8 章　不完全信息下的对抗策略的博弈学习

博弈不确定环境更为常见的是存在不完全信息情况，对方有些决策部署己方事前并不了解，可能造成博弈结束时己方收益的不确定，此外还可能由一些随机因素造成博弈结束时己方收益的不确定，这都对己方决策带来了更多的挑战。本章以即时战略游戏为例，该游戏具有战争迷雾，属于不完全信息情况，并且相互对立的双方在动作空间、行为特点上还存在差异，即不同方的智能体可能是异构的。在这种场景下，学习训练双方的智能体策略属于典型的多智能体博弈学习问题。本章讲解不完全信息对抗场景下异构智能体决策策略生成的博弈学习前沿方法和技术。首先总结博弈学习的主要方法，为剖析 DeepMind 团队的 AlphaStar 技术提供基础；然后对体现智能体策略的神经网络设计以及神经网络参数的优化技术进行较为深入的剖析。

8.1　博弈学习算法

8.1.1　博弈学习的基本概念

在两方对抗活动中，利益完全相反，每方需至少对应一个智能体，形成多智能体博弈不确定环境。两方智能体可能具有异构特性，例如，在即时战略游戏"星际争霸"中对抗双方具有不同的种族特点，因而具有不同的对抗策略。智能决策技术应当交替或同步学习多个智能体的策略，使得双方的策略不断提升，终极目标是达到博弈均衡解策略，这种学习就是博弈学习。博弈学习往往面临不完全信息情况，这些特点以及较强的实用性使得博弈学习成为多智能体领域研究的最新热点。

从学术上讲，博弈学习是一种面向对抗任务，以博弈论为理论基础、以机器学习为主要技术手段，通过智能体与环境、智能体与其他智能体的交互来获得良好性能(如适应性、鲁棒性)的博弈策略的学习算法，是实现人机对抗智能、机机对抗智能的核心技术。

在博弈学习框架中，通常同一个博弈被假定重复多次，称为重复博弈。以"星际争霸"游戏为例，重复博弈就是游戏重复很多局。这样，可重复利用在重复博弈中获得的信息，更正各方智能体的策略。

根据博弈参与者(即各个智能体)的更新策略时序，博弈学习可以分为同步学习、异步学习、顺序学习、随机时序学习等类型。同步学习是指在每次博弈后，所有智能体依据对应的学习规则，同时更新自己的策略。异步学习是指在每次博弈后，只有一部分智能体更新自己的策略，其他智能体保持其原来的策略不变，例如，某个智能体 i 以概率 $p_i \in (0,1)$ 更新自己的策略，以概率 $1-p_i$ 保持原来的策略，这种更新方式属于异步学习。顺序学习是指智能体按照制定的次序依次更新自己的策略，也就是说在某次博弈后，只有一个智能体更新自身的策略，其他智能体保持原来的策略不变。随机时序学习是指在每次博弈后按照一定的概率 $q_i \in (0,1)$ 选择一个智能体 i 更新自己的策略，其中 $\sum\limits_{i \in N} q_i = 1$。

博弈学习中采用一定的学习规则更新策略，这些学习规则称为博弈学习动力学。人们希望通过学习规则各个智能体的策略能收敛到纳什均衡。目前，人们已经提出了最佳响应动力学、无悔学习（遗憾最小）、复制器动力学等。此外，在更新策略中，可能利用历史上多次重复博弈得到的信息甚至要求有无限的记忆能力，也可能受到一些限制只能利用有限信息，甚至只有一步记忆能力（只能利用刚结束的博弈信息）。在第 7 章中，AlphaZero 已经运用了多步记忆、同步学习的博弈学习，只不过黑白两方是同构的智能体，体现得不太明显。在复杂异构的多智能体下，实际中运用的学习算法将是多种博弈学习手段的结合，这在本章"星际争霸"智能体 AlphaStar 中可以明显地看到。接下来，在介绍博弈学习算法之前，还需要给出博弈的两种形式化描述方法。

8.1.2 博弈及其策略的形式化描述

第 4 章对博弈的描述为：$< N,(A_i)_{i \in N},(R_i)_{i \in N} >$，$N = \{1,2,\cdots,n\}$ 为参与者集合，A_i 表示参与者 $i \in N$ 的动作集合，所有参与者联合动作空间表示为 $A = \times_{i=1}^{n} A_i$，其中一个联合动作向量可用 $\pmb{a}=(a_1,a_2,\cdots,a_N)$ 来表示，$R_i(\pmb{a})$ 表示在联合动作 $\pmb{a}$ 下参与者 i 的收益，这种博弈也称为正则式博弈。

在正则式博弈下，设第 i 个参与者的动作集合 $A_i=\{a_{i1},a_{i2},\cdots,a_{im}\}$，其混合策略记为

$$s_i = (\pi_i(a_{il}))_{l=1,2,\cdots,m} \in \Delta(A_i), \quad \sum_{l=1,2,\cdots,m} \pi_i(a_{il}) = 1 \tag{8.1}$$

式中，$\pi_i(a_{il})$ 为参与者 i 使用动作 a_{il} 的概率；$\Delta(A_i)$ 为集合 A_i 上的概率分布。纯策略是混合策略的特例，例如，对于纯策略 $(\pi_i(a_{i1})=1)$，可记为 s_{i1}，对于纯策略 $(\pi_i(a_{im})=1)$，可记为 s_{im}。纯策略的集合为有限集 $\{s_{i1},s_{i2},\cdots,s_{im}\}$，而混合策略的集合为 $\Delta(A_i)$，下面在不引起歧义的前提下不加以区分，均用 $\mathcal{S}_i$ 标记。

在正则式博弈中，认为所有参与者只决策一次，或认为可得到参与者在多步

决策各个步骤上序列动作及序列动作的最终收益。对多步决策博弈，还有一种扩展形式的描述方法，将其称为扩展式博弈，定义如下：$< N,(A_i)_{i\in N}, H, Z, (I_i, R_i)_{i\in N}, \mathcal{X}, \rho >$。$N = \{1,2,\cdots,n\}$ 为参与者集合，若博弈中包括随机事件，则添加一个额外的个体 c，此时 $N=\{1,2,\cdots,n\}\cup\{c\}$；$A_i$ 表示参与者 $i\in N$ 的动作集合，所有参与者联合动作空间表示为 $A = \times_{i=1}^{n} A_i$；定义博弈历史 h 为当前已执行动作的序列 $h = (a_1, a_2, \cdots)$，$h_t = (h_{t-1}, a_{t-1})$，$h_1 = \varnothing$，$a_t \in A$ 表示第 t 轮参与者执行的动作，$H = \{h_t|$博弈未在第 t 轮结束$\}$ 对应博弈未结束时所有可能的历史，$Z = \{h_t|$博弈在第 t 轮结束$\}$ 表示博弈结束时所有可能的历史，且 $H\cap Z = \varnothing$；$\rho: H \to N$，$\rho(h)$ 表示在博弈历史为 h 时需要做决策的参与者；$\mathcal{X}: H \to 2^{A_{\rho(h)}}$ 表示在博弈历史为 h 时参与者的合法动作集合；$R_i: Z \to \mathbb{R}$ 表示参与者 i 在博弈结束时的收益；$I_i = \{h\in H \mid \rho(h) = i\}$ 表示参与者 i 需做决策的节点集合，若 $I_{i1}, I_{i2}, \cdots, I_{ik_i}$ 是 I_i 的一个划分，且满足对应任意的 $j\in\{1,2,\cdots,k_i\}$，对于任意的节点 $h, h'\in I_{ij}$，$\rho(h) = \rho(h')$ 且 $\mathcal{X}(h) = \mathcal{X}(h')$，则称 I_{ij} 是参与者 i 的一个信息集。信息集中的元素不能被参与者 i 区分开，因为其动作空间也一致。若所有参与者的所有信息集都是单元素集合(单点集)，则称博弈为完美信息博弈，此时每个参与者在做决策时都知道完整的博弈历史，否则，博弈称为不完美信息博弈。完全信息博弈是指博弈各方对博弈结束时每个博弈方的收益是完全清楚的。不完美信息可能造成各方对博弈结束后收益的不确定，即造成不完全信息场景的出现。

对扩展式博弈中可能存在的不完美信息情形，可以通过完美回忆、到达概率和期望收益来帮助己方决策。完美回忆，也就是到达任意一个信息集时，任何参与博弈的个体都记得他之前的所有经历(包括执行的动作和到达的信息集)。下面定义参与者 i 的策略 s_i，设 $\mathcal{I}_i = \{I_{i1}, I_{i2}, \cdots, I_{ik_i}\}$ 为参与者 i 的信息集，有

$$s_i: \mathcal{I}_i \to \bigcup_{j=1}^{k_i}\Delta(\mathcal{X}(I_{ij})) \tag{8.2}$$

式中，$\Delta(\mathcal{X}(I_{ij}))$ 代表参与者 i 的合法动作概率分布。

在扩展式博弈下，设有各个参与者策略构成的策略组合 $s = (s_1, s_2, \cdots, s_n)$，对于任意节点 $h = (a_1, a_2, \cdots, a_k)\in H\cup Z$，其到达概率为

$$\beta^S(h) = s_{\rho(h_1)}(h_1, a_1)\prod_{i=2}^{k} s_{\rho(h')}(h', a_i)\Bigg|_{h'=(a_1, a_2, \cdots, a_{i-1})} \tag{8.3}$$

式中，$s_{\rho(h_1)}(h_1, a_1)$ 表示在节点 h_1，参与者 $\rho(h_1)$ 执行动作 a_1 的概率，$\rho(h_1)$ 表示在博弈最开始(第一轮)时做决策的参与者。在以上定义的基础上，扩展式博弈的参

与者 i 的期望收益定义为

$$U(s) = U(s_i, s_{-i}) = \sum_{h \in Z} \beta^S(h) R_i(h) \tag{8.4}$$

式中，$s_{-i} = (s_1, s_2, \cdots, s_{i-1}, s_{i+1}, \cdots, s_n)$ 代表除了参与者 i 外，其他参与者的策略联合。

8.1.3　博弈学习动力学及学习算法

1. 最佳响应动力学和虚拟对抗

定义参与者 i 的最佳响应 (best response, BR) 策略如下：

$$\mathrm{BR}_i(s_{-i}) = \{s_i^* \mid s_i^* \in \arg\max_{s_i \in \mathcal{S}_i} R_i(s_i, s_{-i})\} \tag{8.5}$$

式中，s_i 代表参与者 i 的策略；s_{-i} 代表除了参与者 i 之外其他参与者的联合策略。此时参与者 i 对应的智能体离散时间最佳响应动力学为

$$s(t+1) \in \mathrm{BR}_i(s_{-i}(t)) \tag{8.6}$$

即在第 t 次博弈后，智能体 i 在假定其他智能体策略保持不变的情况下，从其最优响应策略中任意选择一种策略，作为下一步的策略。需要指出的是，上述策略默认为纯策略。对于混合策略，可将式 (8.5) 调整为式 (8.7)：

$$\mathrm{BR}_i(s_{-i}) = \{s_i^* \mid s_i^* \in \arg\max_{s_i \in \mathcal{S}_i} U_i(s_i, s_{-i})\} \tag{8.7}$$

当正则式博弈时，期望收益为

$$U_i(s_i, s_{-i}) = \sum_{(a_1, a_2, \cdots, a_n) \in A} R_i(a_1, a_2, \cdots, a_n) \pi_1(a_1) \cdots \pi_{i-1}(a_{i-1}) \pi_i(a_i) \pi_{i+1}(a_{i+1}) \cdots \pi_n(a_n) \tag{8.8}$$

当扩展形式博弈时，期望收益如式 (8.4) 所示。

虚拟对抗 (fictitious play) 使用最佳响应动力学的博弈学习算法，可以用来计算二人零和博弈等形式博弈的纳什均衡。在虚拟对抗中，博弈重复进行，在第 t 轮博弈时，任意智能体 i 需要根据对手的历史平均策略来执行最佳响应，即执行

$$\mathrm{BR}_i(s_{-i,t-1}) = \{s_i^* \mid s_i^* \in \arg\max_{s_i \in \mathcal{S}_i} U_i(s_i, s_{-i,t-1})\} \tag{8.9}$$

式中，$s_{-i,t-1}$ 代表对手的历史平均策略。记第 $t-1$ 轮博弈的联合平均策略为 $s_t = \times_{i=1}^{n} s_{i,t}$，最佳响应联合为 $\mathrm{BR}(s_{t-1}) = \times_{i=1}^{n} \mathrm{BR}_i(s_{-i,t-1})$，则第 t 轮的联合平均策略为

$$s_t = \frac{t-1}{t} s_{t-1} + \frac{1}{t} \mathrm{BR}(s_{t-1}) \tag{8.10}$$

综上可见，虚拟对抗采用了同步学习，并要求记忆历史平均策略信息。随着虚拟对抗的进行，当联合平均策略收敛时，该策略就是博弈的纳什均衡。当博弈是二人零和博弈、势博弈等时，联合平均策略一定会收敛到纳什均衡。

上述虚拟对抗要求最佳响应，后来又出现了一般化且弱化的虚拟对抗 (generalised weakened fictitious play, GWFP)。一是每一轮智能体不再需要求解最佳响应，而是求近似 ε- 最佳响应，这对应了弱化，ε- 最佳响应定义为

$$\mathrm{BR}_i^\varepsilon(s_{-i}) = \{ s_i \in \mathcal{S}_i \mid U_i(s_i, s_{-i}) \geqslant U_i(\mathrm{BR}_i(s_{-i}), s_{-i}) - \varepsilon \} \tag{8.11}$$

式中，$\varepsilon > 0$。二是每一轮在更新平均策略时允许存在扰动且更新的步长不一定是 $1/t$，这对应了一般化。在一般化且弱化的虚拟对抗中，式(8.11)修改为

$$s_t = (1-\alpha_t)s_{t-1} + \alpha_t(\mathrm{BR}^{\varepsilon_{t-1}}(s_{t-1}) + M_t) \tag{8.12}$$

式中，M_t 为更新平均策略时的扰动，且有 $\lim\limits_{t\to\infty}\alpha_t = 0, \lim\limits_{t\to\infty}\varepsilon_t = 0, \sum\limits_{t=1}^{\infty}\alpha_t = \infty$，以及对于任意的时刻 T，有

$$\limsup\limits_{t\to\infty} \left\{ \left\| \sum_{m=t-1}^{k-1} \alpha_{m+1} M_{m+1} \right\| \, \middle| \, \sum_{m=t-1}^{k-1} \alpha_{m+1} \leqslant T \right\} = 0 \tag{8.13}$$

当博弈是二人零和博弈、势博弈等时，一般化且弱化的虚拟对抗最终会使得联合平均策略收敛到纳什均衡。

上述虚拟对抗都是针对正则式博弈的，对于多个步骤需要决策的序列决策，需要将其拓展到扩展式博弈中。Heinrich 等 (2015) 提出了全尺寸自我博弈 (full-width extensive-form fictitious play, XFP) 和虚拟自我博弈 (fictitious self-play, FSP)，在 FSP 中使用强化学习来求解 BR 最佳响应或 ε-BR 最佳响应，利用监督学习进行平均策略的更新；Heinrich 等 (2016) 在扩展到非完全信息情况下，引入深度强化学习，给出了神经虚拟自我博弈 (neural fictitious self-play, NFSP)。具体地，构建了两个深层神经网络，一个用来近似状态动作价值网络，通过强化学习方式得到针对对手平均策略的近似最佳响应；另一个通过监督学习方式近似智能体的平均策略。这样，在每一步迭代中，针对对手平均策略求解近似最佳响应，根据该最佳响应以及以往的最佳响应历史来更新智能体的平均策略。

NFSP 针对的博弈模型可以是二人零和不完全信息扩展式博弈，解概念为近似纳什均衡。鉴于此，DeepMind 团队在研究"星际争霸"智能决策时，充分应用了 NFSP 框架，这将在 8.3 节中进行叙述。

2. 无悔学习与虚拟遗憾最小化

无悔学习的目的是使遗憾最小化(regret minimization)。设有正则表达的博弈 $<N,(A_i)_{i\in N},(R_i)_{i\in N}>$ ，第 i 个智能体(参与者)的动作集合 $A_i=\{a_{i1},a_{i2},\cdots,a_{im}\}$ 。同时假设给定智能体 i 具有一个候选策略集合，遗憾(regret)值描述的是某个候选策略比智能体 i 采取的策略 $s_{i,t}(t=1,2,\cdots,T)$ 序列要好多少，这里 T 是指博弈重复 T 轮，如

$$\text{Regret}^T(s_a)=\frac{1}{T}\sum_{t=1}^{T}[U_i(s_a,s_{-i,t})-U_i(s_{i,t},s_{-i,t})] \tag{8.14}$$

式中， s_a 代表候选策略，经常使用纯策略，即代表采取动作 a 的概率为 1，候选策略集为纯策略构成的集合 $\{(\pi_i(a_{i1})=1),(\pi_i(a_{i2})=1),\cdots,(\pi_i(a_{im})=1)\}$ ，这种遗憾也称为外部遗憾。综上可见，遗憾值刻画了智能体 i 反思在 T 轮博弈中采用自己策略下的收益与固定采取候选策略 s_a 的收益差距，显然这种差距越小，自己策略的遗憾值越小。

遗憾匹配(regret matching, RM)是智能体 i 一种策略的无悔学习算法。假设候选策略集为 $\{(\pi_i(a_{i1})=1),(\pi_i(a_{i2})=1),\cdots,(\pi_i(a_{im})=1)\}$ ，在遗憾匹配中一个动作 a_{im} 在某一轮博弈中的执行概率与该动作按式(8.14)计算出的正遗憾值成正比，即遗憾值越大，执行概率越大。正遗憾值定义为 $\text{Regret}_+^t(a_{im})=\max\{0,\text{Regret}^t(a_{im})\}$ ，不失一般性，由于这里是纯策略，所以直接将策略 $s_{a_{im}}=(\pi_{a_{im}}=1)$ 写为 a_{im} 。

形式化地，在第 $t+1$ 轮策略迭代中，参与者 i 的策略更新方法为

$$\pi^{t+1}(a)=\begin{cases}\dfrac{\text{Regret}_+^t(a)}{\sum\limits_{a'\in A_i}\text{Regret}_+^t(a)}, & \sum\limits_{a'\in A_i}\text{Regret}_+^t(a)>0 \\[4mm] \dfrac{1}{|A_i|}, & \sum\limits_{a'\in A_i}\text{Regret}_+^t(a)\leqslant 0\end{cases} \tag{8.15}$$

若遗憾值越大，则动作 $a\in A_i$ 被选择的概率越大，最终 $T\to\infty$ ，希望能使遗憾值以概率 1 趋于 0，即使遗憾值最小。当为二人零和博弈，双方都使用遗憾匹配无悔学习算法时，最终的平均策略以概率 1 收敛到纳什均衡。

上述无悔学习算法面向的是能用正则形式描述的博弈，能确定各个参与者特定动作的收益。对于序列决策，经常需要采用扩展式博弈来描述，对应有反事实遗憾最小化(counterfactual regret minimization, CFR)博弈学习算法，该算法也称为虚拟遗憾最小化。

设有扩展式博弈 $G=<N,(A_i)_{i\in N},H,Z,(I_i,R_i)_{i\in N},\mathcal{X},\rho>$ ，各个参与者策略构成

的联合策略 $s=(s_1,s_2,\cdots,s_n)$ ，定义 $\beta^s(z\,|\,h)$ 为在策略 s 且节点 $h\in H$ 已达的情况下，博弈最终达到终止节点 $z\in Z$ 的概率， $\beta^{s-i}(h)$ 表示除了参与者 i 外其他参与者的策略对到达节点 h 的概率贡献，那么参与者 i 在其信息集 I 处使用其策略的虚拟价值为

$$v^s(I)=\sum_{h\in I}(\beta^{s-i}(h)\sum_{z\in Z}(\beta^s(z\,|\,h)R_i(z))) \tag{8.16}$$

参与者 i 在信息集 I 处采用固定动作 a 策略后的虚拟价值为

$$v^s(I,a)=\sum_{h\in I}[\beta^{s-i}(h)\sum_{z\in Z}(\beta^s(z\,|\,(h,a))R_i(z))] \tag{8.17}$$

式中， $\beta^s(z\,|\,(h,a))$ 代表在每个节点 h 上，参与者 i 始终采用固定动作 a 、然后继续原联合策略 s 到达终止节点 z 的概率。用 s_t 表示在第 t 轮的联合策略，在第 t 轮信息集 I 上有 $\rho(I)=i$ ，参与者 i 的策略对特定动作 a 的即时遗憾(instantaneous regret)为

$$r^t(I,a)=v^{s_t}(I,a)-v^{s_t}(I) \tag{8.18}$$

经过 T 轮重复，定义信息集 I 上对动作 a 的遗憾值：

$$\text{Regret}^T(I,a)=\frac{1}{T}\sum_{t=1}^{T}r^t(I,a) \tag{8.19}$$

以及正遗憾值 $R_+^T(I,a)=\max\{\text{Regret}^T(I,a),0\}$ 。由此，在每个信息集 I 上，可以使用遗憾匹配算法进行类似式(8.15)的策略更新，最终使每个信息集 I 上的虚拟遗憾 $R^T(I)=\max_a\{R_+^T(I,a)\}$ 趋近于最小。虚拟遗憾最小化与强化学习相结合产生了 DeepCFR 等著名算法，这里不再详述。

3. 复制器动力学

复制器动力学(replicator dynamics)来源于仿生的演化博弈理论。以由多个参与者组成的群体为研究对象，演化博弈理论假设参与博弈的个体数目无限，策略集合为有限集 $\mathcal{S}=\{1,2,\cdots,m\}$ ，群体中使用各个策略的个体比例为群体状态 $\boldsymbol{x}=[x_1,x_2,\cdots,x_m]$ ， $x_i\in[0,1]$ 且 $\sum_{i\in\mathcal{S}}x_i=1$ 。假设有收益矩阵 $\boldsymbol{M}=(m_{ij})$ ，在无限群体中，假设每个个体随机地从整个群体中选择另一个个体进行二人博弈，则个体采取任意策略 $i\in\mathcal{S}$ 的期望收益为

$$U_i(\boldsymbol{x})=\sum_{j\in\mathcal{S}}m_{ij}x_j \tag{8.20}$$

而整个群体的平均收益为

$$\bar{U}(\boldsymbol{x}) = \sum_{i \in \mathcal{S}} x_i U_i(\boldsymbol{x}) = \boldsymbol{x} \boldsymbol{M} \boldsymbol{x}^{\mathrm{T}} \tag{8.21}$$

复制器动力学假设个体通过模仿其他个体的策略来调整自己的策略。具体地，每个个体随机地从群体中选择一个模仿对象，显然每个策略被选择为模仿对象的概率正比于这个策略在群体中所占比例。如果模仿对象的收益大于这个个体本身的收益，则这个个体以正比于两者收益差的概率采用模仿对象的策略；否则，这个个体保持其原来的策略不变。在上述更新思想下，可得群体状态的更新方程为

$$\dot{x}_i = x_i (U_i(\boldsymbol{x}) - \bar{U}(\boldsymbol{x})), \quad \forall i \in \mathcal{S} \tag{8.22}$$

式 (8.22) 就是演化博弈理论中著名的复制器动力学方程，$\dot{x}_i$ 表示变化量。可以看到，如果某一策略的收益大于群体的平均收益，那么这个策略在群体中所占比例就会增加；相反，如果某一策略的收益小于群体的平均收益，那么这个策略在群体中所占比例就会下降。

除了在群体博弈中使用外，复制器动力学也可以延伸到一般多智能体博弈的情形。在正则式博弈 $< N, (A_i)_{i \in N}, (R_i)_{i \in N} >$ 下，设第 i 个参与者的动作集合 $A_i = \{a_{i1}, a_{i2}, \cdots, a_{im}\}$，其混合策略记为 $s_i = (\pi_i(a_{il}))_{l=1,2,\cdots,m}$，$\sum\limits_{l=1,2,\cdots,m} \pi_i(a_{il}) = 1$。将群体博弈中的 $\boldsymbol{x} = [x_1, x_2, \cdots, x_m]$ 视为参与者 i 对备选动作的选择策略 s_i，即可将式 (8.22) 转换为

$$\dot{\pi}_i(a_i) = \pi_i(a_i) \left(Q_{\pi_i}(a_i) - \sum_{b_i \in A_i} \pi_i(b_i) Q_{\pi_i}(b_i) \right) \tag{8.23}$$

式中，$a_i \in A_i$、$b_i \in A_i$；$\dot{\pi}_i(a_i)$ 为选择动作 a_i 概率的变化量；$Q_{\pi_i}(a_i)$ 代表动作 a_i 的适应度。参与者 i 策略更新的核心是计算适应度。在正则式博弈中，适应度可采用

$$Q_{\pi_i}(a_i) = E_{\boldsymbol{a}_{-i} \sim \pi_{-i}} [R(a_i, \boldsymbol{a}_{-i})_{\pi_i, \pi_{-i}}] \tag{8.24}$$

式中，$\boldsymbol{a}_{-i} \in A_{-i}$，$A_{-i} = A_1 \times A_2 \times \cdots \times A_{i-1} \times A_{i+1} \times \cdots \times A_N$，其出现的概率由除参与者 i 以外的其他参与者策略联合 π_{-i} 决定。在扩展式博弈下，参与者 i 的策略 $\pi_i(a_i)$ 将针对每个节点状态，动作 a_i 的适应度需要考虑之后的累积奖励，现实中可使用价值神经网络来估计得到。

8.2 "星际争霸"游戏对抗问题分析

8.2.1 "星际争霸"游戏环境

即时策略游戏是以游戏为表现形式的复杂对抗实例，对抗双方在特定环境下

发生相互战斗，以保存己方、消灭对手为目标。越来越多的智能决策研究都以即时策略游戏为背景展开，具有易于获得对抗数据、方便评估算法性能等优势。"星际争霸"是经典的即时战略游戏，包含多种异构类型智能体的对抗，玩家需要考虑资源采集、兵力创建等活动，指挥己方所属兵力，在设定的作战规则下击败对手。"星际争霸"具有数据访问平台，使得强化学习等决策手段能够与游戏引擎进行交互。SC2LE 是 2017 年 8 月谷歌 DeepMind 团队联合暴雪娱乐发布的"星际争霸"AI 研究环境，具有不确定、延续式、动态、部分可观察等特点，是一种综合的虚拟环境。PySC2 是 SC2LE 的 Python 开源组件。此外，还有第三方的"星际争霸"环境，例如，英国剑桥大学计算机系 WhiteSon 研究实验室开源了 SMAC 环境，与 PySC2 的环境相比，它更侧重于"星际争霸"中分散的微观管理场景，游戏的每个单元都可对应一个智能体。

PySC2 源码中包含以下几个部分，每个部分为一个文件夹。

（1）agents：主要定义了智能体的基类，给出了随机智能体和针对小任务的脚本智能体。

（2）bin：PySC2 的核心启动程序，主要包含两种运行模式。

（3）env：主要定义了面向强化学习研究的环境接口，以及智能体和环境相互作用的关系。

（4）lib：定义了一些运行时依赖的代码，包括观测量、动作量及特征层的定义等。

（5）maps：定义了一些针对地图的设置。

（6）run_configs：定义了一些关于游戏运行的设置。

（7）tests：定义了 PySC2 的一些单元测试。

1. PySC2 下游戏推演启动

bin 文件夹中是游戏推演启动程序。PySC2 支持利用智能体进行操作或者人直接操作两种模式进行游戏。人直接操作需要启动 bin/play.py 程序，命令如下：

$ python -m PySC2.bin.play --map Simple64

利用智能体进行操作，需要启动/bin/agent.py 程序，同时指定游戏的地图，例如，

$ python -m PySC2.bin.agent --map Simple64

这里使用默认的随机智能体。运行后，将显示如图 8.1 所示的图形界面，随机智能体选择的各个 unit 动作也以动画的形式显示在界面上。界面主要分为游戏画面 screen 和小地图 minimap 两种；左侧大地图显示的是实时游戏画面，是全局地图中分辨率较高的局部视野；大地图左下角是小地图，是分辨率较低的全局视野。PySC2 将这两种画面分解成不同的特征层，便于提取有效信息。特征层包含

了一些能够描述战局的特征在地图中的分布情况，包括地图高度、玩家 ID 等信息。其中，游戏画面可以分解成 13 个特征层，小地图可以分解成 7 个特征层，总计 20 个特征层显示在界面右侧。

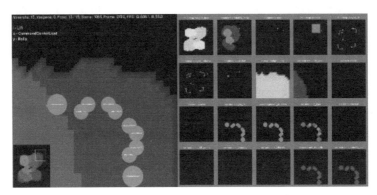

图 8.1　PySC2 运行后的图形界面

模块 agent.py 主要完成的功能是根据需求打开线程。线程从 env 中生成"星际争霸"游戏的环境，从 agents 文件夹中调用智能体模块，并利用 env.run_loop 模块执行环境和智能体之间的循环交互。在这种运行模式下，共有 15 个命令行参数，其中部分为强化学习环境的参数，15 个参数如下。

（1）render：是否通过 PyGame 渲染游戏画面，默认为 True。

（2）screen_resolution：环境参数，游戏画面分辨率，默认为 84。

（3）minimap_resolution：环境参数，小地图分辨率，默认为 64。

（4）max_agent_steps：智能体的最大步数，默认为 2500。

（5）game_steps_per_episode：环境参数，每个运行片段的游戏步数，默认为 0，表示没有限制。若为 None，则表示使用地图的默认设置。

（6）step_mul：环境参数。智能体的每一步中的游戏推进步数。这一参数决定了智能体操作的速度，通俗地讲即人类操作的"手速"，影响和人类对比时的公平性。默认为 8，约等于 180APM（actions per minute，每分钟操作数），与中等水平人类玩家相当。若为 None，则表示使用地图的默认设置。

（7）agent：指定运行哪个智能体，默认为自带的随机智能体 PySC2.agents.random_agent.RandomAgent。

（8）agent_race：环境参数，智能体的种族，默认为 None，即从 Protoss、Terran、Zerg 中随机产生。

（9）bot_race：环境参数，游戏 AI 的种族，默认为 None，即从 Protoss、Terran、Zerg 中随机产生。

（10）difficulty：环境参数，游戏难度，默认为 None，表示 VeryEasy。

(11) profile: 是否打开代码分析功能,默认为 False。

(12) trace: 是否追溯代码执行,默认为 False。

(13) parallel: 并行运行多少个实例(线程),默认为 1。

(14) save_replay: 是否在结束时保存游戏回放,默认为 True。

(15) map: 环境参数,将要使用的地图名字。该参数必须指定,不能缺省。如前面命令中的 Simple64,其中 Simple 代表简单地图,64 代表地图大小。

2. PySC2 的 env 环境

环境主要是在 env 中定义的。一个适用于强化学习研究的环境至少需要具备以下几个元素:对观测量集合的描述、对动作集合的描述、状态推进功能、状态重置功能等。PySC2 在 env/environment.py 中定义了环境的 Base 基类,从而定义了强化学习环境的基本接口,并在 env/base_env_wrapper.py 中进行了进一步封装。在基类的基础上,env/sc2_env.py 定义了具体的“星际争霸 2”游戏的环境,即 SC2Env 类。该环境具备了强化学习所必需的要素。SC2Env 环境实例化时有 15 个可以设置的参数,通过参数可以灵活定义智能博弈对抗时的具体游戏场景,如使用的地图及其大小等。一部分与启动参数相同,其他参数解释如下。

(1) map_name: 地图名称。

(2) screen_size_px: 游戏画面大小(像素点),默认为(64,64)。

(3) minimap_size_px: 小地图大小(像素点),默认为(64,64)。

(4) camera_width_world_units: 用真实世界单位来衡量的游戏画面宽度(摄像机视角)。例如,摄像机视角宽度为 24,游戏画面宽度为默认的 64 像素,则每个像素代表 24/64 = 0.375 个真实世界单位,默认为 None。

(5) discount: 强化学习中奖励的折现系数,默认为 1。

(6) visualize: 是否显示画面,默认为 False。

(7) agent_race: 智能体种族。

(8) bot_race: 内置 AI 种族。

(9) difficulty: 游戏难度。

(10) step_mul: 智能体的每一步中的游戏推进步数。

(11) save_replay_steps: 每次保存回放时间隔的游戏步数,默认为 0,即不保存。

(12) replay_dir: 保存回放的路径,默认为 None。

(13) game_steps_per_episode: 每个运行片段的游戏步数。

(14) score_index: 得分(奖励)的指标方式。

(15) score_multiplier: 得分(奖励)的放大系数,默认为 None,即采用地图默认值。

1）观测量

SC2Env 类的 observation_spec 方法返回了观测量，智能体可以选择全部或部分作为其决策时依据的状态。观测量的实现细节在 lib/features.py 文件 Features 类的 observation_spec 方法中。观测量主要包括以下 12 种。

（1）screen：游戏画面信息。存储数据的张量大小为 len（SCREEN_FEATURES），self._screen_size_px.y, self._screen_size_px.x），第一维表示画面的特征量个数，后两维表示游戏画面大小。SCREEN_FEATURES 包含了 13 种游戏画面特征。

（2）minimap：小地图信息。存储数据的张量大小为 len（MINIMAP_FEATURES），self._minimap_size_px.y, self._minimap_size_px.x），第一维表示小地图的特征量个数，后两维表示小地图大小。MINIMAP_FEATURES 包含了 7 种小地图特征，如地形图 height_map 和可见地图 visibility_map 等。

（3）player：玩家信息，张量大小为 11，共有 11 种玩家信息，包括玩家 ID、矿物量 minerals、使用的食物量 food_used 等。

（4）game_loop：游戏循环，张量大小为 1。

（5）score_cumulative：累计得分，张量大小为 13，共有 13 种得分信息，包括所有单位的总价值 total_value_units 等。

（6）available_actions：目前观测情况下的可用动作集合，张量大小为 0，0 代表可变长度。

（7）single_select：单个被选择的单位的信息，张量大小为 (0,7)，共有 7 种单位信息，包括单位类型 unit type、生命值 health 等。

（8）multi_select：多个被选择的单位的信息，张量大小为 (0,7)，共有 7 种信息，与 single_select 一致。

（9）cargo：运输工具中所有单位的信息，张量大小为 (0,7)，共有 7 种信息，与 single_select 一致，与 unload 动作搭配使用。

（10）cargo_slots_available：运输工具中可用的空位，张量大小为 1。

（11）build_queue：一个生产建筑正在生产的所有单位的信息，张量大小为 (0,7)，共有 7 种信息，与 single_select 一致，与 build_queue 动作搭配使用。

（12）control_groups：控制编组的信息，张量大小为 (10,2)，2 种信息分别为 10 个控制编组中每个编组领头的单位类型和数量，与 control_group 动作搭配使用。

2）动作

"星际争霸"游戏的动作空间非常大，对"移动一个已选择的单位"这一简单组合动作而言，首先需要按下 m 键，然后考虑到是等待之前动作执行完再执行还是立即执行，需要按下 shift 键，最后在画面或者小地图中选择一个点来移动。事实上，游戏中许多基本的操作都是键盘与鼠标的组合动作。将组合动作拆分成多个独立动作，再考虑这些动作的全部组合，会带来动作空间维度的急剧膨胀。因此，应该寻找一种有效的动作表达方式来减小动作空间。一种方式是定义一个组合函数动作，PySC2 定义了一系列组合动作函数，以及多种可能的参数类型。将组合动作转换为带参数的函数，在一定程度上减小了动作空间。

命令行输入如下命令，可以查看所有的动作：

$ python -m PySC2.bin.valid_actions
共有 524 个动作函数，都满足以下形式：

<函数 ID>/<函数名>(<参数 ID>/<参数类型> [<参数值大小>, *]; *)
其中，函数 ID 和函数名是唯一的。这些动作函数又具有不同的函数类型，每个函数类型具有特定的参数类型。下面是两个例子：

1/move_camera（1/minimap[64, 64]）是 move_camera 函数（移动摄像机），函数 ID 为 1。该函数接收一个参数，参数类型为 minimap（参数 ID 为 1）。该参数分别需要两个整型数据，每个数据的范围为[0, 64)，代表在小地图中的坐标。

331/Move_screen（3/queued[2]; 0/screen[84, 84]）是 Move_screen 函数（移动游戏画面中已选择的单位），函数 ID 为 331。该函数接收 2 个参数，参数类型分别为 queued（参数 ID 为 3，bool 型，表示这个动作是现在执行还是等待之前动作执行完再执行）、screen（参数 ID 为 0，包含两个整型数据，范围均为[0, 84)，代表在游戏画面中的坐标）。

动作函数参数类型共有 13 个，如下所示。

(1) screen: 游戏画面中的一个点。

(2) minimap: 小地图中的一个点。

(3) screen2: 一个矩形的第二个点（定义的函数无法接收两个同类型的参数，因此需要定义 screen2）。

(4) queued: 这个动作是否现在执行，还是延迟执行。

(5) control_group_act: 对控制编组做什么。

(6) control_group_id: 对哪个控制编组执行动作。

(7) select_point_act: 对这个点上的单位做什么。

(8) select_add: 是否添加这个单位到已经选择的单位中或者替换它。

(9) select_unit_act: 对通过 ID 选择的单位做什么。

(10) select_unit_id: 通过 ID 选择哪个单位。

(11) select_worker: 选择一个生产者做什么。

(12) build_queue_id: 选择哪个生产序列。

(13) unload_id: 从交通工具/虫洞/指挥中心中卸载哪个单位。

虽然相对于传统的方式，动作空间已经减小，但由于参数不同，实际可能发生的动作远远超过了动作函数的数量，达到了 101938719 个。还有一点需要注意，在每一个游戏状态下，不是所有的动作都是可用的，例如，只有在有单位被选中后，移动指令才是可用的。人类玩家可以在游戏的命令卡中看到哪些指令可用。在 PySC2 中，可以从观测量集合的可用动作 available_actions 中获得类似信息。相比于键盘与鼠标动作，动作函数的描述方式也为可用动作的过滤提供了便利。在键盘与鼠标动作中，很难有一种简单的方式快速过滤不可用动作，因为单独的键盘与鼠标动作并没有特定的功能含义。

采用动作函数+可用动作过滤的方式，可以大幅度缩小每个游戏状态下可操作的动作空间。对于动作函数的功能和相关参数，需要结合游戏本身来理解。函数+参数的设计，对智能体的实现，尤其是对策略网络的构造，造成了一定的困难。

3) 状态推进与状态重置

状态推进功能用于接收动作，完成状态推进，返回观测量，功能实现详见 SC2Env 类的 step 方法。实际返回的是一个元组，包括状态类型、奖励、折现系数和观测量集合。目前，暂不支持多个玩家的功能。状态重置功能用于开始一个新的场景(episode)，功能实现详见 SC2Env 类的 reset 方法。

4) 地图

地图是必须给出的参数。SC2Map 地图文件应该存储在 StarCraftII/Maps 文件夹中(游戏文件夹中)，同时可以在 PySC2/maps 文件夹中定制地图对应的配置文件。通过配置文件可以设置一个游戏场景(episode)持续的时间、玩家个数等信息。地图主要有三种：Mini-Games 是由 DeepMind 团队开发的，针对一些特定小任务的地图，用于测试智能体性能的好坏；Ladder 是"星际争霸"天梯地图；Melee 是为机器学习特别定制的地图，格式上与天梯地图类似，但是规模更小，其中平坦(Flat)地图在地形上没有特别的要素，鼓励简单攻击，简单(simple)地图更常规，具有扩张、斜坡等特性，但是比正常的天梯地图规模要小，文件名中的数字代表地图大小。

8.2.2　决策问题分析

1. 多智能体与己方多个游戏个体的决策控制

"星际争霸"游戏涉及收集资源、升级技能、建造建筑和士兵单元，己方有多个士兵单元可组成小队，进行协同进攻或防御等。当设计机器智能决策时，游戏个体(包括士兵个体和建造决策个体)如何与智能体对应，第一种方法，多个游戏个体统一由单个 Agent 程序控制和决策，这类似于上述人类在玩这类游戏时的做法。人类就是在各个时间步(step)选择本次要操作的游戏个体，给它们发出指令。这种方式称为多游戏个体集中决策控制方法。第二种方法，每个游戏个体对应一个 Agent 程序，己方的多个智能体程序相互独立又相互协同，己方的多个智能体与对方智能体是相互竞争关系，这种方式的智能体体现了分布式智能，但是学习训练己方智能体、对方智能体也更为困难。后面不加声明，均为己方有一个智能体、对方有一个智能体，己方的智能体集中控制己方的所有游戏个体。

2. 决策中存在层次结构

层次结构伴随着"星际争霸"游戏中的长期决策。当人类玩"星际争霸"时，他们进行判断主要依赖以下三个思维层次：宏观战略、局部策略和单位(个体)微操。智能体也应构建三个层次(也是动作层次)的决策，而不能工作在巨大数量的原子动作上，这样在强化学习期间会陷入无尽的探索和学习中。

3. 硬性规则很难学习

在"星际争霸"游戏决策中，还存在大量硬性规则，它们就像自然界的物理法则，绝对不能违反。例如，如果要爆蟑螂(虫族兵种)，玩家首先得用工蜂拍下蟑螂温室，然后把虫卵孵化成蟑螂。人类玩家在接触游戏之初就从文字资料里学到了这些内容，但这对智能体来说并不容易，在即时战略游戏中，让智能体自己学习硬性规则存在很大困难。

4. 是否需要微不足道的决策

尽管"星际争霸"游戏的决策空间很大，但并非所有决策都很重要。有相当多的决定是多余的，它们对游戏最终结果的影响几乎可以忽略不计。还是以蟑螂为例，当人类玩家决定孵化蟑螂时，他会思考这几个问题：①什么时候拍蟑螂温室？②用哪只工蜂拍蟑螂温室？③拍在哪儿？第一个问题最关键，它直接决定整体运营进度，对比赛输赢至关重要；第二个问题最不重要，任何工蜂都能造建筑，选哪只根本无所谓；第三个问题有一定的影响，造得近肯定比造得远好，但这涉及建筑的相对位置，也就是智能体得在数千个二维坐标中进行选择，它耗费的计算资源和效果不成正比。因此，在即时战略游戏的长期决策中，决策什么，也就是决策的动作体系设计是非常重要的。

8.3　AlphaStar 中的决策神经网络和博弈学习技术

8.3.1　动作体系与状态观测量

2019 年 1 月，Goole 公司 DeepMind 团队取得了"星际争霸"全流程对抗 AI 的最新进展，AI 名为 AlphaStar(Vinyals et al., 2019)。从动作体系上看，AlphaStar 属于前述的单方智能体集中控制己方的多游戏个体，决策的动作并没有采用英国剑桥大学 SMAC 环境中的个体原子动作，而是依据了一定人类知识的高层次动作。

若让智能体决策每个游戏个体每步的前进方向等原子动作，动作组合数将随时间步数以及游戏个体数量呈指数级增长。为了避免上述情况，AlphaStar 采用 what、who、where、when 结构的动作体系。其中，what 指动作类型（action type），如移动、建造等。who 指动作将作用于哪些个体或由谁来执行动作，也称为 Select units。where 指动作的目标是哪儿，如建造房屋到地图的哪个位置，以及攻击哪些目标点或目标单元，也称为 target。when 指动作发生的时间信息，包括 queued、repeat 和 delay 等信息，其中 queued 指选中单元到达目的地后的动作队列，如是原地等待还是直接进行攻击等；repeat 指动作是否重复，例如，如果需要持续攻击，则不需要再通过网络计算得到下一个动作，直接重复上一个动作即可；delay 指等待多久再通过网络进行决策，即延时。此外，还包括一种用于移动摄像机视野的动作，用于收集更多信息。

在游戏中，智能体程序每个 step 进行 what、who、where、when 的决策，这样智能体程序可以有效集中决策来控制游戏中的个体，完成游戏的对抗。可以认为，what、who、where、when 动作体系对针对单个个体的原子动作进行了一定程度的抽象和封装，形成了一个具有结构化的高层次动作，这种高层次动作反映了人类决策复杂问题时所抓的关键点。尽管动作空间仍然巨大，但较原子动作仍然有了质的提高，它体现了不同阶段的游戏任务和执行任务的高层行为，本质上是将一定的知识编码进入智能体中。

AlphaStar 决策过程如图 8.2 所示，首先来看图的下半部分，从游戏接口中取得决策时依赖的状态观测量，然后依靠神经网络进行决策，输出上述高层次的动作，如图的右上半部分所示。然后，在游戏环境中实施动作（图的左上半部分），改变环境的状态（图的左下半部分），如此循环，直至游戏结束。

AlphaStar 使用了 PySC2 中的部分观测量来作为高层次动作决策的依据，部分观测量又称为环境状态，它分为 4 部分：地图信息、实体信息、玩家信息、游戏统计信息。地图信息是 minimap 地图数据，包括了高程、可见性、地图格子上的己方个体/对手个体信息等 7 个通道特征信息，minimap 分辨率为 128×128；实体信息是由最多 512 个游戏个体/实体信息构成的列表，其中包括己方拥有的所有个体信息以及对手在视场内的个体信息，但不包括对手在视场外的个体信息，这体现了博弈中的战争迷雾；玩家信息，也就是当前状态下，玩家的等级和种族等；游戏统计信息，包括视野位置和当前游戏的开始时间等标量信息，视野位置是指小窗口的位置，区别于全局地图信息。AlphaStar 智能体从环境能够获得的信息，与人类玩家是基本一致的，都是通过图像信息和一些附加信息进行决策的，这种方式相对公平。战争迷雾的存在，使无法获得当前对手所有单位的状态信息，也无法获知游戏结束时双方战斗的结果，即收益函数，属于不完全信息博弈。

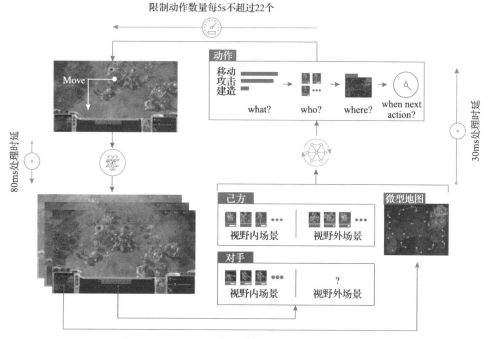

图 8.2　AlphaStar 决策过程（Vinyals et al., 2019）

8.3.2　神经网络结构概况与监督学习

AlphaStar 采用的神经网络结构如图 8.3 所示，公开资料目前没有神经网络的详细描述，因而目前还没有看到复现的 AlphaStar 发布。总体来说，AlphaStar 结合了很多近年来深度学习各个领域流行的研究成果来处理"星际争霸"这个复杂问题。它将上述状态观测量分门别类，分为三个部分：标量特征，如前面描述的玩家等级以及小窗口的位置等；实体向量，即前面所述的一个建筑或一个小兵的当前所有属性信息；小地图图像数据。

不同类别的观测量作为不同神经网络模块输入，然后采用了不同的处理，这个部分相当于对输入进行编码。对于标量特征，采用多层感知机，就可以得到对应的向量，可以认为是一个嵌入（embedding）编码过程。对于当前时刻的每一个实体，采用自然语言处理中的 Transformer 架构作为编码。对于小地图，使用图像中常用的残差网络架构作为编码器，得到一个定长的向量。

经过编码后，再进入中间处理过程。主要是通过一个深层长短时记忆网络模块融合三种当前时刻的输入，进行下一时刻的输出。然后，将输出分别送入价值网络、残差多层感知机以及动作类型的后续多层感知机中。最后是输出部分，输出与决策控制的动作对应。

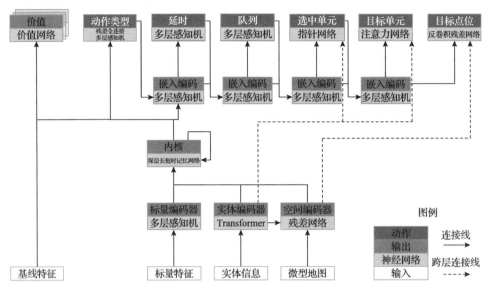

图 8.3　AlphaStar 采用的神经网络结构(Vinyals et al., 2019)

针对 what 类型动作，使用深层长短时记忆网络的嵌入向量作为输入，使用残差多层感知机得到动作类型的 Softmax 激活函数的输出结果，并将其传给下一个子模型进行嵌入。

针对 when 中的延时动作，将动作类型嵌入的结果以及深层长短时记忆网络的结果一起输入多层感知机得到结果，并传给下一个子模型进行嵌入；针对 when 中的动作队列，将延时的结果以及嵌入的结果一起输入多层感知机后得到嵌入结果，并传给下一个子模型进行嵌入。

对于 who 动作，也就是决策选中哪些单元，首先将嵌入的结果以及实体信息通过 Transformer 编码后的全部结果(非平均的结果)一起送入指针网络中得到结果，并传给下一个子模型进行嵌入。指针网络输入的是一个序列，输出的是另外一个序列，且输出序列的元素来自输入序列，主要用于自然语言处理的文本摘要、对话机器人等，其主要特点是：当明确知道数据的输出一定会或大概率出现在输入序列中时，这个网络可以被很好地针对性处理，这里也适合选中单元的计算。

对于 where 动作，它由两个输出量，对应两种动作，最终是二选一。一是攻击哪些目标单元(实体)或建造什么房屋，即 target unit；二是动作的目标位置是哪儿，例如，移动到地图的哪个位置，又如，建造房屋到地图的哪个位置，即 target point。对于 target unit，使用上一个嵌入输出和实体信息通过 Transformer 编码后的全部结果作为输入，通过注意力机制选出动作作用的实体对象；对应 target point，将小地图残差网络(ResNet)编码结果以及上一个嵌入输出作为输入，运用反卷积残差网络，得到地图大小的输出，根据此输出从中选取目标位置。

前面所述对应 what、when、who、where 动作的神经网络也称为策略网络，加上前述的价值网络，它们共用长短时记忆网络模块部分。"星际争霸"中对抗的双方若为异构，即双方指挥的实体特点不同，则每一方都有一套单独的策略网络/价值网络，对应不同的智能体，即为多智能体。策略网络/价值网络的训练是多智能体决策能力交替螺旋上升的过程。

AlphaStar 的神经网络首先使用人类专家数据对策略网络进行监督学习。将每一时刻的状态送入策略网络中得到每一个动作的分布概率、where 中的 target point 等，计算它们与人类专家数据的差别，作为 loss（损失函数），进行网络参数的优化。例如，对于动作类型 what 的损失，即分类问题损失，将人类选择的动作概率设为 1，其余动作概率均为 0，再由神经网络输出每个动作的分布概率，计算交叉熵作为损失函数；而对 where 中的 target point，即目标定位等回归问题，计算均方误差作为损失函数。经过监督学习，使得策略网络模型输出的概率分布与人类玩家输出的概率分布类似。这里的交叉熵和均方误差损失后面也称为与人类数据的 KL（Kullback-Leibler）散度度量。

通过上述监督学习，得到下一阶段己方对抗的初始对手，然后按照博弈动力学的思想，通过强化学习得到针对特定对手的己方最佳响应策略，最后通过改进的 NFSP 和联盟学习将多种战术的智能体策略汇合在一起。

此外，人类专家数据除了用于监督学习外，AlphaStar 还用人类数据约束强化学习中的探索行为，缩小探索空间，避免产生大量无效的探索/无用的采样；还用人类数据构造伪奖赏（pseudo-reward），引导策略（一定程度地）模仿人类行为，缓解稀疏奖赏的问题，加速策略训练；还用人类数据约束对抗环境的生成，避免生成与真实情况差异过大的环境/对抗策略，缩小鲁棒训练时所需要的种群规模。假定 z 是从人类对抗数据中抽取出来的统计量，包括：①建造顺序数据，如建筑、升级的顺序等；②累计数据，如各个单位建造量等。在强化学习和监督学习的过程中，所有的策略都会以 z 为前提条件。在强化学习的过程中，从已有回放里面随机采样人类数据，得到对应的统计量 z。首先，基于该统计量约束动作空间，学习过程有一个损失函数用于最小化有监督版本智能体的 KL 散度，保证学习到的策略要在一定程度上与监督学习的模仿策略版本相近。然后，设计伪奖赏。根据累计统计量 z 和当前游戏进行过程的差异来计算伪奖赏。

AlphaStar 在一定程度上说是一种模仿学习上的成功，所学到的是基于人类（顶尖人类）对抗轨迹下的一个鲁棒可泛化的策略。每次对抗所采样的统计量 z 已经在一定程度上限制该智能体本场的整体策略选择范围（由建造顺序和单位累计顺序大致决定），AlphaStar 要做的是在给定的策略选择范围内学习如何应对其他对手策略。

8.3.3　神经网络强化学习的基本方法

AlphaStar 在强化学习中采取了 5.4 节的 Actor-Critic 架构，使用策略网络输出得到当前状态下的各个动作概率 $\pi(a_t|s_t)$，使用价值网络输出得到当前状态下的累积奖励值 $V(s_t)$。当输掉本局游戏时，最终奖励为–1，赢时为+1，平局为 0，前面所述伪奖赏以 25% 的概率取非 0，参与计算累积奖励。价值网络部分分别采用了 TD(λ) 方法和上行策略更新(upgoing policy update, UPGO)方法计算 loss，人类专家数据的 KL 散度 loss 与上述两种 loss 加权合并后得到总目标函数，根据总目标函数求解梯度，梯度用于反向传播即整个神经网络的训练。策略网络部分采用 V-trace 重要性采样技术，进行异策略(off policy)神经网络参数更新，并假定 what、when、who、where 等是相互独立的，单独更新网络中的对应组件。

首先使用 TD(λ) 得到时序差分模式的价值网络（即价值函数）估值。当 $\lambda = 0$ 时，TD(0) 下价值函数估值为

$$V(s_t)=E_{a_t}[R(s_t,a_t)+\gamma V(s_{t+1})] \tag{8.25}$$

式中，$R(s_t,a_t)$ 代表在状态 s_t 下使用动作 a_t 得到的奖励。针对动作 a_t，定义如下优势函数：

$$A(s_t,a_t)=[R(s_t,a_t)+\gamma V(s_{t+1})]-V(s_t) \tag{8.26}$$

基于优势函数进行策略梯度更新，即

$$\nabla_\theta J = A(s_t,a_t)\nabla_\theta \log \pi_\theta(a_t \mid s_t) \tag{8.27}$$

式中，θ 为神经网络的参数。采用异策略进行神经网络参数更新，也就是说待学习的策略 π_θ 和采集策略 π_μ 不同。AlphaStar 具体采用了 V-trace 下的重要性采样原理：根据已有探索策略 π_μ 采集 s_t 和动作 a_t，将 s_t 代入当前待学习的神经网络 π_θ，得到 a_t 动作概率 $\pi_\theta(a_t|s_t)$，将其除以 $\pi_\mu(a_t|s_t)$，也就是将新的待学习策略 π_θ 动作采样转换为旧的采集策略动作采样，得到重要性系数。将重要性系数乘以 $A(s_t,a_t)\nabla_\theta \log \pi_\theta(a_t|s_t)$，即

$$\nabla_\theta J = E_{\pi_\mu} \frac{\pi_\theta(a_t \mid s_t)}{\pi_\mu(a_t \mid s_t)} A_{\pi_\theta}(s_t,a_t)\nabla_\theta \log \pi_\theta(a_t \mid s_t) \tag{8.28}$$

为了防止重要性系数 $\dfrac{\pi_\theta(a_t \mid s_t)}{\pi_\mu(a_t \mid s_t)}$ 出现无穷大的情况，V-trace 技术将重要性系数的最大值限制为 1，得到

$$\nabla_\theta J = E_{\pi_\mu} \rho_t A_{\pi_\theta}(s_t, a_t) \nabla_\theta \log \pi_\theta(a_t \mid s_t) \tag{8.29}$$

$$\rho_t = \min\left(\frac{\pi_\theta(a_t \mid s_t)}{\pi_\mu(a_t \mid s_t)}, 1\right) \tag{8.30}$$

前面叙述 AlphaStar 时采用了 TD(λ) 方法得到价值函数的估值，TD(0) 仅考虑当前步的奖励信息，有偏小的方差存在；TD(1) 即为蒙特卡罗方法，考虑未来无穷步的信息，无偏大的方差，如

$$V(s_t) = \sum_{t'=t}^{\infty} \gamma^{t'-t} R(s_t, a_t) \tag{8.31}$$

TD(λ) 为以上两种方法的加权平均，这里 $0 < \lambda < 1$，为平衡当前步、下一步到无穷步后的结果。此时，有

$$
\begin{aligned}
V(s_t) = \lim_{T \to \infty} (1-\lambda)\left[R(s_t, a_t) + \gamma V(s_{t+1}) \right] \\
+ (1-\lambda)\lambda \left[R(s_t, a_t) + \gamma V(s_{t+1}) + \gamma^2 V(s_{t+2}) \right] + \cdots \\
+ (1-\lambda)\lambda^T \left[R(s_t, a_t) + \gamma V(s_{t+1}) + \gamma^2 V(s_{t+2}) + \cdots + \gamma^{T+1} V(s_{t+T+1}) \right]
\end{aligned}
\tag{8.32}
$$

在 AlphaStar 强化学习中，还采用了 UPGO 方法来估值价值函数和定义优势函数。为处理稀疏奖赏问题，UPGO 方法更新引入另一个迭代变量 G_t：

$$
G_t = \begin{cases} R(s_t, a_t) + G_{t+1}, & Q(s_{t+1}, a_{t+1}) \geqslant V(s_{t+1}) \\ R(s_t, a_t) + V(s_{t+1}), & Q(s_{t+1}, a_{t+1}) < V(s_{t+1}) \end{cases}
\tag{8.33}
$$

式中

$$Q(s_{t+1}, a_{t+1}) = R(s_{t+1}, a_{t+1}) + V(s_{t+2}) \tag{8.34}$$

在此基础上，定义优势函数为

$$A(s_t, a_t) = G_t - V(s_t) \tag{8.35}$$

UPGO 类似自我模仿学习 (self-imitation learning, SIL)。SIL 更充分利用采集到的具有高奖赏的轨迹，以达到稀疏奖赏下提高学习效率的效果。具体而言，SIL 会把单条轨迹的蒙特卡罗采样的返回值和价值函数的估计值进行比较，若该返回值大于价值函数的估计值，则直接用该返回值进行价值网络和策略网络的更新，而不是经过时间差分方法逐步更新价值网络，再用更新后的价值网络输出值去调整策略，以达到更强的信号去模仿该轨迹的效果。UPGO 的做法基本一样，只是操作粒度从整个轨迹的维度变成了在每一个时间步上的维度。

最终，AlphaStar 采用第 5 章的 Adam 来根据总目标函数进行策略网络和价值网络参数的更新。

8.3.4 加权虚拟自我博弈与联盟学习

虽然比较容易找到可以克制当前对手的战术，但是找到能够应对任何对手的战术模型则是困难的，将应对各种对手的能力称为鲁棒性。"星际争霸"是对鲁棒性要求极高的场景，AlphaStar 综合利用以下两种思路来解决强化学习策略的鲁棒性问题。

1. 联盟学习

在对抗中将存在两个智能体，一个是"红方"，另一个是"蓝方"。学习训练的智能体包括"红方"智能体和"蓝方"智能体。在训练一方智能体时，另一方智能体即对手的策略将来自一个联盟 League，因此进行的是改进的 NFSP，称为加权虚拟自我博弈(prioritized fictitious self-play, PFSP)，而不是自我博弈，即自己的"红方"与自己的"蓝方"进行对抗。

联盟指策略池，这个策略池内存储多个完全不同的策略。单方智能体 Agent 的训练目标是要打败联盟中所有对手策略，而不是单纯地自我博弈打败自己的"红方"或"蓝方"。具体而言，将强化学习得到的智能体对应的神经网络模型不断存储，构成联盟，联盟整体作为自己的对手。有了联盟，就可以采用 PFSP 从联盟中采样策略，它是一种种群策略采样机制。PFSP 有两个关键词：FSP 和 Priority。FSP 是指智能体需要打败历史上联盟中的所有对手；Priority 是指在选择对手进行对抗时，越难战胜的对手有越大的优化权重，而不是所有对手有相同的优化权重。为此，保存了一个代价估计，它是智能体与策略池中的对手对抗的胜率矩阵，每一轮对抗后会进行更新。

给定一个正在学习的智能体 A，越难战胜的对手越有更高的权重被选取，A 通常按照下列概率从备选对手集合(对手池)中选择对手 B。

$$\frac{f(P[A\text{击败}B])}{\sum_{C\in\text{备选对手池}}f(P[A\text{击败}C])} \tag{8.36}$$

式中，$P[A\text{击败}B]$ 代表历史上 A 击败 B 的概率；$f()$ 代表加权函数。例如

$$f(x)=f_{\text{hard}}(x)=(1-x)^r \tag{8.37}$$

式中，$r\in\mathcal{R}_+$ 控制选取难击败对手的程度。$f(1)=0$ 表明不再需要与能够击败的对手进行对抗训练。有

$$f(x) = f_{\text{var}}(x) = x(1-x) \tag{8.38}$$

代表在 PFSP 中，智能体选择与自己水平接近的智能体对抗。

2. 对抗训练

对抗训练得到对抗策略，AlphaStar 训练的智能体分为三种：Main Agents、League Exploiters、Main Exploiters。

(1)主智能体 Main Agents：正在训练的智能体及其祖先，其训练目标是最强鲁棒策略，也是最后部署的策略。有 0.5 的概率从联盟中的所有对手中按照 PFSP 挑选对手，进行对抗强化学习。有 0.35 的概率与自己对抗，有 0.15 的概率与能打败智能体的联盟利用者或先前的智能体对抗，从而强化学习。在距上次存档 2×10^9 步之后，就保存智能体策略到联盟。

(2)联盟利用者 League Exploiters：能击败联盟中所有智能体的智能体，即与联盟对抗，用于寻找联盟都无法击败的策略(如发现一种新的进攻体系)，也就是寻找历史的弱点，将找到的策略加入联盟，使得联盟更加鲁棒。其按照 PFSP 计算的概率与全联盟的对手进行对抗训练，在以 0.7 的概率打败所有的智能体或者距离上次存档 2×10^9 步后，就保持策略到联盟，并且在存档时，有 0.25 的概率把场上联盟利用者的策略重设为监督学习初始化的策略。

(3)主利用者 Main Exploiters：与当前 Main Agents 的集合进行对抗，用于寻找 Main Agents 的弱点，该对抗策略可以使得 Main Agents 更加鲁棒。在训练过程中，用 PFSP 的 $f_{\text{VAR}}(x)$ 加权从 Main Agents 智能体中选择一个，如果击败该智能体的概率低于 0.2，就与其进行对抗训练，否则就从 Main Agents 中再选择一个。当以 0.7 的概率打败全部主智能体时，或者在距上次存档 4×10^9 步之后，就保存策略到联盟，并且重设为初始化策略。

三种对抗训练方式都定期将自己的智能体权重"快照"加入联盟。当训练的智能体加入联盟后，除了主智能体以外，联盟利用者智能体或主智能体以一定概率重置为初始的监督学习智能体。这是由于联盟利用者智能体或主智能体学习到的策略可能和人类策略差距太大，重置为初始监督学习智能体后，可避免这些没必要的策略对抗训练开销(人类不可能使用的策略，没有必要去想办法战胜)。综上可见，在 AlphaStar 策略生成训练时，不仅要在虚拟环境中长时间反复强化学习求解 best response 策略，还要记录上述三种联盟中的智能体策略、估值网络模型参数值，空间消耗也较大。总之，其时间、空间代价都较大。

最终在实际对抗决策中，随机抽取 Main Agents 中的一个智能体来输出策略。Main Agents 中的每个智能体对应一种策略，多个智能体就构成了混合策略，混合策略使得对抗的人类不易学习到 Agent 单次使用的策略。

第9章　战术级陆战对抗策略的智能生成

与第 8 章不完全信息下即时战略策略游戏相比，军事对抗不仅具有不完全信息的特点，还属于复杂巨系统，体现在战场环境、兵力特点、任务目标等方面。若能通过虚拟环境迭代学习高水平的对抗策略，则将具有很强的现实意义。本章以"庙算·陆战指挥官"战术兵棋平台等为军事对抗虚拟环境实例，探索战术级陆战对抗智能决策的前沿技术。该智能决策的实体单元相互关系复杂、动作空间规模巨大、时间跨度长、奖励稀疏，因而难度和复杂度远远大于前面章节。本章根据作者这几年的研究经历，给出初步的对抗策略智能生成方案，希望能起到抛砖引玉的作用。

9.1　陆战人机对抗环境

9.1.1　陆战对抗场景

"庙算·陆战指挥官"战术兵棋平台，下面简称庙算平台，是中国科学院自动化研究所研发的战术级陆战虚拟环境。它基于人工智能前沿理论重构计算机兵棋系统，通过对推演环境、内存交互接口、网络交互接口的封装，为 AI 研发提供了具有超高速单机训练与调试环境的软件开发接口。同时，通过透明化的网络接口，符合接口规范的 AI 均可接入庙算平台，在网络上开展机机对抗、人机对抗和人机混合编组对抗。

在陆战对抗中，以想定为基本的场景。下面是命名为高原通道的分队对抗想定，示意图如图 9.1 所示。红方依托某高原通道向蓝方纵深发起总攻。该通道两侧山峰耸立，中间谷地低洼。为了争夺该通道的控制权，红方派遣 1 个装甲步兵排、1 个坦克排的兵力集结于 6048 地域。该先遣侦察需迅速前往占领 4435 至 4030 一带居民地，并组织火力侦察，为后续主力部队提供情报支援。蓝方 2 个装甲步兵排、1 个坦克排的兵力集结于 3426 地域奉命坚守目标居民地，伏击并阻止红方小队夺取该地域。想定中的地图由六角格组成，每个六角格地块都有固定的高程、地形特点(河流、松软地、居民地等)、是否为道路等，六角格由一个四位数字编号来索引。想定直接给定了双方兵力单元和夺控点的分值，双方兵力单元的分值和初始位置见表 9.1 和表 9.2，夺控点的分值和位置如表 9.3 所示。该想定下双方对抗的目标可建模为 1800 步(每步代表 1s)后得分最大，其中夺控点的分值为主分，附加分包括消灭对方兵力的分值、己方战斗后剩余兵力的分值。策略的优劣由最终推演后的主分决定，在主分高的前提下，尽可能使得附加分值也取得最大。

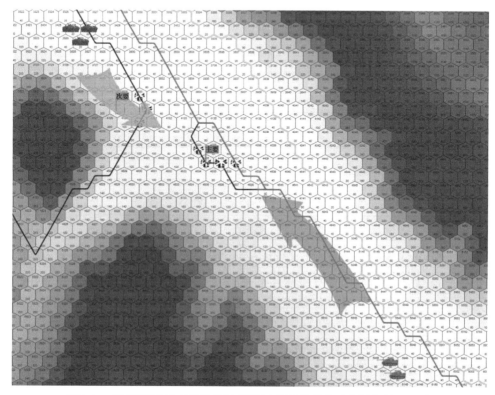

图 9.1　高原通道分队对抗想定示意图（中国科学院自动化研究所，2022）

表 9.1　红方兵力单元构成与初始位置

连级	兵力单元(obj_id)	车(班)数	分值	初始位置
	重型坦克(0)	4	40	5947
	中型战车(100)	4	28	6048
	巡飞弹(700)	4	0	6048
突击队	巡飞弹(701)	4	0	6048
	步兵小队(200)	4	16	6048
	无人战车(400)	4	20	6048
合计	6	24	104	—

表 9.2 蓝方兵力单元构成与初始位置

连级	兵力单元(obj_id)	车(班)数	分值	初始位置
	重型坦克(10000)	3	30	3427
	重型战车(10100)	3	24	3426
先遣队	步兵小队(10200)	3	12	3426
	重型战车(10101)	3	24	3526
	步兵小队(10201)	3	12	3526
合计	5	15	102	—

表 9.3 夺控点的分值和位置

夺控点	分值	位置
主要夺控点	80	4435
次要夺控点	50	4029
合计	130	—

本章均以上述想定为背景叙述智能体的策略构建。上述想定仅有主要夺控点和次要夺控点，一般全部兵力都用于争夺主要夺控点，不再考虑力量编组和夺控任务力量分配问题，而将所有力量视为一个编组，协同完成主要夺控点的夺控任务。并且将兵力单元视为一个棋子(对抗实体)，其车班数视为该棋子的血量，一个车(步兵班)被歼灭，则血量减 1，直至为 0，该棋子阵亡即消失。在整个过程中，各个棋子遵守推演规则。庙算平台中的推演规则包括机动规则、上下车规则、掩蔽规则、堆叠规则、夺控规则、通视规则、观察规则、直瞄射击规则、间瞄射击规则、巡飞弹规则、引导射击规则等。其中，直瞄射击规则、间瞄射击规则、引导射击规则等的射击效果由棋子的攻击距离、车班数、双方所处位置的地形和高程差等因素决定，并引入一些随机性，具体可见庙算平台的官网。

9.1.2 庙算平台的环境接口

庙算平台为智能体提供了开发环境与接口，具有实时制演强对抗、不完全信息、"一战一棋"场景复杂多变等特点。分队对抗提供 1800 步(每步代表 1s)决策时机，智能体可在每步依靠呈现的状态信息生成棋子动作。这些动作传给接口，引擎执行后得到裁决结果，1800 步即 30min 后对抗结束。智能体决策依赖的态势信息和可实施的棋子动作简介如下。

1. 态势信息

在庙算平台中，态势信息由对抗发生的地图信息和棋子状态、裁决信息等构成。地图信息包括地图中各个位置(六角格)的坐标、高程、地形特点(河流、松软地)等，可以通过庙算平台中的相应接口函数获得。

棋子状态信息是针对各个棋子而言的，主要包括棋子的血量(剩余车班数)，以及所处的位置、机动、行军、隐蔽、夺控、锁定、上下车和打击状态信息。在对抗中，对方棋子的一些状态属性在可视的情况下(即在己方棋子的通视范围内)才可见，对方棋子在不可视范围内的动作可能影响最终的收益，因此属于不完全信息博弈问题。另外，不同种类的棋子，其状态信息有相同之处，也有独特于其他棋子的不同之处。例如，对于上下车信息，只有战车类棋子有，而坦克类等棋子没有。最终棋子状态信息、裁决信息封装为 observation 的数据结构，可参见附录 B。

2. 棋子动作

在庙算平台中，棋子有夺控、射击(包括直瞄射击、间瞄射击、引导射击)、机动(行军)、上下车、隐蔽/步兵冲锋状态转换等十余种动作。不同的棋子个体，往往会拥有一些自身所特有的状态，决策者需要对不同状态下的棋子进行对应动作的选取，而非任意的选择。因此，在整个对抗过程中，棋子的状态决定着自身动作集合的大小，不同棋子个体之间的相互联合行动同样取决于个体之间的相互联系，在庙算平台中，接口中的 observation 数据结构的 valid_action 项给出每个棋子当前合法有效的动作列表及动作参数。

综上，当进行庙算平台建模的陆战对抗决策时，具有待决策的兵力单元特点复杂、动作复杂、决策动作时间跨度大等典型特点。首先，涉及的兵力单元类型很多，有能够行进间射击的坦克、不能行进间射击的装甲战车(能发射导弹)、生存能力强的步兵小队、对步兵小队有较好打击效果的无人战车等，并且每种类型兵力单元可能为多个。其次，在棋子动作方面，大多数兵力单元的原子动作抽象为夺控、射击、机动、隐蔽等状态转换十余种，步兵小队和无人战车还有引导射击等特殊动作；兵力单元动作间还存在相互依赖关系，例如，步兵小队进行引导射击动作，被引导的战车必须处于停止状态等。最后，对抗持续时间长，包括消耗对方和抢点夺控等抽象任务目标，由于时间跨度大，动作的组合数巨大。

9.2　智能体的基本框架

9.2.1　智能体对棋子的控制

庙算平台涉及多个兵力单元(对抗实体、对抗个体或棋子)，与第 8 章中的"星际争霸"问题相类似，这里也采用单方多个体集中决策控制方式，即对抗双方各有一个智能体，对应一个 Agent 类，它包括指挥己方所有棋子的行为控制代码，如下面示例中的 step 函数所示。

Agent 类在初始化时，依据想定为每一个己方棋子创建对应类型的实例，若己方某棋子为坦克，则创建一个 Tank 类的实例。在对抗开始后的某个步中，若该坦克棋子出现在 valid_actions 中，则说明该棋子没有阵亡，这样 Agent 类的 step 函数通过调用 Tank 类的行为来控制成员函数执行决策，产生原子动作。

```python
class RedAgent(BaseAgent):
    def _init_(self):
        ...
        self.color=0 #代表红方
        self.controller = {}
        with open("./train_env/Data/scenarios/" + str(scenario) +
                ".json", 'r', encoding='UTF-8') as f:
            self.scenario_info = json.load(f) # scenario为想定编号
        for operator in self.scenario_info['operators']:
            self.operators[operator['color']][operator['obj_id']] =
                copy.deepcopy(operator)
        self.controllable_ops = self.operators[self.color]
        for obj_id in self.controllable_ops:
            if obj_id % 1000 // 100 == 0:
                self.controller[obj_id] = Tank(self.state_control,
                        self.inference, self.color, self.seat, obj_id)
            elif obj_id % 1000 // 100 == 1:
                ...
        ...

    def step(self, observation: dict):
        ...
        for obj_id, valid_actions in observation["valid_actions"].
            items():
            actions = self.controller[obj_id].step(valid_actions,
                    observation)
            total_actions = total_actions + actions
        ...
class Tank():
    def step(self, valid_actions, observation):
```

　　...

　　RedAgent 为红方的智能体类。构造函数_init_完成从想定文件(.json)中读取双方兵力棋子，存入 self.operators，然后取出己方棋子放入 self.controllable_ops，根据棋子类型创建棋子对应的类实例，存入 self.controller 中。这样 self.controller[obj_id]指代该棋子所属类实例，Tank 类的 step 函数是对应棋子的控制逻辑代码，它返回原子动作。最终各个棋子的原子动作汇入 total_actions，被庙算平台引擎执行。

　　下面叙述单一棋子行为的控制逻辑，即 Tank 等类别棋子 step 函数的基本思想。在庙算平台中，几乎每个棋子(除了巡飞弹等)都有射击、夺控、机动、状态转换等多种原子动作，不同的原子动作还有不同的参数，例如，机动还得给出机动路径列表，射击还得给出目标 ID 和使用武器 ID，动作空间巨大。综上，行为控制逻辑要在很多步中给出本棋子合理的原子动作，协作完成 1800 步的想定目标。本章的行为控制逻辑 step 函数采用了有限状态机(Millington, 2021)思想，整个 1800 步将由有限类型的阶段组成，每个阶段对应一个状态，这种状态是一种高层次状态，是阶段的标识，在下面程序中对应了 self.myStage。阶段输出原子动作，努力完成一定任务，由于原子动作的执行，态势 observation 发生变化，阶段在一定的态势条件下也会发生相互转换，即 self.TaskNControl 函数改变 self.myStage 的值。

```
class Tank():
    def step(self, valid_actions, observation):
        #判断所处的阶段/高层状态
        if XXX and self.myStage==0:
            self.myStage=1
        if XXX and self.myStage==1:
            self.myStage=2
        if XXX and self.myStage==2:
            self.myStage=3
        if XXX and self.myStage==3:
            self.myStage=1
        ...
        #根据所处的阶段，实施高层动作/任务
        if self.myStage==1:
            actions = self.Task1Control(observation)
        if self.myStage==2:
            actions = self.Task2Control(observation)
```

```
...
return actions
```

为了方便叙述，给出阶段/任务的定义：棋子以对对手实施观察、射击、对夺控点实施夺控等动作或阻止对手实施观察、射击、夺控等动作为目标，而采取的从当前六角格(点位)机动到满足动作实施的点位直到完成目标动作的活动。上述满足动作实施的点位称为目标点位。完成一个任务对应了一个阶段，在一个阶段中棋子所有的动作组成了一个高层动作。如果不进行特殊说明，棋子的某一阶段、任务或高层动作对应的物理意义相同。每个阶段都只需要决策一次目标点位，若需要前往下一个目标点位，则意味着要进入下一个阶段(任务、高层动作)。

上述表述中突出了机动和目标点位的重要性。通过机动将使棋子到达目标点位，在目标点位上由于高程、地形、地貌等，己方可能先敌发现，先敌射击。智能体在阶段中决策的关键就是决定要到达哪些点位。这里没有采用每次仅决定从当前六角格出发棋子下一步到达哪个相邻的六角格的方法，虽然备选动作集合将减小到当前所在六角格的周边六个六角格，但机动动作决策要发生在每个到达相邻六角格中心的瞬间，要到达特定点位可能需要 n 次(步)决策，决策空间为 6^n 量级，呈指数级增长。

9.2.2　高层动作的实施逻辑

对智能体而言，指挥某个棋子进行一个高层动作通常需要经历若干时间步(step)，在此过程中每个时间步都需要一个高层动作实施逻辑，用于保证使对应棋子实体努力完成高层动作的任务目标，它就是前述的 TaskNControl 函数。本节先假设目标点位已经确定，关注如何使棋子到达目标点位并在满足射击条件下进行射击战斗。9.3 节再叙述基于先验收益的目标点位选择策略，获得冷启动值，以及通过博弈学习迭代优化目标点位选择策略。需要指出的是，目标点位选择策略在进入高层动作的第一个时间步时调用。

图 9.2 给出高层动作的实施逻辑图。在每个时间步，根据庙算平台引擎提供的 observation 数据结构，取出 valid_action 项，得到哪些原子动作能执行，当只有机动原子动作可执行且未到达目的点位时，将生成向目的点位机动一格的原子动作。这里采用每次机动一格的原子动作，是为了棋子在机动到下一格后便于停止并转入隐蔽、射击等状态。当 valid_action 项中有多种原子动作可以执行时，要根据先验知识确定各原子动作的执行优先顺序。例如，若在某时间步下射击原子动作和机动原子动作都可以执行，则一般采用射击优先的原则，这里是一种最大频次攻击对方棋子的策略。当然，若采用集火攻击策略，则射击时间可能需要与其他棋子的满足射击时间一致，这种策略需要更为复杂的开火时机决策，本章不

涉及。

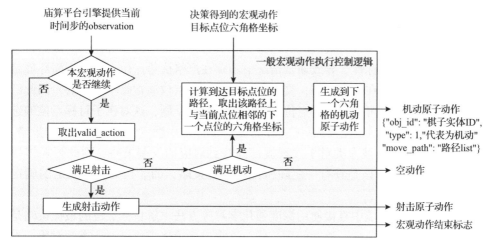

图 9.2　高层动作的实施逻辑图

上述是各类棋子通用的高层动作执行逻辑。对于战车的兵力投送高层动作，往往还需要在目的点位进行士兵下车的原子动作；对于棋子的夺控高层动作，还需要在夺控点进行夺控动作。这些相对特殊的高层动作目标，均可以采用产生式规则知识的方式添加到实施逻辑中，这里不再详述。

前面主要讲述了将每个棋子 1800 步的动作划分为阶段，对应阶段的高层动作如何实施，但是没有具体叙述阶段的类型以及阶段间的切换条件、切换规则。目前，根据专家经验定义了有限类型的阶段/任务，如兵力投送任务、侦察任务、攻击任务、躲避任务、夺控任务等，在各个阶段/任务的切换时机和切换规则使用了产生式规则知识，根据 observation 数据结构取值推理确定。

综上，本章的高层次动作框架还需要人类事先设计，但其中的目标点位可由机器进行博弈学习。下一步如何让机器自动构建并理解高层次动作，将是机器智能进一步提升的关键。

9.3　基于先验收益的目标点位选择的初始策略

9.3.1　目标点位选择问题分析

在庙算平台中，对抗双方的兵力类型、数量和所处的地形等通常是不对称的、异构的，由此决定了双方的策略不同。在对抗策略中，机动是一个重要的方面。机动使己方力量相对于对方运动，目的是夺取或保持位置优势，通常是为了发射或阻止发射直瞄火力和间瞄火力，这样通过灵活地运用作战力量使对手处于不利的境地。

　　选择机动的目标点位(目的地)是机动的关键。目标点位是为完成特定的任务而确定的，如要歼灭位于哪些点位的对方力量。一般来讲，己方为歼灭对方而要到达的目标点位具有如下特点：尽可能不被对方通视，这样不会发生裁决，即对手不能向己方射击；或者裁决时对己方有利，这种点位称为优势点位。然而，一方面环境具有非对称性，导致通常情况下不存在严格优势点位；另一方面环境是部分可观测的，存在战争迷雾，交火之前对手部署点位通常是不明确的，因此己方选取的目标点位可能是优势点位，也可能被对手反制，这对棋子目标点位的选择造成了困难。特别是在人机对抗中，如果智能体采用确定性目的点位选择策略，经过重复对抗就会被人类对手发现规律并找到对应的反制策略，因此智能体目标点位选择策略应该是具有一定随机性的混合策略，而非行为模式固定的确定性策略。

　　在庙算平台环境中直接使用深度强化学习等方法求解目标点位的最优策略是困难的，与"星际争霸"游戏问题一样，这个最优策略需要针对所有的对手。本节先对庙算平台中的目标点位决策问题进行抽象和简化，基于先验知识构建陆战对抗每个阶段的正则式博弈模型，求解每个阶段的目标点位混合策略。红方兵力类型通常更加多样，因此这里以红方棋子为例给出策略构建方法，蓝方棋子策略构建方法可参照红方相同类型棋子。

9.3.2　博弈模型构建

　　以高层动作中任务(即在某一阶段)到达目标点位来描述己方博弈策略，得到正则式博弈模型，而后直接使用收益矩阵求解混合策略均衡。在构建模型中，需要考虑以下 5 个问题。

　　1)决策间隔

　　在推演过程中前后任务阶段之间具有延续性，假设红方在前期对抗阶段取得优势，在后期对抗阶段大概率也会占据优势，可将单个任务阶段的最优解近似看作全局最优解，在构建博弈模型时只考虑单个任务阶段的双方可选动作和收益。

　　2)决策对象

　　在陆战对抗中通常会有多个棋子需要同时决策的情况，同时对己方所有棋子进行决策会导致博弈问题规模呈指数增长，因此将多个棋子的决策问题分开，通过构建多个博弈模型分别求每个棋子的近似最优解，决策时按照棋子分值和风险度依次进行决策，分值和风险度高的棋子作为领导者先决策，分值和风险度低的棋子作为追随者后决策。

　　3)可选动作

　　在庙算平台中棋盘大小通常为 92×77，采用直接决策目标点位的方法，其动作空间最大为 92×77。为进一步压缩问题求解空间，考虑棋子之间的协同关系、比赛时间、观察距离、射击距离等先验知识，对可选目标点位的范围进行进一步压缩，以提高计算效率。

4）对手动作

在陆战对抗中，对手通常有多个棋子，如果同时考虑多个棋子，那么对手的动作是极其复杂的，在这里只考虑能够影响到当前棋子任务执行的主要对手棋子。对于对手棋子动作，使用与己方棋子相同的表示方式，即直接使用目标点位表示。例如，对抗过程中战车和步兵不具备行进间射击能力，需要由机动转换为停止状态才能射击，而坦克可在机动期间进行射击，因此被对手战车和步兵发现后通常具备躲避的时间，而被对手坦克发现后通常会直接受到火力打击。因此，对手坦克对己方的威胁度最大，通常将其作为重点考虑对象。

5）收益计算

用 $(x_1, x_2, \cdots, x_j)$ 表示棋子到达目标点位过程中经过的点位序列，考虑到在实际机动过程中也可能发生交火的情况，因此在计算目标点位收益时，需要将机动路径上所有经过点位的收益进行累加。针对射击效果随机裁决问题，在计算射击收益时使用确定值代替随机裁决结果。

通过上述方法将"庙算"陆战问题简化后，得到单个棋子阶段任务目标点位决策的正则式博弈模型 $\langle N, (A_i)_{i \in N}, (R_i)_{i \in N} \rangle$。参与者集合 N 包含当前需要决策的己方棋子和对棋子任务执行造成影响的对手棋子（当涉及多个对手棋子时，视所有对手棋子为一个参与者）。$(A_i)_{i \in N}$ 对应双方任务候选目标的点位集合（对手有多个棋子时目标点位合并处理），红方候选点位集合和蓝方候选点位集合分别用 $A_R = \{x_{R,1}, x_{R,2}, \cdots, x_{R,N1}\}$ 和 $A_B = \{x_{B,1}, x_{B,2}, \cdots, x_{B,N2}\}$ 表示。当红蓝双方选取目标点位分别为 x_1、x_2 时，红蓝双方棋子对应的收益值 $R_R(x_1, x_2)$、$R_B(x_1, x_2)$ 可通过红方棋子从其当前点位机动到点位 x_1 和对手从其当前点位机动到点位 x_2 的路径计算，$R_R(x_1, x_2)$、$R_B(x_1, x_2)$ 之和为零，即 $R_B(x_1, x_2) = -R_R(x_1, x_2)$，为零和博弈问题。通过求解零和博弈问题的均衡解，得到各个候选目标点位的选择概率，依据该概率（混合策略）获得目标点位。

9.3.3　收益值计算与混合策略求解

高层动作/任务的目标点位选择有两类约束：①点位可达性，推演过程是高度动态的，棋子的阶段任务是根据当前态势选择的，通常只在一段时间内有效，如果在有限时间内无法安全到达，或者到达后的态势变化导致任务无法执行，那么此类点位不应作为候选目标点，因此它影响候选点位集合；②任务完成度，在每一个候选点位，由于该目标点位坐标、高程等不同，到达后获得的效果通常不同，本章对效果进行度量并将其称为收益，它影响候选点位的选择概率。在地图中多数点位是不能满足目标点位可达性要求的，属于严格劣势策略，不能作为候选点位。因此，这里根据目标点位可达性，得到红蓝双方候选点位集合，再通过建立收益矩阵进行混合策略求解。

下面以开局时(即部署阶段)红方棋子的目标点位选择为例，给出候选目标点位集合的确定方法以及各个目标点位下收益的计算方法。图 9.3 给出了开局时的简化场景，六角格不同的背景颜色代表点位具有不同的高程，白色背景点位高程最低，由浅到深 3 种灰度对应的高程比为 1∶2∶3。三角小旗所在点位为主要夺控点，同时对应着双方执行夺控任务的目标点位。R 点位和 B 点位分别代表红方和蓝方所有棋子的起始位置。正方形代表红方战车兵力投送任务的一个候选目标点位，横线阴影区域代表能够通视该投送点位的点位集合。菱形代表红方无人车侦察任务的一个候选目标点位。空心三角形代表红方坦克射击任务的一个候选目标点位。实心三角形代表蓝方坦克实施射击任务的一个候选目标点位。虚线代表双方棋子到达目标点位的机动路径。点线代表棋子之间的观察通路。

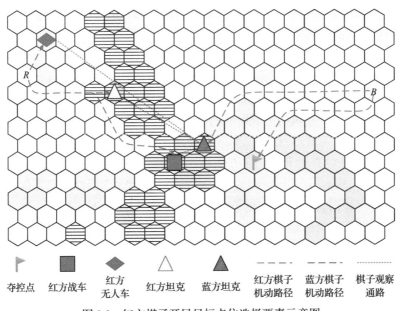

| 夺控点 | 红方战车 | 红方无人车 | 红方坦克 | 蓝方坦克 | 红方棋子机动路径 | 蓝方棋子机动路径 | 棋子观察通路 |

图 9.3　红方棋子开局目标点位选择要素示意图

下面是部署阶段兵力投送任务 $M_{U,T}$、侦察任务 $M_{U,I}$ 和攻击任务 $M_{U,S}$ 等情况下候选点位集合和任务收益值的计算方法。对于交火阶段的躲避任务 $M_{U,H}$，其计算方法可参考兵力投送任务。对于夺控阶段的夺控任务 $M_{U,C}$，其目标点是明确的，只是单纯的路径规划问题。

1. 兵力投送任务

红方战车开局需要执行兵力投送任务，其目标是将己方步兵运送到能够执行夺控任务的点位。执行时需要根据自身和步兵的机动速度选择距离夺控点较近的点位，同时避免被对手打击。红方战车兵力投送期间，通常蓝方战车也处于兵力投送阶段，并且其不具备行进间射击能力，因此只需重点考虑蓝方坦克对红方战车兵力投送任务的威胁情况。因为战车在机动和棋子下车期间不具备射击能力，所以只需考虑对手坦克对己方战车的射击情况，不考虑己方战车对对手的射击情况。

用 $\text{see}(x_1, x_2)$ 表示点位 x_1 对 x_2 的通视情况，能通视则 $\text{see}(x_1, x_2)=1$，否则 $\text{see}(x_1, x_2)=0$。对于任意点位 x_n，可构成威胁的点位集合表示为 $\{x \mid \text{see}(x, x_n)=1\}$，图9.3中横线阴影区域给出的是能够对图示的战车投送点位构成威胁的点位集合。用 $x_{R,t}$ 表示红方战车当前点位，$x_{B,t}$ 表示蓝方坦克当前点位，x_{main} 表示主要夺控点。$\text{time}(x_1, x_2, \text{mod})$ 表示从 x_1 机动到 x_2 需要的时间，其中 mod 表示机动方式，mod 值为 0 表示车辆机动，mod 值为 1 表示步兵机动。用 $\text{time}_{\text{stop}}$ 表示棋子从机动状态转到停止状态需要的时间，$\text{time}_{\text{down}}$ 表示棋子下车需要的时间。对于红方战车执行兵力投送任务，目标是将步兵运输到能完成后续夺控任务的点位，必须确保步兵下车后能够在比赛时间内到达夺控点，因此红方战车候选点位(动作)集合 $A_{R,T}$ 可表示为

$$A_{R,T} = \{x \mid \text{time}(x_{R,t}, x, 0) + \text{time}_{\text{stop}} + \text{time}_{\text{down}} + \text{time}(x, x_{\text{main}}, 1) < t_{\max}\} \quad (9.1)$$

蓝方坦克候选点位(动作)集合取能影响到红方兵力投送任务的点位，即能够射击到投送目标点位红方战车的点位集合，表示为

$$A_{B,T} = \{x \mid \text{see}(x, x_n)=1, x_n \in A_{R,T}\} \quad (9.2)$$

对于兵力投送任务 $M_{U,T}$，其完成效果 $R_{U,T}$ 是根据被对手打击的情况评价的。假设 x_1 为红方战车到达目标点位机动路径上的一个点位，并设红方战车经过点位 x_1 后下一个到达点位为 x_1'，x_2 为蓝方坦克机动路径上的一个点位，在红蓝双方分别经过这两个点位时，红方战车得到的收益为

$$r_{R,T,-}(x_1, x_2) = -\text{level}_{B,\text{tank}}(x_2, x_1) \cdot \text{see}(x_2, x_1) \cdot \text{is}(\text{time}(x_{R,t}, x_1', 0) > \text{time}(x_{B,t}, x_2, 0))$$

$$(9.3)$$

式中，$\text{level}_{B,\text{tank}}$ 表示蓝方坦克在 x_2 点时对 x_1 点战车的攻击等级，由推演规则得到；is 为条件判断函数，满足条件取 1，否则取 0。式(9.3)的含义为：对于红方战车经过的点位 x_1 和蓝方坦克经过的点位 x_2，如果蓝方坦克能够在红方战车通过 x_1 前到达 x_2，并且满足观察和射击条件，那么红方战车得到与蓝方坦克攻击等级成正比的负收益。

用 $\text{route}(x_1, x_2, \text{mod})$ 表示从点位 x_1 机动到点位 x_2 的机动路径(使用路径规划

算法得到)，其中 mod 表示机动方式，mod 值为 0 表示车辆机动，mod 值为 1 表示步兵机动。假设红方战车选择目标点位 $x_{R,n1}$，蓝方坦克选择目标点位 $x_{B,n2}$，则收益矩阵中对应红方收益值为红方战车到达 $x_{R,n1}$ 路径上所有点位与蓝方坦克到达 $x_{B,n2}$ 路径上所有点位对应收益的累加，表示为

$$
\begin{aligned}
R_{R,T}(x_{R,n1}, x_{B,n2}) &= \sum_{x_1 \in \text{route}(x_{R,t}, x_{R,n1}, 0)} \sum_{x_2 \in \text{route}(x_{B,t}, x_{B,n2}, 0)} r_{R,T,-}(x_1, x_2) \\
&= \sum_{x_1 \in \text{route}(x_{R,t}, x_{R,n1}, 0), x_2 \in \text{route}(x_{B,t}, x_{B,n2}, 0)} r_{R,T,-}(x_1, x_2)
\end{aligned}
\tag{9.4}
$$

使用式 (9.4) 对红方动作集合 $A_{R,T}$ 和蓝方动作集合 $A_{B,T}$ 中的所有点位求解收益值，即可得到收益矩阵。

2. 侦察任务

对于红方无人车开局，主要执行侦察任务 $M_{U,I}$，其目标是在对手实施夺控或打击到红方战车等单位之前，完成侦察和引导射击任务，同时避免被对手打击。红方无人车开局执行侦察任务期间，通常蓝方战车执行兵力投送任务，蓝方坦克执行夺控或攻击任务，由于蓝方战车兵力投送和坦克夺控的目标点位都是夺控点，本节进行合并处理，只考虑蓝方坦克夺控和攻击两种情况。无人车在到达侦察点位后能够通过射击或引导射击杀伤对手，因此在计算红方无人车被蓝方坦克射击带来的负收益的同时，还需要考虑红方无人车到达目标点位后通过对蓝方坦克进行射击和引导射击带来的正收益。

无人车在停止状态下才能执行射击和引导射击动作，因此红方无人车需要在蓝方坦克夺控或能够打击到红方战车之前到达侦察点位并停车，完成引导射击准备。用 $x_{R,t}$ 表示红方无人车当前所在点位，用 $x_{B,t}$ 表示蓝方坦克当前所在点位，蓝方坦克夺控目标点位为 x_{main}。用 x_{chariot} 表示红方战车已选择的兵力投送目标点位，能够打击到红方战车的目标点位集合可表示为 $\{x \mid \text{see}(x, x_{\text{chariot}})=1\}$，蓝方坦克候选点位集合 $A_{B,I}$ 表示为

$$
A_{B,I} = \{x_{\text{main}}\} \cup \{x \mid \text{see}(x, x_{\text{chariot}})=1\}
\tag{9.5}
$$

对应得到红方无人车侦察任务候选目标点位集合 $A_{R,I}$，可表示为

$$
A_{R,I} = \{x \mid \text{time}(x_{R,t}, x, 0) + \text{time}_{\text{stop}} < \min_{\forall x_i \in \left(\{x_{\text{main}}\} \cup \{x \mid \text{see}(x, x_{\text{chariot}})=1\}\right)} \text{time}(x_{B,t}, x_i, 0)\}
\tag{9.6}
$$

对于侦察任务 $M_{U,I}$，其完成效果 $R_{U,I}$ 是根据完成射击、引导射击情况和被对手打击情况评价的。假设 x_1 为红方无人车机动路径上的一个点位，红方无人车经

过点位 x_1 后到达点位为 x_1' ，x_2 为蓝方坦克机动路径上的一个点位。在红蓝双方分别经过这两个点位时，红方无人车被蓝方坦克射击得到的收益计算公式与战车投送过程中被射击得到的收益计算公式相同，参照式(9.3)可得到收益计算公式为

$$r_{R,I,-}(x_1,x_2) = -\text{level}_{B,\text{tank}}(x_2,x_1) \cdot \text{see}(x_2,x_1) \cdot \text{is}(\text{time}(x_{R,t},x_1',0) > \text{time}(x_{B,t},x_2,0))$$

(9.7)

用 $x_{R,n1}$ 表示红方无人车候选目标点位中的一个，x_2 为蓝方坦克机动路径上的一个点位，红方无人车到达目标点位后对蓝方坦克通视并进行引导射击得到的收益为

$$\begin{aligned} r_{R,I,+}(x_{R,n1},x_2) = {} & \text{level}_{R,\text{chariot}}(x_{\text{chariot}},x_2) \cdot \text{see}(x_{R,n1},x_2) \\ & \cdot \text{is}(\text{time}(x_{R,t},x_{R,n1},0) + \text{time}_{\text{stop}} < \text{time}(x_{B,t},x_2,0)) \\ & \cdot \text{is}(\text{time}(x_{R,t,\text{chariot}},x_{\text{chariot}},0) + \text{time}_{\text{stop}} + \text{time}_{\text{down}} < \text{time}(x_{B,t},x_2,0)) \end{aligned}$$

(9.8)

式中，$\text{level}_{R,\text{chariot}}$ 表示红方战车在 x_{chariot} 点位时对 x_2 点位蓝方坦克的攻击等级，由推演规则得到。式(9.8)的含义为：当红方无人车选择机动到目标点位 $x_{R,n1}$ 进行侦察和引导射击时，对于蓝方坦克经过的点位 x_2 ，如果红方战车和无人战车能够在蓝方坦克到达 x_2 之前做好引导射击准备，并且满足观察和引导射击条件，那么得到与引导射击攻击等级成正比的收益。假设蓝方选择目标点位 $x_{B,n2}$ ，则收益矩阵中对应红方收益值为

$$\begin{aligned} R_{R,I}(x_{R,n1},x_{B,n2}) = {} & \sum_{x_1 \in \text{route}(x_{R,t},x_{R,n1},0), x_2 \in \text{route}(x_{B,t},x_{B,n2},0)} r_{R,I,-}(x_1,x_2) \\ & + \sum_{x_2 \in \text{route}(x_{B,t},x_{B,n2},0)} r_{R,I,+}(x_{R,n1},x_2) \end{aligned}$$

(9.9)

使用式(9.9)对红方动作集合 $A_{R,I}$ 和蓝方动作集合 $A_{B,I}$ 中的所有点位求解收益值，即可得到收益矩阵。

3. 攻击任务

对于红方坦克开局，主要执行攻击任务，对蓝方实施夺控或打击红方战车的单位进行攻击。与红方无人车相同，这里只考虑蓝方坦克夺控和攻击两种情况。红方坦克具有行进间射击能力，因此在考虑红方坦克被蓝方坦克射击情况的同时，还需要考虑红方坦克对蓝方坦克的射击情况。

红方坦克在停止状态下才能执行导弹射击动作，取得相对蓝方的优势，因此红方坦克要在蓝方坦克夺控或到达红方坦克导弹射程范围前停车，完成射击准备。用 $x_{R,t}$ 表示红方坦克当前所在点位，用 $x_{B,t}$ 表示蓝方坦克当前所在点位，蓝方坦

克夺控目标点位为 x_{main}。蓝方坦克候选点位集合 $A_{B,S}$ 仍然为能打击到红方战车的点位以及主要夺控点，即

$$A_{B,S} = \{x_{\text{main}}\} \cup \{x \mid \text{see}(x, x_{\text{chariot}})=1\} \tag{9.10}$$

在庙算平台兵棋中导弹射击距离为 20，用 $\text{dist}(x_1, x_2)$ 表示点位 x_1 和 x_2 的距离，$\text{speed}(\text{mod})$ 表示机动速度，其中 mod 表示机动方式，mod 值为 0 表示车辆机动，mod 值为 1 表示步兵机动。该问题为一个红蓝双方坦克相遇问题，红方坦克攻击任务候选目标点位集合 $A_{R,S}$ 为双方距离大于 20 前的点位，表示为

$$A_{R,S} = \{x \mid \text{dist}(x_{R,t}, x) < 0.5(\text{dist}(x_{R,t}, x_{B,t}) - \text{time}_{\text{stop}} / \text{speed}(0) - 20)\} \tag{9.11}$$

对于攻击任务 $M_{U,S}$，其完成效果 $R_{U,S}$ 是根据对对手打击情况和被对手打击情况评价的。假设 x_1 为红方坦克机动路径上的一个点位，红方坦克经过点位 x_1 后到达点位 x_1'，x_2 为蓝方坦克机动路径上的一个点位。在红蓝双方分别经过这两个点位时，红方坦克被蓝方坦克射击得到的收益计算公式与战车机动投送过程中被射击得到的收益计算公式相同，参照式(9.3)可得到收益计算公式为

$$r_{R,S,-}(x_1, x_2) = -\text{level}_{B,\text{tank}}(x_2, x_1) \cdot \text{see}(x_2, x_1) \cdot \text{is}(\text{time}(x_{R,t}, x_1', 0) > \text{time}(x_{B,t}, x_2, 0)) \tag{9.12}$$

同样，可得到红方坦克行进间实施射击动作的收益计算公式为

$$r_{R,S,+}(x_1, x_2) = \text{level}_{R,\text{tank}}(x_1, x_2) \cdot \text{see}(x_1, x_2) \cdot \text{is}(\text{time}(x_{R,t}, x_1', 0) > \text{time}(x_{B,t}, x_2, 0)) \tag{9.13}$$

式中，$\text{level}_{R,\text{tank}}(x_1, x_2)$ 的值为行进间直瞄射击的攻击等级。假设红方坦克选择目标点位 $x_{R,n1}$，当红方坦克到达目标点位 $x_{R,n1}$ 并停止时，实施射击动作的收益计算公式为

$$\begin{aligned} r'_{R,S,+}(x_{R,n1}, x_2) = &\text{level}'_{R,\text{tank}}(x_{R,n1}, x_2) \cdot \text{see}(x_{R,n1}, x_1) \\ &\cdot \text{is}(\text{time}(x_{R,t}, x_{n1}, 0) + \text{time}_{\text{stop}} < \text{time}(x_{B,t}, x_2, 0)) \end{aligned} \tag{9.14}$$

红方坦克在停止时可以进行车载导弹射击，$\text{level}'_{R,\text{tank}}(x_{R,n1}, x_2)$ 取直瞄射击和导弹射击攻击等级中最大的一个。

假设蓝方坦克选择目标点位 $x_{B,n2}$，则收益矩阵中对应红方收益值为红方坦克到达 $x_{R,n1}$ 路径上所有点位与蓝方坦克到达 $x_{B,n2}$ 路径上所有点位对应收益的累加，

表示为

$$R_{R,S}(x_{R,n1},x_{B,n2}) = \sum_{x_1 \in \text{route}(x_{R,t},x_{R,n1},0),x_2 \in \text{route}(x_{B,t},x_{B,n2},0)} [r_{R,S,-}(x_1,x_2) + r_{R,S,+}(x_1,x_2)]$$
$$+ \sum_{x_2 \in \text{route}(x_{B,t},x_{B,n2},0)} r'_{R,S,+}(x_{R,n1},x_2)$$

(9.15)

使用式(9.15)对红方动作集合 $A_{R,S}$ 和蓝方动作集合 $A_{B,S}$ 中的所有点位求解收益值，即可得到收益矩阵。

通过上述方法得到的收益矩阵中存在己方可选动作和对方可选动作收益全为负值或者全部低于其他点位的情况，这些可选动作是严格劣势策略。可使用帕累托前沿求解的方法进一步压缩候选目标点位集合，其计算流程如算法 9.1 所示。

算法 9.1　基于帕累托前沿求解的目标候选集合压缩算法

输入：红方候选点位集合 $A_R = \{x_{R,1}, x_{R,2}, \cdots, x_{R,N1}\}$

　　　蓝方候选点位集合 $A_B = \{x_{B,1}, x_{B,2}, \cdots, x_{B,N2}\}$

　　　红方收益值函数 R_R

输出：优选候选点位集合 $A_{R,\text{target}}$

过程：

1　初始化 $A_{R,\text{target}} = \{x_{R,1}\}$

2　for $i = 2$ 到 N_1

3　　　for all $x^* \in A_{R,\text{target}}$

4　　　　　if $\forall x_{B,j} \in A_B, R_R(x_{R,i},x_{B,j}) > R_R(x^*,x_{B,j})$

5　　　　　　　将 x^* 从 $A_{R,\text{target}}$ 中剔除

6　　　　　end if

7　　　　　if $\forall x_{B,j} \in A_B, R_R(x_{R,i},x_{B,j}) < R_R(x^*,x_{B,j})$

8　　　　　　　break

9　　　　　end if

10　　　end for

11 end for

对于对手可选动作集合，可使用同样的方式进行压缩。如此往复剔除己方和对手的严格劣势策略。通过上述方法剔除的候选目标点位的选择概率为 0，剩余的目标点位选择概率通过最终得到的收益矩阵求解，用 $p(x_{R,i})$ 表示任意点位 $x_{R,i}$ 的选择概率，可使用 4.1.3 节中的线性规划法求解动作概率值。目标点位选择的混合策略均衡解记为 $\pi(s_t) = (p(x_{R,1}), \cdots, p(x_{R,i}), \cdots, p(x_{R,N1}))$。

9.4　目标点位选择策略的博弈学习

9.4.1　博弈学习架构设计

在基于先验知识的目标点位选择初始策略构建过程中，对问题进行了抽象和简化，其最终得到的策略难免会受到人类主观经验的影响，主要体现在以下三个方面：

(1)博弈模型受到符号知识表征能力的限制。陆战对抗问题的状态空间非常复杂，要给出每种状态下棋子对应的目标点位选择策略，使用传统基于符号知识的博弈模型进行表征显然是不现实的，而使用抽象简化后的模型进行策略求解会存在偏差，并且其只能迁移到相似的场景中。

(2)容易受到人类专家知识局限性的影响。针对陆战对抗问题的复杂性，在使用传统博弈方法求解的过程中基于先验知识对决策间隔、可选动作、对手动作、收益计算等进行了简化，其中对抗双方动作空间、收益值计算等都会受到人类主观经验的影响，最终得到的策略也会偏离最优策略。

(3)策略后期调整优化困难。传统基于知识驱动的方法，智能体的策略是通过符号知识进行表征的，通常依赖专家知识工程，建模过程和后期改进需要手工实现，其工作量巨大。

因此，基于先验知识策略构建方法容易受到基于知识驱动建模方法的限制，最终得到的智能体策略并不是最优策略。要突破传统基于知识驱动的智能体策略的局限性，达到或超越人类水平，就必须使智能体具备主动探索和自主学习能力。本节利用数据驱动的方法对目标点位混合策略进行优化。

(1)针对地图特征和目标点位候选集合大小一致的特点，使用卷积神经网络结构，通过融入兵棋棋子与地图特征构建二维易"感知"的输入和完备的目标点位动作输出。

(2)针对复杂环境中强化学习算法冷启动的问题，使用模仿学习算法从现有的专家示例数据中学习，使神经网络表示的函数逼近人类策略，大大压缩了强化学习前期智能体探索的时间，避免了复杂状态下强化学习前期大量的探索。

(3)针对强化学习算法难以保证收敛到策略均衡的问题，利用博弈学习算法将强化学习的自主探索和优化机制用于博弈策略演化过程，使用博弈理论约束强化学习中智能体策略优化的方向，进一步优化智能体策略，求解混合策略均衡。

图 9.4 为基于数据驱动的智能体策略博弈学习架构。智能体的学习器包括模仿学习和博弈强化学习两个阶段。先使用模仿学习直接克隆基于先验收益的智能

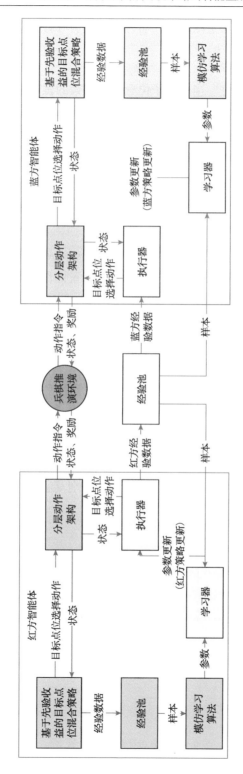

图9.4　基于数据驱动的智能体策略博弈学习架构

体策略，再使用强化学习和正则化纳什动力学博弈学习对策略进行迭代优化。

9.4.2　神经网络结构设计

　　神经网络根据地图信息、当前棋子位置、待决策的棋子及其要执行的阶段任务等输出状态价值和阶段任务对应的目标点位来选择策略。在陆战对抗中，当需要对某个棋子目标点位进行决策时，其输入信息为当前态势和当前需要决策的对象信息，将观察到的态势编码为张量，将地图基本信息、己方棋子信息、对手棋子信息等编码用来表征观察态势，对于当前需要决策的棋子，区分不同的类型进行表征。输出信息为单棋子的目标点位选择概率和态势对应的状态价值估计。

　　1. 状态表征

　　智能体根据阶段任务将庙算平台的态势数据转换成力量编组的态势表征张量，本章的想定仅对应一个力量编组。态势表征张量体现出地图地形信息、作战目标信息、己方编组协同信息、对手信息、本次决策的棋子信息，如图 9.5 所示。每组信息用若干矩阵描述，矩阵尺寸均为地图六角格的纵横编号数。首先，地图地形信息包括 8 个矩阵。将地图高程归一化得到第一个矩阵；将居民地、丛林地等具有遮蔽效果的地点编码为 1、其他编码为 0 得到第二个矩阵；道路、河流、路障等地形因素影响机动速度，将它们统一编码为 6 个矩阵，分别对应从某个矩阵元素点位出发沿着 6 个方向的机动速度。在庙算平台中，作战目标指夺控点，将夺控点标识为 1、周边 6 个控守点标识为 0.5、其他非夺控点标识为 0，得到本编组的作战目标信息矩阵，为一个矩阵。己方编组协同信息按棋子类型进行编码，设己方棋子类型数为 num_1，则有 num_1×2 个矩阵。每个类型有 2 个矩阵，第 1 个矩阵是用于描述本编组中需要协同考虑的棋子，则其所在位置用兵力值(血量)

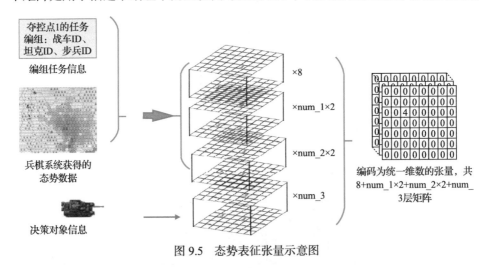

图 9.5　态势表征张量示意图

来标注，由此得到第一个矩阵；第二个矩阵用来记录上述棋子到达本阶段部署点位将要走的路径，即经过的位置矩阵值都为 1，没有经过的位置矩阵值为 0。这样，在编码己方编组信息时就同步体现了协同信息，也就是说需要协同考虑的本编组棋子才进行非 0 编码，否则均为 0。

对手信息同样需要对手棋子类型数 num_2×2 个矩阵来表达，其中 num_2 为对手棋子类型数。每类棋子需要 2 个矩阵，第一个矩阵用于描述对手最近观察到的位置和兵力值，第二个矩阵用于描述可能的位置。通过最后一次观察到的位置、距离当前的时间间隔和机动速度计算得到，也就是说，第二个矩阵采用对手位置推理。

另外，对于己方棋子，巡飞弹、无人机等类型棋子比较特殊，不需要用神经网络决策。其余需要神经网络决策的棋子类型数记为 num_3，决策对象信息也需要 num_3 个矩阵来表达。不同矩阵用于区别要决策的棋子类型，其所在位置用兵力值来标识，其他位置均赋值为 0。

2. 神经网络设计

根据对抗态势特点，神经网络结构如图 9.6 所示，每次输出一个己方棋子部署在全地图各个点位的概率，以及在当前状态下采用这种部署的价值(状态价值函数)。其中，卷积层 1 和卷积层 2 主要用于对多通道特征进行合并，其卷积核大小为 3×3，步长为 1，输出通道数为 1。归一化指数层用于对各个点位

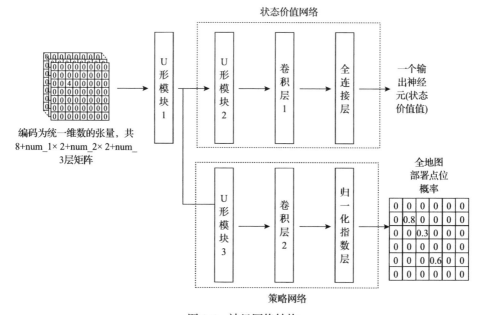

图 9.6   神经网络结构

的选择概率进行 Softmax 归一化处理。U 形模块用于对态势图进行特征提取，并映射为与地图输入通道相同大小的输出值。为降低神经网络的复杂度，策略网络和状态价值函数网络共同使用一个复杂度较高的 U 形模块来对态势信息进行处理。U 形模块的结构如图 9.7 所示，其中反卷积用于将特征还原至地图大小，残差用于解决梯度消失和爆炸问题。3 个 U 形模块的具体参数如表 9.4 所示。

3. 神经网络参数模仿学习

红蓝双方神经网络的参数优化分为模仿学习阶段和博弈学习阶段，本节先介绍策略网络模仿学习的参数更新方法。

由 9.3.3 节计算出候选目标点位集中各个点位选择概率，非候选目标点位的选择概率一律认为是 0。由此，得到初始选择策略，并将其称为专家策略，记为 π_E。策略网络输出各个点位的选择概率，将其称为智能体策略，记为 π_θ。

智能体策略与专家策略的拟合程度可通过 KL 散度进行衡量。D 为使用策略 π_E 进行推演得到的示教数据集。策略网络参数的优化目标为

$$\min D_{\mathrm{KL}}(\pi_E \| \pi) = \min\left\{\sum_{(o_t,a_t)\in D}\left[\pi_E(a_t\,|\,o_t)\log\left(\frac{\pi_E(a_t\,|\,o_t)}{\pi_\theta(a_t\,|\,o_t)}\right)\right]\right\}$$

$$= \min\left\{\sum_{(o_t,a_t)\in D}[\pi_E(a_t\,|\,o_t)\log(\pi_E(a_t\,|\,o_t))] - \sum_{(o_t,a_t)\in D}[\pi_E(a_t\,|\,o_t)\log(\pi_\theta(a_t\,|\,o_t))]\right\}$$

$$(9.16)$$

在 π_E 不变的情况下，式 (9.16) 中 $\pi_E(a_t\,|\,o_t)\log(\pi_E(a_t\,|\,o_t))$ 的值是确定的，因此实际优化过程中只考虑 $\pi_E(a_t\,|\,o_t)\log(\pi_E(a_t\,|\,o_t))$ 部分，得到的优化目标函数为

$$l_\theta = -\sum_{(o_t,a_t)\in D}[\pi_E(a_t\,|\,o_t)\log(\pi_\theta(a_t\,|\,o_t))] \tag{9.17}$$

在实际计算中，对于任意观察状态 $o_t \in D$，应使用所有动作对应的动作概率进行参数优化，即

$$l_{\pi_\theta} = -\sum_{(o_t,a_t)\in D}\sum_{a\in A}[\pi_E(a\,|\,o_t)\log(\pi_\theta(a\,|\,o_t))] \tag{9.18}$$

用 B 表示单次优化使用的样本集大小，单次优化策略网络部分的目标函数为

$$l_{\pi_\theta} = -\frac{1}{B}\sum_{n=1}^{B}\sum_{a\in A}[\pi_E(a\,|\,o_n)\log(\pi_\theta(a\,|\,o_n))] \tag{9.19}$$

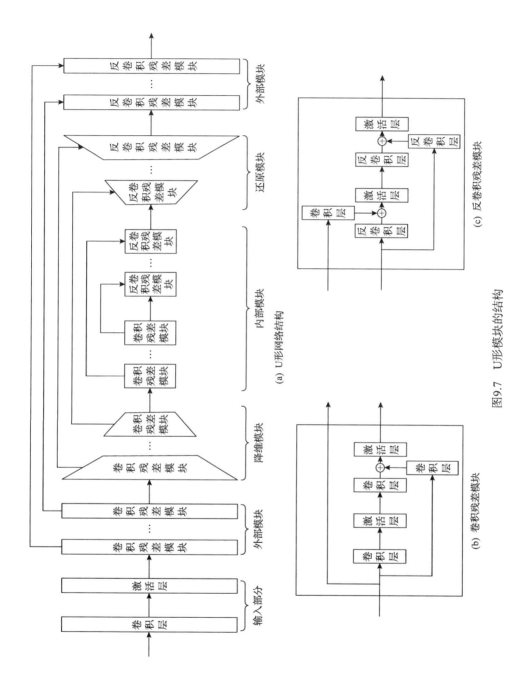

图 9.7 U 形模块的结构

表 9.4　神经网络 U 形模块参数表

模块类型	位置	U 形模块 1	U 形模块 2	U 形模块 3
卷积层	输入部分	$[3\times 3, 64, \text{stride } 1]\times 1$	$[3\times 3, 64, \text{stride } 1]\times 1$	$[3\times 3, 64, \text{stride } 1]\times 1$
卷积残差模块	外部模块	$\begin{bmatrix} 3\times 3, 32, \text{stride } 1 \\ 3\times 3, 64, \text{stride } 1 \end{bmatrix}\times 2$	—	$\begin{bmatrix} 3\times 3, 32, \text{stride } 1 \\ 3\times 3, 64, \text{stride } 1 \end{bmatrix}\times 1$
	降维模块	$\begin{bmatrix} 3\times 3, 32, \text{stride } 2 \\ 3\times 3, 64, \text{stride } 1 \end{bmatrix}\times 3$	$\begin{bmatrix} 3\times 3, 32, \text{stride } 2 \\ 3\times 3, 64, \text{stride } 1 \end{bmatrix}\times 3$	$\begin{bmatrix} 3\times 3, 32, \text{stride } 2 \\ 3\times 3, 64, \text{stride } 1 \end{bmatrix}\times 3$
	内部模块	$\begin{bmatrix} 3\times 3, 64, \text{stride } 1 \\ 3\times 3, 128, \text{stride } 1 \end{bmatrix}\times 2$	—	—
反卷积残差模块	内部模块	$\begin{bmatrix} 3\times 3, 64, \text{stride } 1 \\ 3\times 3, 128, \text{stride } 1 \end{bmatrix}\times 2$	—	—
	还原模块	$\begin{bmatrix} 3\times 3, 32, \text{stride } 2 \\ 3\times 3, 64, \text{stride } 1 \end{bmatrix}\times 3$	$\begin{bmatrix} 3\times 3, 32, \text{stride } 2 \\ 3\times 3, 64, \text{stride } 1 \end{bmatrix}\times 3$	$\begin{bmatrix} 3\times 3, 32, \text{stride } 2 \\ 3\times 3, 64, \text{stride } 1 \end{bmatrix}\times 3$
	外部模块	$\begin{bmatrix} 3\times 3, 32, \text{stride } 1 \\ 3\times 3, 64, \text{stride } 1 \end{bmatrix}\times 2$	—	$\begin{bmatrix} 3\times 3, 32, \text{stride } 1 \\ 3\times 3, 64, \text{stride } 1 \end{bmatrix}\times 1$

设参数学习率为 η，则策略网络参数的更新公式为

$$\theta = \theta - \eta \nabla l_{\pi_\theta} \tag{9.20}$$

9.4.3　神经网络参数博弈学习

在博弈学习阶段使用神经网络虚拟自我博弈的方法，红蓝双方智能体策略进行同步学习，每次迭代优化都使用正则化纳什动力学 (regularized Nash dynamics, R-NaD) 进行神经网络参数的更新。

1. 正则化纳什动力学

正则化纳什动力学已经被应用在西洋陆军棋智能决策中 (Perolat et al., 2022)。本节使用 R-NaD 方法进行策略网络和状态价值函数网络的优化。正则化纳什动力学将奖励函数进行正则化，并使用复制器动力学方法进行策略网络参数的更新。

首先，在正则化纳什动力学方法中，对奖励值进行正则化变换。对于零和博弈的参与者 i，其基于正则化变换的奖励函数可表示为

$$r^i(\pi^i, \pi^{-i}, a^i, a^{-i}) = r^i(a^i, a^{-i}) - \zeta \log\left(\frac{\pi^i(a^i)}{\pi^i_{\text{reg}}(a^i)}\right) + \zeta \log\left(\frac{\pi^{-i}(a^{-i})}{\pi^{-i}_{\text{reg}}(a^{-i})}\right) \tag{9.21}$$

式中，π^i 为参与者 i 当前正在优化的策略；$\pi^i(a^i)$ 为此策略下参与者 i 动作 a^i 的概率值；π^i_{reg} 为对应其上一轮迭代收敛到的策略；π^{-i} 为当前参与者 i 对手正在优化的策略；π^{-i}_{reg} 为对应其上一轮迭代收敛到的策略；a^i 和 a^{-i} 分别为当前参与者 i 及其对手采取的动作；$r^i(a^i,a^{-i})$ 为对应此时直接从系统得到的奖励反馈；ζ 为大于 0 的超参数，ζ 值越大，单次迭代时策略收敛到不动点 π^i_{fix} 的速度越快，但是收敛后得到的策略 π^i_{fix} 与 π^i_{reg} 相比变化越小，但总体需要迭代的次数越多。

　　正则化纳什动力学方法使用复制器动力学进行策略的迭代和更新。参与者 i 取某个动作 a^i 的概率 $\pi^i_\theta(a^i)$ 的变化量：

$$\dot{\pi}^i_\theta(a^i) = \pi^i_\theta(a^i)[Q^i_{\pi_\theta}(a^i) - \bar{Q}^i_{\pi_\theta}] \tag{9.22}$$

式中，θ 表示其策略参数；$Q^i_{\pi_\theta}(a^i)$ 表示参与者 i 采取动作 a^i 的奖励（相当于强化学习中状态动作价值函数），计算公式为

$$Q^i_{\pi_\theta}(a^i) = E_{a^{-i} \sim \pi^{-i}_\theta}[r^i(\pi^i,\pi^{-i},a^i,a^{-i})] \tag{9.23}$$

$\bar{Q}^i_{\pi_\theta}$ 表示所有可选动作的平均奖励，其计算公式为

$$\bar{Q}^i_{\pi_\theta} = \sum_{a^i \in A^i} \pi^i_\theta(a^i)Q^i_{\pi_\theta}(a^i) \tag{9.24}$$

式中，A^i 表示参与者 i 的可选动作集合。式 (9.24) 的含义为：在策略迭代过程中提高奖励大于平均奖励的动作的概率，降低奖励小于平均奖励的动作的概率，某一动作概率调整幅度正比于该动作的奖励与平均奖励的差。

　　目前，一般通过深层神经网络输出值得到策略 $\pi^i_\theta(a^i)$，复制器动力学对应的式 (9.22) 需要调整为神经网络参数 θ 的更新公式 (9.25)，也称为神经复制器动力学 (Hennes et al., 2020)。

$$\theta_t = \theta_{t-1} - \eta_t \sum_{a^i \in A^i} \nabla_\theta - y(a^i;\theta_{t-1})(Q^i_{\pi_\theta}(a^i) - \bar{Q}^i_{\pi_\theta}) \tag{9.25}$$

式中，$y(a^i;\theta_{t-1})$ 为策略 $\pi^i_\theta(a^i)$ 的 logit 函数，它与策略的关系如下：

$$\pi^i_\theta(a^i) = \frac{\exp(y(a^i;\theta))}{\sum\limits_{b \in A^i} \exp(y(b;\theta))} \tag{9.26}$$

$\nabla_\theta y(a^i;\theta_{t-1})$ 为策略 logit 函数对参数 θ 的梯度值（在 θ_{t-1} 值下）。

　　正则化纳什动力学方法的迭代算法如算法 9.2 所示。

算法 9.2　正则化纳什动力学方法的迭代算法

输入：博弈双方的动作空间

输出：博弈双方的策略 π^1、π^2

过程：

1　根据博弈双方的动作空间，随机初始化策略，记为 $\pi^1_{1,\mathrm{reg}}$、$\pi^2_{1,\mathrm{reg}}$

2　初始化轮数 $n=0$

3　repeat

4　　　$n=n+1$

5　　　令 $\pi^1=\pi^1_{n,\mathrm{reg}}$，$\pi^2=\pi^2_{n,\mathrm{reg}}$

6　　　基于 $\pi^1_{n,\mathrm{reg}}$、$\pi^2_{n,\mathrm{reg}}$ 使用式(9.21)对奖励进行正则化变换

7　　　使用式(9.25)的神经复制器动力学更新策略 π^1、π^2，直到其收敛，收敛后的策略记为 $\pi^1_{n,\mathrm{fix}}$、$\pi^2_{n,\mathrm{fix}}$

8　　　令 $\pi^1_{n+1,\mathrm{reg}}=\pi^1_{n,\mathrm{fix}}$，$\pi^2_{n+1,\mathrm{reg}}=\pi^2_{n,\mathrm{fix}}$

9　until $\pi^1_{n,\mathrm{fix}}$、$\pi^2_{n,\mathrm{fix}}$ 与 $\pi^1_{n,\mathrm{reg}}$、$\pi^2_{n,\mathrm{reg}}$ 非常相近

10　输出 π^1、π^2

2. 陆战对抗下的正则化奖励

对于陆战对抗问题，用 $\psi_t\in[1,2]$ 表示当前决策者，用 $\mu_t(\cdot)=\pi_\mathrm{T}(\cdot\,|\,o_t)$ 表示由策略网络输出的、在观察状态 o_t 下各个目标点位的选择概率，最终选择的阶段目标点位就是实施的动作 a_t，则轨迹可表示为 $T=[(o_t,a_t,r_t),\mu_t(.),\psi_t)]_{0\leqslant t<t_{\max}}$。$r_t$ 是单方奖励函数，对应本阶段实施后直到下一阶段开始前的累积交战已方战斗成果，因为是二人零和博弈问题，所以另一方奖励为 $-r_t$。

在迭代优化中，采用式(9.21)的方法修正奖励函数 r_t，将修正后的奖励函数记为 $r_{\pi_{\mathrm{reg}}}$。为增加策略更新的稳定性，在使用神经复制器动力学式(9.25)更新策略网络参数时，进一步采用如下的平滑奖励值：

$$\begin{cases} r_{\pi_{0,\mathrm{reg}}}=r_t \\ r_{\pi_{1,\mathrm{reg}}}=r_{\pi_{\mathrm{reg}}} \\ r_{\pi_{m,\mathrm{reg}}}=\alpha_m r_{\pi_{n,\mathrm{reg}}}+(1-\alpha_m)r_{\pi_{n-1,\mathrm{reg}}} \end{cases} \tag{9.27}$$

式中，$\alpha_m=\min\left(1,\dfrac{m}{M}\right)$，$m=1,2,\cdots,M$，$M$ 为正则化更新频率参数，它实现从一个正则化奖励 $r_{\pi_{n-1,\mathrm{reg}}}$ 向另一个正则化奖励 $r_{\pi_{n,\mathrm{reg}}}$ 的平滑过渡。

3. 状态价值函数计算和状态动作价值函数计算

用 $t_{\max}$ 表示最大阶段数，r_t 表示动作奖励，智能体进行一轮探索的轨迹可表示为 $T = [(o_t, a_t, r_t), \mu_t(.), \psi_t)]_{0 \leqslant t \leqslant t_{\max}}$。用 v_π 表示神经网络输出的状态价值函数，状态价值更新的目标函数可表示为

$$\hat{v}_\pi(o_t) = v_\pi(o_t) + \sum_{n=0}^{t_{\max}-t} [r_{t+n} + \gamma v_\pi(o_{t+n+1}) - v_\pi(o_{t+n})] \tag{9.28}$$

在深度强化学习中，由于当前正在优化的策略（目标网络）和探索样本使用的策略（训练网络）是不同的，所以使用目标网络策略 π 与轨迹 T 所示训练网络策略 π_T 的比值进行修正。同时为确保算法的收敛性，将价值函数变化值约束到一定的范围内，本章的取值范围为[0,1]。实际价值函数计算公式为

$$\hat{v}_\pi(o_t) = v_\pi(o_t) + \sum_{n=0}^{t_{\max}-t} \left[\min\left(1, \prod_{i=0}^{n} \frac{\pi(a_{t+n} \mid o_{t+n})}{\pi_T(a_{t+n} \mid o_{t+n})}\right) (r_{t+n} + \gamma v_\pi(o_{t+n+1}) - v_\pi(o_{t+n})) \right] \tag{9.29}$$

使用复制器动力学的策略进行优化，需要使用状态动作价值，在状态 o_t 下的任意状态动作价值为

$$\hat{Q}_\pi(a \mid o_t) = v_\pi(o_t) - \eta \log\left(\frac{\pi_{T,\theta}(a \mid o_t)}{\pi_{T,\text{reg}}(a \mid o_t)}\right) + \frac{I_{a=a_t}}{\mu_t(a_t)}\left[r_t + \eta \log\left(\frac{\pi_{T,\theta}(a_t \mid o_t)}{\pi_{T,\text{reg}}(a_t \mid o_t)}\right) \right.$$
$$\left. + \frac{\pi(a \mid o_t)}{\pi_{T,\theta}(a \mid o_t)}\hat{v}_\pi(o_{t+1}) - v_\pi(o_t) \right] \tag{9.30}$$

式中，$I_{a=a_t}$ 为判断函数；$a = a_t$ 为判断条件，当条件满足时，值为 1，否则值为 0。

4. 神经网络参数博弈学习

在博弈学习阶段，对神经网络策略部分使用神经网络复制器动力学中的计算方法，根据式(9.25)得到策略网络的优化目标，即基本的损失函数为

$$l_{\pi_\theta} = -\frac{1}{t_{\text{effect}}} \sum_{t=1}^{t_{\text{effect}}} \sum_{a \in A} [y_\theta(a \mid o_t)\hat{Q}_{\pi_\theta}(a \mid o_t)] \tag{9.31}$$

这里去掉了所有可选动作的平均奖励项 $\bar{Q}_{\pi_\theta}^i$，并不影响求解损失函数极值下的参数值。

　　为了确保优化过程的收敛性，在优化过程中给损失函数中的状态动作价值和策略优化梯度设置阈值。首先，状态动作价值阈值设置的形式为 $\mathrm{Clip}(\hat{Q}_{\pi_\theta}(a\,|\,o_t),c_{\mathrm{NeuRD}})$。其中，$c_{\mathrm{NeuRD}}$ 表示状态动作价值目标函数的阈值。

$$\mathrm{Clip}(\cdot,x)=\min(\max(\cdot,-x),x) \tag{9.32}$$

这样损失函数的计算公式为

$$l_{\pi_\theta}=-\frac{1}{t_{\mathrm{effect}}}\sum_{t=1}^{t_{\mathrm{effect}}}\sum_{a\in A}[y_\theta(a\,|\,o_t)\mathrm{Clip}(\hat{Q}_{\pi_\theta}(a\,|\,o_t),c_{\mathrm{NeuRD}})] \tag{9.33}$$

　　同时，还要将 $y_\theta(a\,|\,o_t)\hat{Q}_{\pi_T}(a\,|\,o_t)$ 的梯度值限制在 $[-\beta,\beta]$，从而控制整体调整的最大幅度。

　　对于神经网络中的状态价值函数部分，使用以下损失函数：

$$l_{\mathrm{critic}}=\sum_{i=1}^{2}\frac{1}{t_{\mathrm{effect}}}\sum_{t=0}^{t_{\mathrm{effect}}}\left\|v_\theta(o_t)-\hat{v}_t^i\right\| \tag{9.34}$$

　　考虑到上述两个损失函数为优化目标，为确保算法的稳定性，还要使单次参数更新梯度阈值为 c_{gradient}，最终神经网络更新梯度值为

$$\Lambda_\theta=\mathrm{Clip}(-\eta(\nabla l_{v_\theta}+\nabla l_{\pi_\theta}),c_{\mathrm{gradient}}) \tag{9.35}$$

式中，神经网络参数学习率为 η。

　　使用 5.2.4 节的 Adam 优化器进行参数优化，单次参数优化公式可表达为

$$\theta_{n+1}=\mathrm{Adam}(\eta,\Delta\theta,\beta_{\mathrm{Adam1}},\beta_{\mathrm{Adam2}},\varepsilon_{\mathrm{Adam}}) \tag{9.36}$$

优化过程中所使用的参数设置如表 9.5 所示。

表 9.5　策略优化参数表

参数	值
奖励值正则化变换参数 ζ	0.2
正则化变换基准策略 π_{reg} 更新频率 M	200
正则化变换目标阈值 c_{NeuRD}	10000
单个样本损失函数阈值 β	2
神经网络梯度阈值 c_{gradient}	10000
神经网络参数学习率 η	0.0005

续表

参数	值
单次训练使用的样本个数	32
Adam 优化器一阶矩估计衰减率 β_{Adam1}	0
Adam 优化器二阶矩估计衰减率 β_{Adam2}	0.999
Adam 优化器模糊因子 ε_{Adam}	10^{-8}
目标函数参数衰减率 γ_{decay}	0.999
小概率动作阈值 c_{dict}	0.4

通过博弈学习，对 9.2 节基于先验知识的目标点位选择初始策略进行优化后，策略胜率和得分都更高。从本章可见，虽然当前智能决策还不能自动完成人类全部决策分析过程，但一旦确定了环境中状态空间、备择行动空间的表征方法和最终的效用目标，机器执行策略的搜索能力远远大于人类，机器学习的策略具有快速进化的特性。下一步，效用目标确定、状态空间表征、备择行动(方案)拟订能否由机器自主完成，将由人工智能技术的进一步发展决定。此外，若人类认知中的"算法"或"启发式"问题解决方法与机器的"算法"或"启发式"问题解决方法相结合，人机混合智能有望迸发出更强的力量。

参 考 文 献

贾可荣, 张彦铎. 2018. 人工智能[M]. 3 版. 北京: 清华大学出版社.

郭立夫, 郭文强, 李北伟. 2015. 决策理论与方法[M]. 2 版. 北京: 高等教育出版社.

胡晓峰, 齐大伟. 2021. 智能化兵棋系统: 下一代需要改变的是什么[J]. 系统仿真学报, 33(9): 1997-2009.

涂铭, 金智勇. 2022. 深度学习与目标检测[M]. 北京: 机械工业出版社, 2022.

吴明曦. 2020. 智能化战争: AI 军事畅想[M]. 北京: 国防工业出版社.

赵国栋, 易欢欢, 徐远重. 2021. 元宇宙[M]. 北京: 中译出版社.

杨露菁, 陈志刚, 李煜. 2016. 作战辅助决策理论及应用(上册)[M]. 北京: 国防工业出版社.

中国科学院自动化研究所. 2022. 庙算·陆战指挥官[EB/OL]. http://wargame.ia.ac.cn/[2022-12-30].

周志华. 2016. 机器学习[M]. 北京: 清华大学出版社.

Brooks R A. 1991. Intelligence without representation[J]. Artificial Intelligence, 47: 139-159.

Cui Z, Gao T, Talamadupula K. 2022. Knowledge-augmented deep learning and its applications a survey[J]. arXiv preprint arXiv: 2212.00017.

Ghallab M, Nau D, Traverso P. 2008. 自动规划: 理论和实践[M]. 姜云飞等译. 北京: 清华大学出版社.

Glorot X, Bengio Y. 2010. Understanding the difficulty of training deep feedforward neural networks[J]. Journal of Machine Learning Research, (9): 249-256.

Haykin S. 2018. 神经网络与机器学习[M]. 3 版. 申富饶, 徐烨, 郑俊, 等译. 北京: 机械工业出版社.

He K M, Zhang X Y, Ren S Q, et al. 2015. Delving deep into rectifiers: Surpassing human-level performance on imageNet classification[C]. 2015 IEEE International Conference on Computer Vision, Santiago: 1026-1034.

Heinrich J, Lanctot M, Silver D. 2015. Fictitious self-play in extensive-form game[C]. Proceedings of the International Conference on Machine Learning, Lille: 805-813.

Heinrich J, Silver D. 2016. Deep reinforcement learning from self-play in imperfect-information games[J]. arXiv preprint arXiv: 1603.01121.

Hennes D, Morrill D, Omidshafiei, et al. 2020. Neural replicator dynamics: Multiagent learning via hedging policy gradients[C]. Proceedings of the 19th International Conference on Autonomous Agents and MultiAgent Systems, Richland: 492-501.

Maschler M, Solan E, Zamir S. 2013. 博弈论[M]. 赵世勇译. 上海: 上海人民出版社.

McCulloch W S, Pitts W. 1943. A logical calculus of the ideas immanent in nervous activity[J]. The Bulletin of Mathematical Biophysics, 5(4): 115-133.

Millington L. 2021. 游戏中的人工智能[M]. 3 版. 张俊译. 北京: 清华大学出版社.

Mnih V, Kavukcuoglu K, Silver D, et al. 2013. Playing atari with deep reinforcement learning[C]. Conference and Workshop on Neural Information Processing Systems 2013(NIPS 2013), Lake Tahoe.

Mnih V, Kavukcuoglu K, Silver D, et al. 2015. Human-level control through deep reinforcement learning[J]. Nature, 518(7540): 529-533.

Perolat J, Vylder B D, Hennes D, et al. 2022. Mastering the game of stratego with model-free multiagent reinforcement learning[J]. Science, 378(6623): 990-996.

Rosenblatt F. 1958. The perceptron: A probabilistic model for information storage and organization in the brain[J]. Psychological Review, 65(6): 386.

Russell S J, Norvig P. 2013. 人工智能: 一种现代的方法[M]. 3 版. 殷建平, 祝恩, 刘越等译. 北京: 清华大学出版社.

Russell S. 2020. AI 新生: 破解人机共存密码[M]. 张羿译. 北京: 中信出版社.

Vinyals O, Babuschkin I, Czarnecki W M, et al. 2019. Grandmaster level in StarCraft II using multi-agent reinforcement learning nature AlphaStar[J]. Nature, 575(7782): 350-354.

Yannakakis G N, Togelius J. 2020. 人工智能与游戏[M]. 卢俊楷, 郑培铭译. 北京: 机械工业出版社.

附录 A 神经网络的使用

A.1 PyTorch 框架下神经网络的使用

PyTorch 和 Keras 是两种常用的深层神经网络框架, 这里介绍在两种框架下神经网络的构建和使用的基本形式, 本节先给出 PyTorch。

1. 定义基本的神经网络

在 PyTorch 中, 神经网络的构建主要使用 torch.nn 包。定义的神经网络需要继承内置的 nn.Module 类, nn.Module 类提供了很多定义好的功能, 一般情况下只需要定义自己的网络模型结构及前向(forward)方法, 下面举例说明:

```python
import torch
import torch.nn as nn
import torch.nn.functional as F
import torch.autograd.Variable as Variable
class Net(nn.Module):
    def _init_(self):
        super(Net,self)._init_()
        self.conv1=nn.Conv2d(3,6,5)
        self.conv2=nn.Conv2d(6,16,5)
        self.fc1=nn.Linear(16*5*5,120)
        self.fc2=nn.Linear(120,84)
        self.fc3=nn.Linear(84,10)

    def forward(self,x):
        x=F.max_pool2d(F.relu(self.conv1(x)),2)
        x=F.max_pool2d(F.relu(self.conv2(x)),2)
        x=x.view(-1,16*5*5)
        x=F.relu(self.fc1(x))
        x=F.relu(self.fc2(x))
        x=F.Softmax(self.fc3(x))
        return x
```

上面的代码定义了一个神经网络的类 Net，在初始化方法_init_()中，首先调用父类的初始化方法，然后定义一些用于构建神经网络的层，包含 2 个卷积层(nn.Conv2d)和 3 个全连接层(nn.Linear)。第一个卷积层 nn.Conv2d(3,6,5)中，第一个参数 3 表示该层的输入有 3 个通道，第二个参数 6 表示该层的输出有 6 个通道，第三个参数 5 表示该层使用 5×5 的卷积层，卷积后还进行了 ReLU 激活和池化。第二个卷积层类似。最后一个全连接层 nn.Linear(84,10)中，第一个参数 84 表示该层的输入是 84 维的，第二个参数 10 表示该层的输出是 10 维的。需要注意的是，在_init_()中只是定义了用于搭建网络的层，但没有真正定义网络的结构，神经网络的输入输出关系是在 forward()中定义的，将输入数据 x 作为参数传入，首先经过第一个卷积层 self.conv1(x)，然后通过非线性激活函数 ReLU 和一个 2×2 的最大池化层。将这一系列变换之后的输出重新定义为 x，再通过后面的卷积层和全连接层。torch.nn 中要求输入的数据是 mini_batch 幅图像，图像数据本身是 3 维的，forward()的输入 x 是 4 维的，在经过两个卷积层之后还是 4 维的 Tensor，因此在输入后面的全连接层之前先使用.view()方法将其转化为 2 维的 Tensor。

定义好神经网络后，下面进行神经网络前向运算得到输出。前面提到，输入数据是 4 维的，在 PyTorch 中神经网络的输入需要包装成一个 Variable。在下面的代码中，生成 0～1 随机数作为输入，有了输入数据之后，可以直接将其传入神经网络得到输出，实际上就是调用定义的 net.forward()方法，神经网络的输出有 10 维，与预期的一致。

```
input=Variable(torch.rand(1,3,32,32))
output=net(input)
print(output)
```

2. 训练神经网络

训练目标是通过调整神经网络模型的参数来最小化损失函数。损失函数输入神经网络的预测输出和样本的真实标签，返回值评估预测输出距离真实标签的远近程度。在 torch.nn 包中，定义好的损失函数有 nn.MSELoss、nn.L1Loss、nn.CrossEntropyLoss 等。若训练一个多分类神经网络，则使用交叉熵损失函数 nn.CrossEntropyLoss。

```
criterion=nn.CrossEntropyLoss()
```

以前面随机产生的输入样本 input 为例，假设它对应的真实标签是 4，而之前已经得到了它通过神经网络之后的输出 output，此时可以直接把它们输入损失函数计算得到 loss。需要注意的是，损失函数的输入 output 和 label 都要求是 Variable，输出 loss 也是一个 Variable。

```
#上述输入样本的label为4,PyTorch的CrossEntropyLoss中支持这种非one_hot
的标签
label=Variable(torch.LongTensor([4]))
loss=criterion(output,label)
```

在定义完损失函数之后，还需要选择最小化损失函数，即反向传播时采用的优化方法。这时候需要用到 torch.optim 包，其中已经实现了各种常用的优化方法，如 SGD、Nesterov-SGD、Adam、RMSProp 等，一般从中进行选择就可以。本节选择了带动量的随机梯度下降法，并将需要训练更新的模型参数作为第一个参数传入，同时设定学习率参数 η=0.001，动量参数 momentum=0.9。

```
import torch.optim as optim
optimizer=optim.SGD(net.parameters(),η=0.001,momentum=0.9)
optimizer.zero_grad()
loss.backward()
optimizer.step()
```

定义好了损失函数和优化方法，就可以训练更新神经网络的参数。参数训练更新主要包含两步，首先调用 loss.backward() 自动计算 loss 关于所有可训练参数的梯度，然后执行 optimizer.step()，根据上一步计算得到的梯度来更新参数。需要注意的是，在调用 backward() 计算梯度之前，一般需要先调用 optimizer.zero_grad() 将所有参数的梯度置为 0，因为 backward() 计算得到的梯度是累积到原有的梯度之上的。

A.2 TensorFlow Keras 框架下神经网络的使用

在神经网络使用方面，Google 的 TensorFlow Keras 框架应用也非常广泛。下面使用 Keras 定义与前面相同的神经网络模型。需要注意与 PyTorch 不同的是，在定义神经网络的同时，要利用 compile() 函数的参数确定损失函数的类型，若为交叉熵，则参数中还要选择最小化损失函数的优化函数，如 SGD。

```
import numpy as np
from tensorflow.keras.models import Sequential
from tensorflow.keras.layers import Dense,Convolution2D,MaxPool2D,
    Flatten
from tensorflow.keras.optimizers import SGD
```

```
from tensorflow.python.keras.utils import np_utils


class Net:
    def _init_(self):
        def build_model():
            model=Sequential()
            #第一个卷积+池化层
            model.add(Convolution2D(input_shape=(3,32,32),
                filters=6,
                kernel_size=5,strides=1,padding='same',activation
                ='relu'))
            model.add(MaxPool2D(pool_size=2,strides=2,padding
                ='same'))
            #第二个卷积+池化层
            model.add(Convolution2D(16,5,strides=1,padding=
                'same', activation='relu'))
            model.add(MaxPool2D(2,2,'same'))
            #扁平化
            model.add(Flatten())
            #第一个全连接层
            model.add(Dense(120,activation='relu'))
            #第二个全连接层
            model.add(Dense(84, activation='relu'))
            #第三个全连接层
            model.add(Dense(10, activation='Softmax'))
            sgd=SGD(lr=1e-3)
            model.compile(optimizer=sgd, loss= 'categorical_
                crossentropy',metrics=[ 'accuracy'])
            #'categorical_crossentropy'损失函数下 label 为(nb_
                samples, nb_classes)的二值序列
            return model
        self.model = build_model()


    def main():
        # 同样产生 1 个随机生成的 3 通道样本，每个通道为 32*32 的矩阵
```

```
x_data = np.random.rand(1, 3, 32, 32)
# 同样设置该样本的类别标签为 4，下面函数将其转化为 one_hot 格式
y_data = np_utils.to_categorical(np.full(1,4), num_
    classes=10)
net = Net()
# 对神经网络模型进行一次训练
net.model.fit(x_data, y_data, batch_size=1, epochs=1)
# 使用神经网络的当前参数进行前向运算，得到预测值
print(net.model.predict(x_data))


if _name_ == '_main_':
    main()
```

定义完神经网络模型后，需要生成它的对象实例，然后产生训练数据，就可以用 net.model.fit() 函数对神经网络模型的参数进行训练，也就是进行反向传播。训练神经网络模型参数后，就可以调用 net.model.predict() 函数得到针对特定输入的输出，也就是进行前向运算，得到预测值。

附录 B 庙算平台接口

庙算平台(中国科学院自动化研究所, 2022)为 AI 研发提供了开发环境与接口,主要包括态势信息接口和可实施的棋子动作接口等。下面对其进行简要介绍,详细介绍请参见庙算平台网站。

B.1 态 势 接 口

态势信息是进行决策的依据。在庙算平台中,态势信息由对抗发生的地图信息和棋子状态信息、裁决信息等构成。地图信息包括地图中各个位置(六角格)的坐标、高程、地形特点(河流、松软地)等。棋子状态信息、裁决信息等的数据结构如下,每个棋子状态信息为一个字典,多个棋子状态信息形成列表,最终封装为参数 observation 作为态势信息,该态势信息从部署开始,每帧都存在。

1. 棋子属性"operators"/"passengers"

passengers 为车上算子属性,其字段与算子属性字段完全一致。每个棋子一个字典,用{...}描述,多个棋子构成列表,因此处于[...]内。

```
"operators": [
    {
    "obj_id": "算子 ID int",
    "color": "算子阵营 0-红 1-蓝",
    "type": "算子类型 1-步兵 2-车辆 3-飞机",
    "name": "名称 str",
    "sub_type": "细分类型 坦克 0/ 战车 1 / 人员 2 / 炮兵 3 / 无人战车 4 /
        无人机 5 / 直升机 6 / 巡飞弹 7",
    "basic_speed": "基础速度 int",
    "armor": "装甲类型 int 0-无装甲 1-轻型装甲 2-中型装甲 3-重型装甲 4-复合
        装甲",
    "A1": "是否有行进间射击能力 int",
    "stack": "是否堆叠 int",
```

```
"carry_weapon_ids": "携带武器 ID list(int)",
"remain_bullet_nums": "剩余弹药数 dict{弹药类型 int 0-非导弹, 100-
    重型导弹, 101-中型导弹, 102-小型导弹:剩余弹药数 int}",
"remain_bullet_nums_bk": "敌对阵营看到的弹药数",
"guide_ability": "是否有引导射击能力 int",
"value": "分值 int",
"valid_passenger_types": "可承载类型 list(int)",
"max_passenger_nums": "最大承载数 dict()",
"observe_distance": "观察距离 dict()",
"move_state": "机动状态 0-正常机动 1-行军 2-一级冲锋 3-二级冲锋 4-掩蔽",
"cur_hex": "当前坐标 int 四位",
"cur_pos": "当前格到下一格的百分比进度 float",
"speed": "当前机动速度格/s >0：移动中, =0：暂停或停止 int",
"move_to_stop_remain_time": "机动转停止剩余时间 >0 表示",
"can_to_move": "是否可机动标志位, 只在停止转换过程中用来判断是否可以继
    续机动, 强制停止不能继续机动,正常停止可以继续机动, 0-否 1-是",
"flag_force_stop": "是否被强制停止机动, 0-否 1-是",
"stop": "是否静止, 0-否, 1-是",
"move_path": "计划机动路径 [int] 首个元素代表下一目标格",
"blood": "当前血量 int",
"max_blood": "最大血量 int",
"tire": "疲劳等级, 0-不疲劳 1-一级疲劳 2-二级疲劳 int",
"tire_accumulate_time": "疲劳累积时间 int",
"keep": "是否被压制 int",
"keep_remain_time": "疲劳剩余时间 int",
"on_board": "是否在车上 int",
"car": "所属车辆 ID int",
"launcher": "算子下车/发射后,记录所属发射器 int",
"passenger_ids": "乘客列表 [int]",
"launch_ids": "记录车辆发射单元列表 [int]",
"lose_control": "算子是否失去控制(指无人车失去指挥)",
"alive_remain_time": "巡飞弹剩余存活时间",
"get_on_remain_time": "上车剩余时间 float",
"get_on_partner_id": "车辆算子 ID(本算子为上车算子)或待上车算子(本算
    子为车辆算子)list",
```

```
        "get_off_remain_time": "下车剩余时间 float",
        "get_off_partner_id": "车辆算子 ID(本算子为待下车算子)或车上算子
            ID(本算子为车辆算子 ID)list",
        "change_state_remain_time": "切换状态剩余时间 float",
        "target_state": "状态转换过程中记录目标状态 int, 0-正常机动 1-行军 2-
            一级冲锋 3-二级冲锋 4-掩蔽",
        "weapon_cool_time": "武器剩余冷却时间 float",
        "weapon_unfold_time": "武器锁定状态表示展开剩余时间, 武器展开状态下表
            示锁定剩余时间 float",
        "weapon_unfold_state": "武器状态 0-锁定 1-展开",
        "see_enemy_bop_ids": "观察对方算子列表 list(int)",
        "C2": "普通弹药数",
        "C3": "剩余导弹数",
        "owner": "当前拥有此算子的玩家席位 id"
    }
]
```

2. 对抗时间 "time"

```
"time": {
    "cur_step": "当前步长 int",
    "tick": "s/步 float"
}
```

3. 间瞄点信息 "jm_points"

对方间瞄只能看到正在爆炸的以及爆炸后的弹坑, 可能有多个间瞄点形成列表。

```
"jm_points": [
    {
        "obj_id": "攻击算子 ID int",
        "weapon_id": "攻击武器 ID int",
        "pos": "位置 int",
        "status": "当前状态 0-正在飞行 1-正在爆炸 2-无效",
        "fly_time": "剩余飞行时间 float",
        "boom_time": "剩余爆炸时间 float"
    }
```

```
]
```

4. 夺控点信息 "cities"

```
"cities":[
    {
        "coord": "坐标 int",
        "value": "分值 int",
        "flag": "阵营 0-红 1-蓝",
        "name": "名称 str"
    }
]
```

5. 对抗分数信息 "scores"

```
"scores": {
    "red_occupy": "红方夺控分",
    "red_remain": "红方剩余算子分",
    "red_attack": "红方战斗得分",
    "blue_occupy": "蓝方夺控分",
    "blue_remain": "蓝方剩余得分",
    "blue_attack": "蓝方攻击得分",
    "red_total": "红方总分",
    "blue_total": "蓝方总分",
    "red_win": "红方净胜分",
    "blue_win": "蓝方净胜分"
}
```

6. 路标信息 "landmarks"

```
"landmarks": {
    "roadblocks": [7846,7847]
}
```

7. 地图编号 "terrain_id"

```
"terrain_id": 53
```

8. 想定编号 "scenario_id"

```
"scenario_id": 2010431153
```

9. 裁决信息 "judge_info"

```
"judge_info" : [
    {
        "cur_step": "当前步长",
        "type": "伤害类型 str",
        "att_obj_id": "攻击算子 ID, int",
        "target_obj_id": "目标算子 ID int",
        "guide_obj_id": "引导算子 ID int",
        "distance": "距离",
        "ele_diff": "高差等级",
        "att_obj_blood": "攻击算子血量",
        "align_status": "较射类型 int 0-无较射 1-格内较射 2-目标较射",
        "offset": "偏移 bool",
        "att_level": "攻击等级 int",
        "wp_id": "武器 ID int",
        "random1": "随机数 1 int",
        "ori_damage": "原始战损",
        "random2_rect": "随机数 2 修正值",
        "random2": "随机数 2",
        "rect_damage": "战损修正值",
        "damage": "最终战损"
    }
]
```

10. valid_action

valid_action 为引擎生成的当前步 (step) 可执行动作列表, 其参数与动作参数基本一致, 如 B.2 中的机动动作。但是, valid_action 中部分动作缺少参数, 需要 AI 生成并填充, 然后才能被引擎执行。

B.2　机动动作接口

在庙算平台中，有夺控、射击(包括直瞄射击、间瞄射击、引导射击)、机动(行军)、上下车、隐蔽/步兵冲锋状态转换等十余种棋子可执行的动作。下面以机动为例进行介绍。

机动是陆战的核心，由于采用六角格地图，从当前所在六角格出发，机动有六个方向，选择一个方向就对应了下一个到达的六角格，如附图 1 所示。

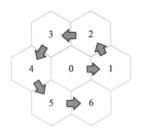

附图 1　从当前六角格机动的六个方向示意图

当决策需要机动且要机动到较远的位置时，往往需要经过多个六角格，这就需要在机动动作中给出从当前位置出发所经历的所有六角格的坐标列表。机动动作最终对应如下例所示的字典，其中"type"键值为 1，代表要进行机动，而"move_path"键值为要经历的六角格列表：

```
{
    "obj_id": "算子 ID int",
    "type": 1,
    "move_path": "机动路径 list(int)"
}
```

假设蓝方重型坦克 10000 处于 0639 位置，现决策该棋子机动至 0840 位置，其对应的机动动作产生下列字典数据。

```
actions= [{
    "obj_id": 10000,
    "type": 1,
    "move_path": [0739,0840]
}]
```

然后，通过 TrainEnv 声明环境类的实例 env，通过语句 state, done = env.step(actions)将前面产生的机动动作放入虚拟环境中执行，得到状态的变迁将

返回给 state 结构。state 结构中包括了红蓝双方的各自态势,因此经常用 state[RED]
或 state[BLUE]对应前述的 observation。开发智能体就是根据上述 observation 进行
决策, 生成各个棋子的动作, 这些动作作为参数放入 env.step 函数中执行。